복 있는 사람
오직 여호와의 율법을 즐거워하여 그 율법을 주야로 묵상하는 자로다.
저는 시냇가에 심은 나무가 시절을 좇아 과실을 맺으며 그 잎사귀가
마르지 아니함 같으니 그 행사가 다 형통하리로다.　　(시편 1:2-3)

"아직도 한국교회에 새로운 교회 개척이 필요한가? 그렇다. 교회의 갱신도 필요하지만 '가장 오래되고 역사적인 메시지'를 '가장 현대적인 상황'에 세우기 위한 새로운 시도가 필요하기 때문이다. 그저 교회의 숫자 하나 더하는 교회 개척이 되지 않으려면, 무엇보다 교회 개척자가 어떤 '사람'이고, 어떤 '메시지'를 갖고 있으며, 어떤 '사명'을 가졌는지가 분명해야 한다. 대린 패트릭의 「교회 개척자」는 너무도 중요한 이 세 가지 주제, 그러나 쉽게 간과되는 이 주제들을 신학적이고도 실제적으로 다루고 있다. 교회 개척뿐 아니라, 건강한 교회를 세우려는 사람이라면 이 책을 그냥 지나칠 수 없으리라."

김형국 | 나들목교회 대표목사

"실제로 교회를 개척해서 성공적으로 사역하고 있고, 다년간 교회 개척 사역을 위한 세미나를 인도해 온 대린 패트릭은 이 책에서 교회 개척자의 비전을 명확하게 제시한다. 그는 교회를 개척하는 사람의 자격 요건을 다루는 동시에, 어떤 메시지를 전하고, 어떤 사명을 감당해야 하는지를 체계적으로 풀어낸다. 교회를 개척하고 있다면 이 책을 읽으면서 그분의 소명과 교회의 본질을 다시 한번 점검해 보라. 교회 개척을 생각하고 있다면 이 책을 읽은 후에 결정해도 늦지 않다."

이찬수 | 분당우리교회 담임목사

"대린 패트릭의 「교회 개척자」는 성경의 본질에 뿌리내린 그리스도인의 사명이 무엇인지 한눈에 보게 한다. 하나님의 진리의 말씀을 가지고 예수님의 십자가로 구원 받은 사람이 영혼을 살리는 생명의 사역을 향해 삶을 던질 때, 이 땅에 하나님이 기대하시는 변화를 체험하게 되리라. 이 책은 목회자뿐 아니라 모든 그리스도인의 삶에 분명한 변화를 일으킬 것이다."

류응렬 | 총신대학교신학대학원 설교학 교수

"더 이상의 성장을 멈추고 교회를 개척하는 것이 너무나 어려운 상황에 놓인 한국교회를 위해 매우 소중한 책이 출간되었다. 교회 개척의 수단과 방법만을 강조하던 기존의 책들과는 달리, 이 책은 누가(사람), 어떤 메시지를, 어떻게 전해야 하는가(사명)에 대한 교회 개척의 가장 중요한 기본기를 다루며, 여전히 교회 개척을 통해 열매를 맺을 수 있음을 강조한다. 이 책은 지속적인 교회 개척의 과제를 안고 있는 한국교회와, 개척을 위해 기도로 준비하고 있는 모든 사역자들과 신학도들에게 새로운 힘과 용기와 도전을 줄 것이다."

주승중 | 장로회신학대학교 예배설교학 교수

"교회 개척에 대한 이 훌륭한 신간은 개인의 영적 문제와 신학적·문화적·기술적 문제를 균형 있게 다루었다. 교회 개척자라면 누구나 빠짐없이 읽어야 할 필독서다."

팀 켈러 | 리디머장로교회 담임목사

"나는 도전 받는 것을 좋아하는데, 대린 패트릭은 생각이 깊고 열심히 일하는 목회자다. 신중하고도 분명하게 써 내려간 이 책에서 그는 적절한 예를 들어 가며 목회자와 그들이 하는 사역을 잘 소개해 주었다. 이 책을 읽으면서 도전과 자극과 격려를 받았다. 그리스도의 부활과 도시 변화의 상관관계를 이야기하는 내용처럼 저자에게 동의하지 않는 부분도 있지만, 전반적으로 흥미롭고 유익한 책이라고 생각하여 높이 평가한다. 나는 기꺼운 마음으로 이 책을 독자들에게 추천한다. 하나님께서 이 책을 사용하셔서 교회를 일으켜 세우시고 그리스도의 복음을 땅 끝까지 전하는 역할을 감당케 하시기를 간구한다."

마크 데버 | 캐피톨힐침례교회 담임목사

"「교회 개척자」는 그리스도의 교회를 이끈 실제 경험에서 비롯된, 진정한 복음을 전하고자 하는 진정한 남자의 가슴에서 우러나온 책이다. 이 책은 실제적인 도움과 에너지와 소망으로 가득하다!"

브라이언 채플 | 커버넌트신학교 총장

"교회를 개척한 노련한 목회자에게 교회 개척 비결을 묻다니, 아주 똑똑한 생각이다! 대린 패트릭이 쓴 「교회 개척자」는 신학적 확신과 목회 경험, 선교적 비전을 고루 갖춘 노련한 교회 개척자가 들려주는 이야기다. 사도들의 전통을 따르는 교회 개척은 우리 시대에 가장 중요한 운동이라고 할 수 있다. 교회 개척의 부흥기를 꿈꾸는 이 시대 모든 목회자들에게 환영받을 책이다."

앨버트 몰러 Jr. | 남침례신학교 총장

"「교회 개척자」는 탁월한 책이다. 대린 패트릭은 신중한 신학자의 머리와 열정적인 목회자의 가슴, 선교적 그리스도인의 열정을 겸비했다. 본인도 신학교에서 교회 개척자들을 다수 훈련시켰던 사람으로서, 이 책이 사람들을 가르쳐 우리나라와 전 세계의 미전도, 미개척 도시에 파송하는 교수와 교사들의 필독서가 될 것이라 확신한다. 이 일을 위해 사랑의 수고를 아끼지 않은 대린, 고맙소. 당신은 그리스도의 몸에 아주 귀한 섬김을 보탰소."

대니얼 L. 에이킨 | 사우스이스턴침례신학교 총장

"내 친구 대린 패트릭은 교회 개척자라는 특권과 부르심에 대해 통찰력 있는 안목을 제시한다. 교회 성장에 관심 있는 한 사람으로서, 모든 목회자와 교회 개척자들에게 이 책을 권한다. 예수 그리스도의 명예를 위해 교회를 개척하고자 한다면, 가장 먼저 이 책을 읽으라."

제임스 맥도널드 | 하비스트바이블채플 담임목사

"교회 개척자를 사랑하는 한 사람으로서 이 책이 그들의 부르심을 성취하는 데 도움이 될 것을 알기에, 나는 이 책이 좋다. 대린의 솔직한 글도 마음에 든다. 이 책은 상아탑의 산물이 아니라 교회 개척이라는 참호에서 치열한 전투를 치러 내면서 부상을 입은 사람의 생생한 증언이다."

마크 배터슨 | 내셔널커뮤니티교회 담임목사

"대린은 잡동사니 정보를 깔끔하게 쳐내고 새로운 사역을 시작하는 데 가장 중요한 핵심만 골라서 전달해 준다. 그것은 곧 예수님께 열정적으로 헌신한 한 사람이 이끄는 성경적 공동체를 분명히 이해하는 것이다. 이것은 실용적인 전략을 넘어서는 강력하고 탁월한 사역으로, 어떤 상황에도 적용할 수 있는 원칙들을 제시한다. 「교회 개척자」에 나오는 핵심 원리들을 실천하여 하나님께 영광을 돌리고 그분의 이름을 드높일 교회를 시작할 리더들을 생각하는 것만으로도 얼마나 가슴이 벅찬지 모르겠다!"

저드 윌하이트 | 센트럴크리스천교회 담임목사

"대린 패트릭은 사역에 대해 모르는 게 없다. 그는 사역이란, 하나님을 위해 뭔가를 해보려는 사람들을 위한 직업이 아니라는 점을 분명히 이해하고 있다. 사역은 성경의 기준이라는 기초 위에 세워질 때만 온전히 이룰 수 있는 부르심이다. 이 책은 비단 교회를 개척하는 이들뿐 아니라 목회를 하고 있는 모든 이들에게도 유익하다. 당신(과 당신의 동역자들)의 삶, 메시지, 사명이 하나님의 비전과 부르심과 일치하도록 도와줄 것이다."

래리 오스본 | 노스코스트교회 담임목사

"대린 패트릭의 「교회 개척자」는 교회 개척을 염두에 두거나 교회 개척자들을 훈련하는 목회자들을 위한 필독서다. 대린이 주장하는 리더십 신학에 모두 동의하지는 않지만, 그럼에도 이 책을 강력하게 추천한다. 대린은 교회 개척에 관해서라면 모르는 게 없다. 그가 온몸으로 체험한 이야기가 아닌가! 이 책을 읽으면 당신도 그렇게 될 것이다!"

데이브 퍼거슨 | 커뮤니티크리스천교회 담임목사

"대린 패트릭은 우리가 교회 개척자는 물론, 목회자와 하나님의 사람으로 부름 받은 사실을 자세히 보여주는 대단한 일을 해냈다. 교회 개척을 준비하는 사람이나 오랫동안 목회를 해온 사람 할 것 없이 모두에게 이 책을 강력 추천한다."

매트 챈들러 | 빌리지교회 담임목사

"대린 패트릭은 교회 개척자들의 진정한 친구다. 그는 교회 개척 분야에서 강력한 리더와 훌륭한 사상가로 알려져 있다. 이 책에서 대린은 자신의 성경 지식과 신학적 통찰, 목회 지혜를 한데 모아 선교적 교회 개척의 비결을 제시한다. 교회를 개척하고 있거나 교회 개척을 생각하는 목회자들이 교회의 사명과 메시지에 충분히 준비되어 있는지를 확인하는 데 큰 도움이 될 것이다."

에드 스테처 | 라이프웨이 리서치 소장

"교회 개척 방법을 다룬 책은 많다. 하지만 이 책은 교회 개척자의 자격 요건과 신학, 성품 등 교회를 개척하는 사람을 다룬다. 책의 내용을 오해하지 마라. 대린 패트릭은 21세기의 성공적인 교회 개척자가 되기 위한 기본기를 모두 섭렵한다. 올바른 사람을 구해 올바른 메시지를 가지고 올바른 방향으로 나아가면, 하나님 나라에 강력한 영향력을 행사하게 될 것이다. 이것이야말로 그리스도와 복음 중심의 교회 개척 방법이다."

빌리 혼스비 | Association of Related Churches 대표

"교회 개척으로 부름 받은 사람이라면 대린 패트릭의 손아귀를 빠져나갈 수 없다. 그는 어떻게 하면 당신이 복음과 연결되고, 복음이 교회와 연결되며, 교회가 선교로 연결되는지를 아는 사람이다. 탁월한 통찰력이 빼곡히 담겨 있는 이 책은 마치 신병 훈련소를 고스란히 지면으로 옮겨 놓은 것 같다. 하나님의 신병 훈련소에 입소했다면, 이 책을 읽고 혹독한 훈련을 받으라!"

데이브 하비 | Sovereign Grace Ministries 교회 개척 담당

"이 책은 강력한 무기다. 「교회 개척자」는 교회 개척자(또는 목회자 후보생)가 소유할 수 있는 중요한 도구다. 대린 패트릭은 자신의 취향이나 화용론(話用論)이 아니라 성경적 확신과 직접 체험한 증거를 바탕으로 이 책을 썼다. 나는 저자를 믿는다. 그가 이 책에 쓴 내용을 믿는다. 이 책이 전 세계 수많은 사람들의 손에 들리기를 간절히 원한다."

저스틴 버저드 | 교회 개척자

교회 개척자

Darrin Patrick
Church Planter

교회 개척자

대린 패트릭 지음 | 이지혜 옮김

복 있는 사람

교회 개척자

2011년 6월 2일 초판 1쇄 발행
2011년 6월 24일 초판 2쇄 발행
지은이 대린 패트릭
옮긴이 이지혜
펴낸이 박종현
도서출판 복 있는 사람
서울특별시 종로구 안국동 163 걸스카웃빌딩 801호
Tel 723-7183 | Fax 723-7184
blesspjh@hanmail.net
영업 마케팅 723-7734
등록 1998년 1월 19일 제1-2280호
ISBN 978-89-6360-037-6

Church Planter
by Darrin Patrick

Copyright ⓒ 2010 by Darrin Patrick
Originally Published in English under the title *Church Planter*
Published by Crossway Books
a publishing ministry of Good News Publishers
Wheaton, Illinois 60187, U.S.A.

This edition published by arrangement with Good News Publishers.
Korean Translation Copyright ⓒ 2011 by The Blessed People Publishing Co., Seoul, Korea.
All rights reserved.

이 책의 한국어판 저작권은 알맹2 Agency를 통해 Crossway Books와 독점 계약한 도서출판 복 있는 사람이 소유합니다. 저작권법에 의하여 한국 내에서 보호를 받는 저작물이므로 무단 전재와 복제를 금합니다.

차례

서문_마크 드리스콜　　　　　　　　　　　　15
감사의 글　　　　　　　　　　　　　　　　17
첫머리에　　　　　　　　　　　　　　　　　19

제1부 사람

1장 구원받은 사람　　　　　　　　　　　　35
2장 부름 받은 사람　　　　　　　　　　　　45
3장 자격을 갖춘 사람　　　　　　　　　　　63
4장 의존하는 사람　　　　　　　　　　　　85
5장 노련한 사람　　　　　　　　　　　　　97
6장 목양하는 사람　　　　　　　　　　　　113
7장 결단력 있는 사람　　　　　　　　　　　131

제2부 메시지

8장 역사적 메시지   149
9장 구원을 성취하는 메시지   161
10장 그리스도 중심의 메시지   181
11장 죄를 드러내는 메시지   201
12장 우상을 부서뜨리는 메시지   213

제3부 사명

13장 사명의 핵심: 긍휼   235
14장 사명의 집: 교회   247
15장 사명의 노하우: 상황화   261
16장 사명의 손: 돌봄   279
17장 사명의 희망: 도시 변화   301

주   321

서문

 내가 대린 패트릭을 처음 만난 것은 미래의 교회 개척자들을 평가하고 훈련하는 '액츠 29'(Acts 29) 신입 훈련 캠프에서였다. 액츠 29는 나를 비롯해서 수많은 교회 개척자들에게 매우 시의적절하고 중요한 계기였다.
 이후 패트릭은 하나님의 은혜로 성공적으로 교회를 개척하여 미주리 주 세인트루이스에서 왕성하게 사역하면서, 미국과 전 세계의 젊은 교회 개척자들을 끌어모으고 있다. 그의 리더십 덕택에 액츠 29는 국내외에 300여 교회가 새로 탄생하는 모습을 지켜보았다.
 그 사이 대린과의 우정은 한결 깊어졌다. 그가 아내와 자녀들을 깊이 사랑할 뿐 아니라 교회를 신실하게 목회하고, 열정적으로 복음을 설교하는 모습을 보면서 나는 그를 더욱 사랑하게 되었다. 세상에는 훌륭한 리더가 드문데, 리더들의 리더 중에 훌륭한 사람은 더더욱 드물다. 그런데 대린은 둘 다에 해당한다.
 그는 질병과 아내의 유산, 혹독한 종교적 비판들을 겪으면서 오히려 자기 죄를 회개하고 겸손히 섬기며 남을 돕는 데 적합한 사람으로 거듭났다. 전투의 상처와 전리품을 소유한 그는 목회자들의 목회자가 되었고, 그 때문에 사람들은 그가 이 책에서 이야기하려는 문제들에 자연스레 귀를 기울이게 되었다.

액츠 29의 교회 개척자들 중에 누군가 교회 개척에 대해 책을 쓴다면, 대린이 그 첫 주자가 되는 것은 당연했다. 다양한 교파와 단체 출신의 수많은 리더들이 그를 복음과 성경, 예수 중심의 지혜로운 상담가로 추천하기 때문이다. 그래서 나는 드디어 그의 책이 출간되었다는 소식에 가슴 벅찬 기쁨을 느낀다. 하나님이 이 책을 교회 개척이라는 장작불의 땔감으로 사용하실 줄 믿는다. 그분은 이 책을 사용하셔서 더 많은 교회 개척자들을 일으키시고, 어리석은 행동에서 그들을 구하실 것이다. 성령의 능력을 힘입어 더 많은 사람들이 변화되어 예수님을 예배하게 될 것이다. 교회 개척이란 바로 그런 것이다.

마크 드리스콜(Mark Driscoll)
마스힐교회(Mars Hill Church) 설교 목사, 액츠 29 설립자

감사의 글

　이 책이 출간되기까지 함께 수고해 주신 분들이 많습니다. 지난 여러 해 동안 내 설교 전반은 물론이고, 특히 이 책을 위한 자료 조사에 열과 성을 다해 준 훌륭한 연구 비서들에게 감사합니다. 개빈 오틀런드와 스티븐 맥알핀은 기획 초기 단계에서 이 책이 현실화될 수 있도록 애써 주었습니다. 두 사람은 주와 유명인들의 인용문 같은 지루한 작업들을 잘 감당해 주었습니다. 저니교회(The Journey Church)의 목회자요 재능 있는 작가이기도 한 조엘 린지(Joel Lindsey)는 작업 중반 이후에 자료 조사에 동참하여 책의 완성도를 높이는 데 크게 기여해 주었습니다. 뛰어난 편집자인 조엘은 이 사랑의 수고에 자신의 재능을 아끼지 않았습니다. 또 세인트루이스 소재 커버넌트신학교의 그렉 페리(Greg Perry)와 밥 번즈(Bob Burns)의 현명한 조언을 참고하여 이 책의 메시지를 더욱 갈고닦을 수 있었습니다.
　내 인생의 첫 번째 남자이신 아버지와 경건한 우리 어머니께 감사드립니다. 어머니가 살아 계셔서 이 책을 보셨으면 얼마나 좋았을까 생각합니다. 액츠 29 네트워크의 이사회와 회원들에게도 감사합니다. 그들의 용기와 믿음에서 영감을 얻은 이야기들이 이 책의 지면에 자리하고 있습니다. 저니교회의 동료와 간사들에게 감사합니다. 그들이 우리 교회를 수고로이 섬겨 주어서 내가 집필에 전념할 수 있었습니다. 또 아내 에이미와 네 자녀의 격려가 없었다면 이 책은 세상에 빛을 보지 못했을 것입니다. 마지막으로, 나를 구원하시고 지역 교회를 통해 온 세상을 섬길 수 있도록 그분의 사역으로 인도하신 예수님께 영광을 돌립니다.

첫머리에
왜 남자인가

이 책의 부제에 '남자'를 넣었더니 책을 시작하기도 전에 많은 독자를 잃게 생겼다(원서 제목이 *Church Planter: The Man, The Message, The Mission* 이다. 저자는 이 책에서 '남자' [man]를 강조한다. 하지만 극히 일부분을 제외하고는 남녀를 불문한 모든 사역자에게 해당하는 내용이기에 '첫머리에' 부분은 '남자'로 번역하고, 그 외의 본문은 '사람'으로 번역했다—옮긴이). 왜 나는 굳이 남자에만 이야기를 한정하여 인구의 절반이 넘는 독자들을 제외하려고 하는가? 가부장 중심주의와 남성 우월주의를 노골적으로 드러낼 필요가 무엇인가? 누구는 전임 사역을 할 수 있고 누구는 할 수 없다는 고정관념을 굳이 강화해야 할 이유가 뭔가? 또 테스토스테론(대표적인 남성 호르몬) 기독교 운운하는 책이겠거니 하고 책을 덮어 버리기 전에, 이 글을 먼저 읽어 보라. 나의 이 무모한 행동에는 이유가 있다. 이 책은 한 남자가 수많은 남성, 곧 복음을 선포하고 하나님의 교회를 상처 입은 세상으로 인도해야 할 남성들을 위해 쓴 책이다. 간단히 말해, 반드시 짚고 넘어가야 할 이 시대의 문화적·신학적 위기를 지적하고자 남자에 초점을 맞춘 것이다.

문화적 위기

요즘에는 어른이 되지 못하고 계속해서 청소년기에 머무는 남자들이 많다. 소년도 그렇다고 남자도 아닌 이들은 유년기와 성인기 중간에 기약 없이 정체해 있다. 이런 남성들에게 소년(boy)과 남자(man)의 합성어인 '밴'(Ban)이라는 이름을 붙여 보자. 밴은 청소년기의 욕구들을 만끽하며 살 수 있는 적절한 환경이 마련되어 있기에 어른이 되지 못한다. 이 시대의 문화는 이런 행위를 용인할 뿐 아니라 오히려 부추기고 장려한다. (「맥심」(Maxim) 같은 남성 잡지나 '웨딩 크래셔'(Wedding Crashers) 같은 영화를 떠올려 보라.) 이런 남자가 즐비해서 교회에는 물론이고 목회자 중에도 있으니 끔찍한 일이다.

밴의 등장이 교회에는 끔찍한 현실이겠지만, 비디오 게임 산업에는 호재가 아닐 수 없다. 18-34세 미국 남성의 절반 정도(약 48퍼센트)가 날마다 3시간 가까이 비디오 게임을 즐긴다고 한다.[1] 비디오 게임 구매자의 평균 연령은 37세다. 2005년에 컴퓨터 게임 구매자의 95퍼센트와 콘솔 게임 구매자의 84퍼센트는 18세 이상 성인이었다.[2] '헤일로 3' 게임은 발매 첫 주 미국에서만 3억 달러가 넘는 수익을 올렸고,[3] 발매 직후 24시간 동안 엑스박스 라이브(Xbox Live)로 이 게임을 즐긴 사람은 100만 명이 넘었다.[4] 놀랍게도, 미국 가장의 75퍼센트가 평소 컴퓨터 게임과 비디오 게임을 즐긴다.[5]

밴의 재정 사용도 골칫거리지만, 그가 여성을 상대하는 모습은 더 가관이다. 밴이 여성을 어떻게 생각하고 여성에게서 무엇을 원하는지 알고 싶거든 밴을 따라 클럽에 가 보면 된다. 이 점에서도 통계가 시사하는 바가 크다.

미국에서 섹스 상대와 결혼하지 않고 동거하는 인구는 9,700만 명, 동성 섹스 상대와 동거하는 인구는 1,200만 명이다.[6] 1초당 포르노물에 사용하는 평균 금액이 3,075.64달러,[7] 포르노물을 보는 인터넷 사용자 수는 28,258명,[8] 검색창에 성인 용어를 치는 인터넷 사용자 수는 372명이다.[9] 미국에서는 39분에 한 편꼴로 새로운 포르노 비디오가 제작되고 있다.[10]

또 미국에서는 1분에 1.3명꼴로 여성이 강간당한다. 이를 합산하면 한 시간에 78건, 하루에 1,872건, 한 달에 56,160건, 1년이면 683,280건이다.[11] 미국 여성은 세 명 중 한 명꼴로 평생에 한 번 성희롱을 당한다.[12] 미국은 관련 통계를 내서 발표하는 국가 중에 강간율이 가장 높은데, 독일의 네 배, 영국의 열세 배, 일본보다는 무려 스무 배가 높다.[13]

안타깝게도 오늘날 많은 젊은 여성들이 이상형을 찾는 일을 포기한 지 오래다. 이상형은커녕 적당한 사람이라도 만나 결혼하면 다행이라는 냉혹한 현실을 깨닫는 중이다. 밴은 스스로를 남자로 포장하는 데 능숙하지만 사실은 남자가 되려고 발버둥치는 것이 고작이다. 밴은 대개 절대 진리를 좋아하지 않지만, 중학생 같은 행위와 그에 따른 결과들로 오히려 절대 진리의 존재를 증명하고 있다. 남편과 아버지로서의 책임감이 소년을 남자로 성숙시킨다는 전제는 여러 문화에서 증명된 사실이지만, 밴은 책임을 회피하고 가능한 한 오랫동안 청소년기를 연장하려 한다.[14] 많은 문화권에서 남성의 통과의식이라 할 만한 가정 꾸리기를 미루면, 밴은 오롯이 자기 자신에게만 집중할 수 있다.[15]

밴이 어른이 되기를 미루는 사이, 결혼도 미루어진다. 아내와 주택 융자금에 굳이 신경 쓸 필요가 뭐 있는가? 부모님 집 지하실에 살면서 하루 종일 비디오 게임이나 하고 저녁에는 취미로 운동을 즐기며 주말마다 여러 술집을 전전하며 마음껏 놀 수 있는데 말이다. 하이모위츠(Hymowitz)는 1970년에는 25세 백인 남성의 69퍼센트, 30세 백인 남성의 85퍼센트가 기혼이었던 데 비해, 2000년에는 동일 연령층의 33퍼센트와 58퍼센트만이 기혼이었다고 밝힌다.[16] 통계를 보면 이런 추세가 점점 더 심해지고 있다. 내가 보기에는 젊은 남자들이 격투기 시청을 좋아하는 이유도 여기서 기인한 듯싶다. 이들은 자신과 닮은 구석이라고는 전혀 없는 이런 '슈퍼히어로'에 스스로를 투사한다. 이들이 추앙하는 슈퍼히어로들은 엄청난 훈련으로 단련된 신체에 위험을 무릅쓰는 대단한 용기로 동년배들에게 존경을 받는다. 이것은 마치 위기에 빠진 현실의 남자들을 보는 동안 남성성을 불러일으키는 뇌의 화학작용을 건드리는 것과 같다. 흥미롭게도 남자들을 부추겨 위험과 모험을 찾아 나서게 만드는 테스토스테론과 아드레날린이, 평생 함께하는 결혼 생활이나 부모 역할 같은 고귀한 목적들에는 별 효과가 없는 모양이다. 그보다는 가상 세계나 가상 관계에 쉽게 안주하니 말이다.

그중에는 자위행위[17]나 게임기, TV 리모컨 등 자기만의 세계에서 벗어나 취미로 (발야구를 포함해서) 성인 리그에서 운동을 하는 남자들도 있다.[18] 젊은이들 사이에 스포츠 붐이 일어난 주요 원인은 그것이 그들의 개인 생활과 직업, 영성 생활에서 부족한 도전과 경쟁력을 대신 만족시켜 주기 때문이다. 어느 작가는 팀 스포츠가 "문명사회에서 전쟁을 대체한다"고까지 말하기도 했다.[19] 그의 말은 그토록 많은 남자들이 내면에서 불타는 열정을 느끼며 외적으로는 '주말 전사들'과 강한 결속력을 느끼는 이유를

설명해 준다. 어른아이가 대세가 되었다.[20]

소년에서 남자가 되는 과정은 대개 신체 행위에서 정서 행위로의 전환을 동반한다. 남에게 고통을 주는 신체 활동에서 벗어나 정서적 고통을 흡수하고 인내하는 정서 활동으로의 변화 말이다.[21] 소년은 데이비드 길모어(David Gilmore)가 '진짜 남자'라고 명명한 남성으로 자라는 과정에서, 자신의 신체적인 힘을 좀 더 수동적으로 사용하는 법을 배워야 한다. 진짜 남자는 "받기보다는 주는 사람인데……자신을 희생할 정도까지 후하게 베푼다."[22] 남자가 되는 것은 강하면서도 부드러운 사람이 되는 것이다.

내게는 아름다운 세 딸이 있다. 이 아이들은 내 마음을 훔쳐서 늘 간직하고 다니면서 무슨 장난감처럼 주거니 받거니 하며 던지고 논다. 내가 그것을 다시는 빼앗을 수 없을 것이라고 놀리기라도 하는 양 말이다. 아들도 하나 있다. 나는 밴의 문화적 영향력을 제대로 파악하고 있기에, 경건한 남성 양육에는 내가 제격이라는 것을 안다. 비슷한 목적을 가진 아버지들이 다 그렇듯이, 내 유일한 희망은 오직 성령뿐이다. 그래서 최근에, 우리 시대에 필요한 남성상을 담은 기도문을 하나 썼다. 아들과 나는 거의 매일 밤 이 기도를 함께 드린다. 우리 부자를 위한 그 기도를 여기에 옮겨 본다.

하나님, 두꺼운 피부와 부드러운 마음을 소유한 남자가 되게 하소서. 강하면서도 부드러운 남자가 되게 하소서. 강한 남자가 되어 인생의 문제를 잘 다룰 수 있게 하시고, 부드러운 남자가 되어 사람들을 사랑하게 하소서. 하나님, 저를 진정한 남자로 빚으소서.

이 모두는 우리 세대가 진정한 남성으로 양육 받지 못해서, 무한정 청소년기를 사는 남성이 많아졌다는 사실을 말해 준다. 경건한 남성의 영향력이 절실한 시대에, 이런 공백은 당연히 문화적 위기를 낳았다. 밴을 그냥 무시한 채 무사히 어른으로 자라 주기를 기대하는 것만으로는 이 문제를 해결할 수 없다. 여성들에게 책임을 미룰 수도 없는 노릇이다. 성경적 남성상의 본을 제시하고, 어른아이들에게 미숙한 열정을 버리고 지역 교회 내에서 하나님이 부르신 진정한 남성으로 거듭나기를 요청하는 것만이 제대로 된 해결책이다. 교회의 경건한 신도들, 특별히 하나님의 교회의 강단에서부터 이런 요청이 있어야 할 것이다. 그리고 하나님의 사람이 그 본보기가 되어야 한다.

신학적 위기

이 세상은 수많은 문제들로 가득하다. 아동 성범죄, 불의한 정부가 자행하는 폭력, 성실한 사람들의 정직한 수입을 가로채는 비윤리적 상행위 등 일일이 거론하자면 끝이 없다. 하지만 이런 불건전한 혼란과 갈등 중에서도 좀 더 미묘한 영역은 사회적 성(gender)과 관련된 문제다. 여기서는 정확한 정의를 내리는 게 아주 중요하다.

인간의 신체로 성을 구분한다. 눈에 보이는 성기에 따라 남녀를 구별한다. 하지만 사회적 성은 그 차이가 확연히 드러나지 않는다. 사회적 성은 그 사람의 행위와 정신, 성품이 결합되어 나타나기 때문이다.[23] 또 성경에 따르면, 하나님은 그분의 형상을 따라 남자와 여자를 창조하셨기에 사회적 성은 영성과도 불가분의 관계다. 남자로 태어나는 것은 생물학과 연관이 있지만, 사회적으로 남성이 된다는 것은 그가 하나님과 대화하고 그분에 대해 생각하며 그분을 섬기는 방식과 연관이 있다.

남자와 여자는 하나님의 성품을 반영하는데, 대개 남자들은 그분의 형상을 신실하게 반영하지 못하고 있다. 이것은 근본적으로는 영적 문제이기에, 신학을 바로잡음으로써 문제를 해결해야 할 것이다. 아담과 그의 아내가 모두 죄를 지었지만 하나님이 아담을 대표로 지목하셨던 것처럼,[24] 나는 이 책에서 온전히 남성에만 주목하는 것이 적절하다고 생각한다. 죄를 지은 그들을 '불러내어', 더 온전한 남성이 될 수 있다고 '상기시키는' 것이다.

어릴 때 교회에 다니지 않았던 나는 학생 시절에 처음으로 교회에 나가기 시작하면서, 주변에서 보고 들은 갖가지 사소한 기독교 논쟁들을 도무지 이해할 수가 없었다. 그런 문제들 중에 남녀 모두 교회의 장로*가 될 수 있느냐는 논란이 있었다. 내가 다니던 교회(결국 그곳에서 그리스도인이 되었다)가 특히 이 문제에 관심이 지대했다. 우리 교인들은 남자만 장로가 될 수 있다고 생각했기 때문에 나도 그렇게 믿었다. 나중에 신학교에 가서야 비로소 양쪽 의견을 다 들어 보고 논쟁에 참여할 수 있었다. 신학교 재학 시절에 내가 다니던 교회에서는 남녀 모두 장로가 될 수 있다고 믿었다.[25] 이런 관점을 평등주의(egalitarianism)라고 한다.[26] 한동안 나는 이 관점을 고수했다. 이유는 같았다. 내가 다니는 교회에서 그렇게 믿었기 때문이다. 평등주의 입장을 지지하는 책을 두어 권 읽고는 신학교 친구들

---

* 이 책에서 '장로'(elder)는 흔히 현대 한국 개신교에서 쓰이는 일반적인 개념의 직분을 가리키지 않고 안수 받은 목회자를 가리킨다. 이 책에 나오는 또 다른 명칭인 '감독'과 마찬가지로 목회자나 목사를 지칭하는 용어로, 신약 성경 목회서신서의 용례를 참고하라.

과 교수님들에게 내 의견을 나누기 시작했다. 나는 교회 개척에 관심이 많아서 '21세기 교회 개척'이라는 주제로 논문을 쓰기로 했다. 논문의 주요 논점 중에는, 교회가 평등주의 입장을 취하지 않으면 현대 사회에서 뒤떨어질 위험이 있다는 내용도 있었다. 이 주제가 내게는 너무도 중요했기에 눈에 띄는 대로 관련 도서를 섭렵하기 시작했다.

그런데 논문을 쓰는 도중에 희한한 일이 생겼다. 상호보완주의(complementarianism)가 성경적 입장이라고 확신하게 된 것이다. 우리 교회의 가르침이나 문화적 성향과는 상관없이, 개인적으로 성경을 깊이 연구하고 나보다 훨씬 탁월한 성경학자들과 언어학자들의 연구를 살피다 보니, 하나님이 장로 직분을 남성에게만 허락하셨다고 믿게 되었다.

이 문제를 다룬 자료들을 면밀히 조사하면서,[27] 성경이 이 부분에 대해 얼마나 분명히 말씀하는지를 보고 깜짝 놀랐다.[28] 성경이 그 점을 분명히 한다고 해서, 평등주의 해석을 지지하는 사람들은 경건하지 않다거나 하나님이 그들을 사용하시지 않는다는 뜻은 아니다. 내 친구들이나 멘토들 중에도 평등주의 입장을 고수하는 이들이 있다. 사실, 내게 가장 큰 영향을 끼친 멘토 중에는 독신 여성도 있었다. 또 내가 섬기는 다른 단체의 목회자들은[29] 액츠 29의 상호보완주의와 입장을 달리하기도 한다. 하지만 내가 보기에 성경의 진중하고도 분명한 가르침은, 장로직을 남성에게만 허용한다고 분명히 말하는 듯하다. 신약의 서신서들에서 비롯된 이런 관점은 성경의 나머지 부분과도 일치한다. 구약[30]과 신약[31]을 보면 남성과 여성 모두 선지자로 부름을 받지만, 제사장과 사도직은 남성에게 국한되었다.

성경에 따르면 인간으로서의 가치나 존엄성은 남성과 여성이 동등하며, 남녀 모두 전임 사역을 할 수 있다. 남녀 모두 교회에서 각자의 은사를 활용해 하나님을 섬기고 사람들을 가르치면서 집사와 예배 인도자로 섬긴다. 성도와 사역자를 불문하고, 하나님이 주신 은사로 그리스도의 몸을 세운 훌륭한 여성들이 없었다면 우리 교회도 없었을 것이라고 단호하게 말할 수 있다. 여성 예배 인도자들은 매우 강력한 역사로 회중을 하나님의 보좌로 인도한다. 여자 집사들은 남자 집사들이 도저히 할 수 없는 방법으로 교회의 필요를 채운다. 목회자 사모들의 지혜와 통찰력은 교회의 생존과 활력에 없어서는 안 될 중요한 요소임이 입증되었다.

하나님이 주권적으로 성령의 은사를 허락하실 때에 성별이 어떤 영향을 미친다는 암시는 성경 어디에도 없다. 성경을 사랑한다는 사람들이 여성이 할 수 있는 일보다 할 수 없는 일만 강조하는 것은 안타까운 일이다. 그런 사람들은 여성에게 권한을 위임하기보다는 여성의 제약 사항에만 집중한다.[32] 대개 상호보완주의를 지지하는 교회에서도, 여성을 훈련하고 그들에게 권한을 주어서 하나님이 주신 은사들을 교회에서 사용할 수 있게 하는 일을 해왔다. 나는 여성이 교회에서 하나님이 주신 은사를 얼마든지 사용할 수 있지만, 장로직만큼은 남성에게 제한된다고 믿는다. 일부 사람들에게는 역설적으로 들릴 수도 있겠지만, 나는 그것이 성경적이라고 굳게 믿는다.

성경은 문화적 배경이 아니라 창조 질서를 근거로[33] 교회와 가정에서의 남성 리더십 원칙을 일관적으로 가르친다.[34] 그러므로 남성들은 가정(남편과 아버지)과 교회(장로와 목회자)에서 '동등한 사람들 중 최고' 역할을 해야 한다. 그러나 알렉산더 스트라우크(Alexander Strauch)가 옳게 지적하듯이, "남성의 머리됨이······가정과 교회에서 적극적으로 활동하는 여성의 중요성과 필요성을 어떤 식으로든 약화해서는 안 된다."[35] 남편과 목회자가 더 소중하거나 은사가 많다는 것이 아니라, 더 많은 책임을 받았기에 가정과 교회를 이끌어 가는 것에 대해 하나님 앞에서 책임을 져야 한다는 뜻이다. 우리는 바울이 쓴 에베소서에서 이 점을 분명히 볼 수 있는데, 남편들은 그리스도께서 교회를 사랑하신 것처럼 아내를 사랑해야 한다고 되어 있다. 가정의 머리가 되는 것은 그리스도께서 교회의 머리되심과 같다.[36] 이 말씀은 남편들이 예수님처럼 가정을 이끌어야 한다는 뜻이다. 제일 먼저 사랑하고, 제일 먼저 용서하며, 제일 먼저 고통을 당하고, 그것이 자기 '잘못'이든 아니든 가정에서 일어난 범죄에 책임을 져야 한다는 뜻이다. 우리는 이 원칙을 창세기 3:9과 로마서 5장에서 확인할 수 있다. 거기에 보면, 하나님은 아담을 불러 하와가 지은 죄를 추궁하시고 그에 대해 책임을 지게 하신다.

히브리서 13:17에서도 하나님의 교회에서 리더와 목회자들이 져야 할 책임을 볼 수 있다(목회자들이 가장 두려워할 만한 성경 본문이다!).[37] 장로나 장로가 아닌 사람들이나 교회에서는 다 동등하지만, 각자 역할이 다르다. 마치 삼위일체이신 성부, 성자, 성령 하나님의 관계와 비슷하다. 삼위의 세 위격은 동등하지만, 그 안에서 성자와 성령은 성부 하나님께 순종한다. 서로 존중하는 이 삼위에 대한 나의 해석은, 순종은 건강한 관계의 특징이라는 것이다. 순종은 상대방에 대한 무한한 겸손과 상호 신뢰를 나타낸다. 순종은 좋은 것인데, 한 사람이 기꺼이 순종할 의사가 있을 뿐 아니라 상대의 리더십 역할을 인정할 때에야 가능하다. 지혜로우신 하나님은 가정과 교회에서 남성에게 리더십 역할을 부여하셨다. 하나님은 남성의 리더십 역할을 통해 남편과 목회자, 아버지들 가운데 그분이 원하시는 성품을 빚으실 것이다.

가정과 교회의 질서가 제대로 잡히면, 곧 남편과 장로들이, 하나님이 그들에게 사랑하는 사람들을 돌보라고 맡기셨으며 자녀들의 영적 건강을 책임져야 한다는 사실을 인정하면, 우리의 가정과 교회는 삼위일체의 완벽한 공동체를 닮기 시작할 것이다. 이런 현상이 벌어지면, 남자들은 가정과 교회에서 기꺼이 책임을 도맡을 것이다. 그리스도를 따라 리더십을 발휘하라는 부르심이야말로 남성에게만 주신 독특한 부르심이라는 것을 깨닫기 때문이다.

교회에 필요한 것은 장악력이 아니라 힘의 부활이다. 폭력적이고 자신밖에 모르는 남성들이 권력을 남용하는 모습은 그동안 너무 많이 봐 왔다. 이제는 경건한 남성들이 성령의 권능으로 교회를 섬기는 건강한 모습이 필요하다.[38]

「교회 가고 싶은 남자」(Why Men Hate Going to Church)의 저자이자 '남성을 위한 교회'(Church for Men)의 대표인 데이비드 머로우(David Murrow)가 수집한 다음 통계들을 살펴보라.[39]

- 전형적인 미국 교회의 회중은 61퍼센트가 여성, 39퍼센트가 남성이다. 이런 성별 격차는 모든 연령층에서 고르게 나타난다.[40]
- 어느 한 주일에, 미국 교회의 여성 신도 수는 남성보다 1,300만 명이 더 많다. 이 수치는 바나 그룹이 조사한 남녀 예배 출석 통계를 미국 센서스 2000의 성인 남녀 숫자에 적용해서 얻었다.
- 위의 특정 주일에, 25퍼센트에 가까운 기혼 여성 교인은 남편 없이 혼자 예배를 드리러 간다. 이 수치 역시 바나 그룹의 2000년 남성 대 여성 주

일 예배 출석률을 미국 센서스 2000의 기혼 인구 숫자에 적용한 것이다. 최소 2,450만 명의 기혼 여성이 주일 예배에 참석하는 데 비해, 기혼 남성은 1,900만 명만 예배에 참석한다는 뜻이다. 기혼 여성이 기혼 남성보다 550만 명 또는 22.5퍼센트 더 많은 수치다. 교인 중에는 독신보다 기혼 인구가 훨씬 많기 때문에 실제 수치는 더 클 것으로 예상된다.

- 교회에서 성장한 남자아이의 70퍼센트는 10대와 20대에 신앙을 포기하는데, 이중 대다수는 교회로 다시 돌아오지 않는다.[41]
- 90퍼센트가 넘는 미국 남성이 하나님을 믿고, 여섯 명 중 다섯 명꼴로 자신을 그리스도인이라고 밝힌다. 그러나 여섯 명 중 두 명만이 정기적으로 교회에 출석한다. 보통 성인 남성은 예수 그리스도를 실존 인물로 인정하지만, 교회에 출석할 만한 가치를 느끼지 못한다.[42]

전직 메이저리그 야구 감독 레오 듀로서(Leo Durocher)는 "야구는 교회와 같다. 많이 오기는 하지만 이해하는 사람은 드물다"고 했는데, 남성들에게 딱 맞는 말이다.

성별 역할 문제는 최신 문화 풍조에서 대단한 논란거리지만, 2천 년 동안 상호보완주의 입장을 고수해 온 교회는 불과 지난 100여 년 사이에 도전을 받고 있다. 상호보완주의자들이 우리 입장이 함의하는 내용을 삶으로 보여주기 위해 해야 할 일이 많다. 경건치 못한 일부 남성 리더들의 권력 남용 사례를 바로잡고, 우리와 다른 입장을 고수하는 사람들을 존중하면서도 우리 입장을 분명히 밝히는 법을 배운다면, 진전이 있을 것이다. 나는 (특히 복음 중심의 교회를 세우려는) 교회와 교파, 단체들이 이 문제를 두고 견해차를 보인다 해도 얼마든지 연합할 수 있다고 믿는다. 우리는 의견이 다른 쟁점들을 놓고 잘 싸우는 법을 배워야 한다. 왜인가? 복음은 계속 전진해야 하는데, 특정 도시가 남성이 이끄는 개혁주의 교회들로만 채워지는 것은 복음이라고 보기 어렵기 때문이다.[43] 그러므로 우리는 사도신경을 존중하는 다양한 종류의 교회와 협력하기를 원한다.[44]

독자들이 우리와 신학 관점이 다르다는 이유만으로 이 책을 덮어 버리지 않았으면 한다. 신학적 차이에도 불구하고 이 책에 나오는 여러 원칙을 충분히 각자의 상황에 적용할 수 있으리라 믿는다. "우리가 지금은 거울로 보는 것같이 희미하나."[45] 언젠가 우리 모두 예수님 앞에 서는 날, 그분이 우리의 교리적 오류들을 지적해 주시리라. 모든 진리가 하나님의 영광의 빛 가운데 드러날 때까지, 더욱 건강한 교회를 세우는 일에 힘쓰자. 그것이 이 책의 궁극적 목표다.

우리는 밴(Ban)들로 가득한 영적 위기의 시대를 살고 있다. 우리가 사는 도시와 동네, 교회와 가족 중에 밴들이 있다. 밴에게는 그들이 현재 누리는 것보다 더 큰 삶이 있다는 사실을 보여줄 경건한 남성과 여성이 필요하다. 밴은 그냥 남자가 아니라, 하나님의 복음 메시지로 변화 받고 그분의 사명을 전심으로 추구하는 하나님의 사람으로 성장해야 한다.

제1부

사람

하나님의 임재 가운데 사역하는 훌륭한 목회자는, 하나님이 그분 다음으로 사람들에게 허락하신 가장 좋은 축복이다. _조나단 에드워즈(Jonathan Edwards)[1]

남자는 다른 사람들을 정결케 하기 전에 먼저 스스로 정결해야 하며, 다른 사람들을 지혜롭게 하기 전에 먼저 스스로 지혜로워야 하며, 빛을 주기 전에 먼저 빛이 되어야 한다. 먼저 하나님을 가까이하고 나서 다른 사람들도 하나님께 데려오라. 먼저 거룩한 다음에 다른 사람들도 거룩하게 하라. _나지안주스의 그레고리(Gregory of Nazianzus)[2]

우리가 다른 사람들에게 전하는 하나님의 구원하심의 은혜가 정작 우리 자신에게 없는 것은 아닌지, 우리가 설교하는 복음의 실제적인 역사를 정작 우리 자신이 경험하지 못하는 것은 아닌지 주의해야 한다. 혹은 세계 만방에 구주가 필요함을 선포하면서도, 우리의 마음은 주님을 외면하거나 구원의 유익을 놓치고 있는 것은 아닌지 주의해야 한다. 또한 다른 사람들이 멸망의 길을 가지 않도록 주의를 주면서도 정작 우리 자신은 파멸로 치닫지 않도록, 남들의 양식은 준비하면서도 우리 자신은 굶어 죽는 일이 없도록 주의해야 한다. _리처드 백스터(Richard Baxter)[3]

참된 회심은 목회자의 필수 요건(sine qua non)입니다. 교회의 강단을 동경하는 여러분, "여러분은 거듭나야 합니다." 또한 첫째가는 이 요건을 지니고 있다는 것을 어느 누구든 당연한 것으로 취급해서도 안 됩니다. 왜냐하면 우리가 과연 회심했는지 못했는지에 대해서 잘못 알고 있을 가능성이 매우 크기 때문입니다. 제 말을 명심하십시오. "너희의 부르심과 택하심을 굳게 하라"는 말씀은 절대로 어린아이 장난이 아닙니다.

_찰스 스펄전(Charles Spurgeon)[4]

1장 구원받은 사람

아무리 달변에다 타고난 리더라 하더라도, 혹은 신학 지식이 깊다 하더라도, 은혜가 충만하신 참 목자의 구원 능력을 먼저 경험하지 못한 채 예수님의 교회를 목양하려 해서는 안 된다. 목회자/교회 개척자는, 사람 좋고 재주 많고 머리도 좋아야 하겠지만, 무엇보다도 구원받은 사람이어야 한다. 그를 노예처럼 부리는 어리석은 죄에서 구조되어, 하나님의 자유와 '어리석음'으로 구원을 받아야 한다. 하나님은 그분을 배신한 사람들을 대신하여 자기 생명을 내어놓으심으로 온전한 정의와 사랑을 보여주셨다. 예수님의 이름으로 교회를 섬기고 이끌려는 사람의 필수 요건이자 자격은, 바로 그분의 용서와 영접을 개인적으로 경험하는 것이다.

오늘날 안타깝게도, 개인적으로 구주를 만나지 못한 목회자들이 사람들을 구주께 인도하려고 애쓰는 경우가 너무도 많다.

목회자와 교회 개척자라면 무조건 다 그리스도인일 것이라는 생각은 위험하다. 이런 전제는 사역에 필요한 은사들을 거짓으로 꾸며 내는 일이

식은 죽 먹기라는 현실을 간과한 것이다. 그리스도를 진정으로 알지 못한다 하더라도 얼마든지 훌륭한 설교자요 상담가, 리더가 될 수 있다. 그리스도도 마태복음 7:21-23에서 이 문제를 언급하신 바 있다.

나더러 주여, 주여 하는 자마다 다 천국에 들어갈 것이 아니요 다만 하늘에 계신 내 아버지의 뜻대로 행하는 자라야 들어가리라. 그날에 많은 사람이 나더러 이르되 주여, 주여, 우리가 주의 이름으로 선지자노릇 하며 주의 이름으로 귀신을 쫓아내며 주의 이름으로 많은 권능을 행하지 아니하였나이까 하리니 그때에 내가 그들에게 밝히 말하되 내가 너희를 도무지 알지 못하니 불법을 행하는 자들아, 내게서 떠나가라 하리라.

얼마나 놀라운 말씀인지 모르겠다. 그리스도를 진정으로 알지도 못하면서 예언하고 귀신을 쫓아내며 그분의 이름으로 많은 기적을 행할 수 있다면, 예수님과 관계를 맺지 않고서도 얼마든지 교회를 개척하고 이끌 수 있지 않겠는가! 영적 은사가 진정한 믿음을 소유했다는 증거가 되지 못한다면, 목회자라는 직책도 마찬가지일 것이다. 청교도 목회자요 신학자인 리처드 백스터가 이런 현실을 매우 생생하게 그려 냈다.

얼마나 많은 사람들이 그리스도를 전하면서도 정작 자기 자신의 구원에는 관심이 부족하여 멸망했는가! 얼마나 많은 사람들이 교인들에게 지옥의 고통을 이야기하면서 그 고통을 피하라고 경고하지만, 정작 자기 자신이 지금 지옥에 있다는 것은 모른다. 수많은 사람들이 죄인을 향한 하나님의 진노에 대해 설교하면서도 자신이 지금 그 진노의 대상이 되고 있음을 간과하고 있다. 구원을 선포하는 것이 자신의 소명이라 여기며 다른 사람들을 천국에 이르도록 도우면서도 정작 자기 자신은 구원받지 못하는 것보다 슬픈 일이 이 세상에 또 있겠는가?⁵

"너희는 믿음 안에 있는가 너희 자신을 시험하고 너희 자신을 확증하라"(고후 13:5).

시간이 지나면서 나는 구원에 대한 믿음이 부족해 보이는 목회자들을 여럿 알게 되었다.⁶ 대학 시절 친구였던 한 청소년 사역자는, 자신이 사역을 하는 주된 이유는, 자신이 지도하는 고등학교의 대형 청소년부 사역이 마음에 들어서라고 털어놓았다. 자신이 구원을 받았는지는 잘 모르겠지만, 이미 "전임 사역에 헌신했다"고 했다. 내가 아는 또 다른 목회자는 (그의 표현에 따르자면) 아버지한테 잘 보이려고 교회를 개척했다고 말했다. 그는 자신이 만나고 있는 상담가가 자신이 교회를 개척한 진짜 이유를 알아차릴 것 같아 걱정스럽다고 내게 털어놓았다. 하나님 아버지는 물론 육신의 아버지를 기쁘게 하려는 목적 말이다.

비슷한 이야기는 얼마든지 있다. 내가 하고 싶은 말은, 사회복지나 상담 등 남을 돕는 직업에 종사하는 사람 중 다수가 자기 문제를 해결하기 위해 일하고 있다는 것이다. 그런 사람들은 남에게 봉사하는 것으로 자아를 치유한다. 목회 사역도 예외가 아니다. 다른 사람을 섬기다 보니 결국에는 나 자신을 섬기고 있었다는 이야기는 어찌 보면 아주 숭고한 정신 같다. 나도 이해한다. 하지만 목회는 다른 직업들과 달라서, 그들이 자기 문제를 해결하려 할 뿐 아니라 스스로를 **구원**하려 한다는 것이 문제다.

나는 초기 멘토 중 한 분이었던 웨인 바버(Wayne Barber)를 통해 하나님이 나를 목회로 부르셨음을 확인할 수 있었는데, 한번은 그가 설교 도중에 자신이 사역을 시작한 첫해에는 그리스도인이 아니었다고 고백한 적이 있다. 목사가 되어 하나님의 호의를 얻을 요량이었다는 것이다. 그도 다른 수많은 사람들처럼 목회를, 자기 죄를 은폐하고 속죄하는 방편으로 삼았다. 그는 그리스도께서 그에게 해주신 일이 아니라 스스로 하나님을 위해 하는 일들을 믿고 있었다.

오늘날 여러 교회에서 리더십이 절실하다 보니, 재능만 뛰어나면 성품의 결함 따위는 가볍게 보아 넘기는 경향이 있는데 얼마나 안타까운지 모르겠다. 사람들은 이렇게 생각한다. '경건한 성품은 좀 부족할지 몰라도, 설교만큼은 정말 훌륭해. 상담도 잘하고. 게다가 성도들이 얼마나 잘 따르는지!' 교회의 대다수가 쇠락하거나 정체된 현 상황에서, 재능은 탁월하나 회심하지 않은 남자들이 기독교 직업 시장에서 희귀 품목으로 각광받고 있다.

그런가 하면, 단순히 리더의 회심 여부를 잘 분별하지 못하는 교회들도 있다. 또 이윤 추구와 성장 제일주의라는 미국 비즈니스 모델의 영향을 받은 교회들은 하나님의 부르심을 목회자의 자격 요건으로 전혀 고려하지 않거나 별로 중요하게 생각하지 않는다. 지난 몇 년 동안 나는 몇몇 복음주의 교파와 단체들로부터 목회자 선정과 해고, 채용 결정과 관련된 컨설팅 요청을 받았다. 그중에는 소수지만 주류 교파도 있었다. 자유주의와 보수주의를 불문하고 '이 사람이 그리스도인인가?'라는 질문이 중요하게 등장하는 경우는 별로 없었다. 그보다는 '이 사람이 교회를 부흥시킬 수 있는가?'가 더 중요했다. 이런 현상은, 교회를 개척하고 이끌면서도 예수 그리스도와 구원의 관계를 맺지 못하는 사람들이 많은 한 가지 이유를 충분히 설명해 준다.

목회자 후보가 교회에 자기 '자격'을 속이는 것은 윤리적 문제가 틀림없다. 하지만 그것은 단순한 윤리 문제를 초월한다. 교회(와 그 목회자)의 생명이 걸린 문제이기 때문이다. 자기 죄에서 구원받지도 못한 사람이 교회를 이끌거나 개척하려 할 때 무슨 문제가 생기겠는가? 교회가 쇠락하고 있다면 두들겨 맞는 듯한 느낌이 들 테고(정죄감, 불안정감, 불안감), 교회가 성장하고 있다면 과대평가 받는 느낌이 들 것이다(거드름, 교만, 자부심). 어느 경우든 죄 문제를 해결하지 못한 채 교회를 인도하는 목회자/교회 개척자는 스스로를 우상 숭배와 마음의 고통, 궁극적인 실패에 빠뜨리는 셈이다. 교회와 사역을 자기 구원의 도구로 삼고 있으니 말이다. 오직 구원받은 사람만이 진정으로 그리스도의 교회를 섬길 수 있는데, 그런 사람만이 사역을 우상으로 삼지 않고 올바른 정체성과 동기로 목회할 수 있기 때문이다.

중생하지 못한[7] 목회자의 말로도 슬프지만, 그가 이끄는 교회의 말로는 훨씬 심각하다. 하나님이 잘못된 동기를 가진 설교자들에게 자비를 베푸시기도 하지만,[8] 그런 목회자가 맡은 교회는 대개 영적으로, 공동체적으로, 선교적으로 고통을 받고 결국에는 죽고 만다. 교인들은 대부분 교회 리더의 영성을 능가하지 못한다. 스펄전의 은유가 그 점을 이해하는 데 도움이 될 것 같다.

은혜를 모르는 목회자는 마치 맹인이 광학(光學) 교수에 임명된 것과 같습니다. 빛과 시력에 대해서 철학적으로 논하고 멋진 명암과 아주 미묘하게 혼합된 프리즘 색깔에 대해서 강의를 하고 다른 사람들을 가르칩니다. 자기 자신은 완전히 캄캄한 어둠 속에 있으면서 말입니다! 벙어리가 음악 교수직에 오른다거나, 귀머거리가 교향곡과 멋진 합창의 하모니에 대해서 유창하게 논한다고 생각해 보십시오! 그런 목회자는 독수리 새끼들을 교육시킨다고 떠드는 두더지와도 같고, 따개비가 천사들의 회의의 의장으로 선출된 것과도 같습니다.⁹

간단히 말해, 하나님의 일에 문외한인 사람은 남에게도 그것을 가르칠 수 없는 법이다. 그런데도 많은 목회자가 본인의 구원 여부를 심각하게 의심하면서 사역에 들어서고 있다! 이것이 올해에 미국에서만도 수천의 교회가 문을 닫고, 대부분의 교회가 침체되거나 쇠락하고 있는 현상을 설명해 주는 한 가지 이유이지 않을까?

구원 여부는 목회자/교회 개척자 후보생에게 아주 기본적인 요건이므로(구원 체험 없이 사역에 성공할 수 있는 사람은 아무도 없다), 다른 자격들을 논하기 전에 이 부분부터 확실히 살피는 것이 매우 중요하다.

구원받았다는 것은 무슨 뜻인가? 성경은 입양, 칭의, 구속, 화해 등 여러 단어로 구원의 기적을 묘사하는데, 그중에는 **거듭남**(new birth)도 있다. 예수님은 "진실로 진실로 네게 이르노니 사람이 거듭나지 아니하면 하나님의 나라를 볼 수 없느니라"고 말씀하셨다(요 3:3). 신학자들이 이 거듭남을 묘사하기 위해 자주 사용하는 용어가 바로 **중생**(regeneration)이다. 중생은 죄인의 마음에 영의 새 생명이 자라나서 하나님과 다른 사람들을 사랑하게 되는 것을 가리킨다. J. I. 패커(Packer)는 중생을 이렇게 설명한다. "거듭남이나 중생은 성령께서 타락한 인간 본성을 재창조하시는 내면의 과정이다. 거듭남은 법도 하나님도 무시하고 자기밖에 모르는 성품을 과거의 반역과 불신을 회개하는 신뢰와 사랑의 성품으로 변화시켜, 이후로는 하나님의 법을 기쁘게 준수하게 만든다. 거듭남은 어두워진 마음에 빛을 비추어 영적 실재를 분별하게 하고, 얽매였던 의지를 해방시켜 하나님께 자유로이 순종하게 한다."[10] 구원받은 사람은 이 영의 새 생명으로 새롭게 탄생하여 자기 죄를 회개하고, 그리스도께서 자기를 위해 하신 일을 믿게 된다. "그런즉 누구든지 그리스도 안에 있으면 새로운 피조물이라. 이전 것은 지나갔으니 보라, 새것이 되었도다."[11]

또 하나님이 자기 죄에서 구원받은 사람의 삶에서 하신 일들을 살펴보면, 구원받았다는 말의 의미를 알 수 있다. 예수님은 마태복음 22:37-40에서 구약성경 전체가 이 짧은 두 계명에 달려 있다고 가르치셨다. "네 마음을 다하고 목숨을 다하고 뜻을 다하여 주 너의 하나님을 사랑하라 하셨으니 이것이 크고 첫째 되는 계명이요, 둘째도 그와 같으니 네 이웃을 네 자신같이 사랑하라 하셨으니 이 두 계명이 온 율법과 선지자의 강령이니라." 구원받은 사람은 이 진리를 기독교의 핵심으로 믿기만 하지 않고, 온 마음과 목숨과 뜻과 힘을 다하여 정말로 하나님을 사랑하며, 이웃을 자기 자신처럼 사랑하려고 애쓴다. 구원받은 사람은 전인격으로 하나님을 사랑한다. 애정과 생각과 동기, 열정, 의무를 비롯해 삶의 모든 영역에서 그분을 사랑한다. 또 남을 위해 희생하고, 자기 생명보다 그들의 유익을 앞세워서 다른 사람들에 대한 넘치는 사랑을 표현한다. 간단히 정리해서, 구원받은 사람은 하나님과 이웃을 향한 진정한 사랑이 날마다 커진다.[12]

구원받은 사람의 내면에는 성령께서 역사하셔서, 삶에서 의의 열매를 맺는다. 갈라디아서 5:22-24에서 사도 바울은 "오직 성령의 열매는 사랑과 희락과 화평과 오래 참음과 자비와 양선과 충성과 온유와 절제니 이 같은 것을 금지할 법이 없느니라. 그리스도 예수의 사람들은 육체와 함께 그 정욕과 탐심을 십자가에 못 박았느니라"라고 말한다. 그리스어 원문에는 22절의 '열매'라는 단어가 단수로 나온다. 바울은 누구는 사랑, 누구는 화평, 누구는 오래 참음 등으로 영성 식탁의 메뉴를 나열하고 있는 것이 아니다. 이 모든 자질이 한데 모여 그리스도인이 맺어야 할 열매를 구성한다. 구원받은 사람은 사랑과 희락과 화평과 오래 참음과 자비와 양선과 충성과 온유와 절제를 삶에서 점점 더 많이 보여준다.[13]

목회자가 되려는 사람은 자신의 구원 여부부터 정직하게 검토해야 한다. 당신이 이미 목회자이거나 목회자가 되고 싶어 한다고 해서, 저절로 그리스도인이라고 생각하지 마라. 예수님은 주의 이름으로 귀신을 쫓아내고서도 구원받지 못할 사람이 '많다'고 하셨다(마 7:22). 다른 사람들에게 선포하려는 구원을 스스로 잘 알고 있는지부터 확실히 하라. 목회자가 되려는 동기를 솔직하게 검토하고, 하나님의 호의를 얻기 위해서가 아니라는 점을 분명히 하라. 구원은 기독교 사역자에게 가장 중요하고 우선시되는 자질이다. 그것이 없다면 아무것도 할 수 없다. 구원 없이 사역하려 한다면, 자기 자신은 물론이고 당신이 섬기려는 사람들도 망치고 말 것이다.

다음 장에서는 교회를 이끌기 적합한 사람은 과연 어떤 모습인지를 함께 살펴볼 것이다. 하지만 그 전에, 다음 질문들을 통해 예수님의 삶과 죽음과 부활, 성령의 사역에 대한 당신의 믿음을 재점검해 보기 바란다.

1. 당신은 그리스도를, 당신의 죄를 용서하시고 하나님과의 영원한 관계로 이끄시는 유일한 분으로 진정 신뢰하고 있는가?
2. 만 백성의 의로운 재판관이신 하나님 앞에 서 있는 당신의 심정이 어

떨지 상상해 보라. 구원받은 사실을 증명하기 위해 당신이 한 선행을 늘어놓고 싶을까, 아니면 당신의 구원은 오직 그리스도의 사역—그리스도의 순종과 희생 죽음, 능력의 부활—에만 달려 있음을 잘 알고 있을까?

3. 성령께서 당신의 삶과 성품에서 일하고 계신다는 증거가 있는가?
   - 당신이 하나님의 진정한 자녀라는 것을 깨닫고 있는가?(롬 8:15-16, 요일 4:13을 보라.)
   - 갈라디아서 5:22-23을 읽으라. 당신의 내면에서 "사랑과 희락과 화평과 오래 참음과 자비와 양선과 충성과 온유와 절제"가 자라고 있는가? 주변 사람들이 당신의 생활에서 주기적으로 그런 특성들을 볼 수 있는가?
   - 마태복음 7:16-20을 읽어 보라. 당신의 사역은 열매를 맺고 있는가? 당신이 이끄는 교회와 교인들은 서로 세워 주는가, 아니면 편을 가르고 분열되어 있는가?

4. 당신이 '구원받은 사람'으로 교회를 개척해서 섬기고 있다면, 당신과 함께 사역하는 이들도 은혜의 복음을 믿고 있다고 확신할 수 있는가?

사역은 직업이 아니라 소명이다.……사역을 하려면 부르심을 받아야 한다. 목회자들은 하나님이 그들을 교회를 이끄는 일로 부르셨다는 것이 정확히 어떤 의미인지 때문에 고심할 때도 있지만, 하나님의 바라심을 따라 사역하고 있다는 의식이 어느 정도는 반드시 있어야 한다. 목회 사역의 수많은 난관 가운데서, 단순히 주관적인 생각이 아닌 하나님의 이 인증이 목회를 계속 해나갈 수 있는 주요 수단이 되어 준다.

_윌리엄 윌리몬(William H. Willimon)[1]

할 수만 있다면 사역에 들어서지 마십시오. 이 방에 있는 학생 중에 신문 기자나 식료품 잡화상, 농부, 의사, 법조인, 국회의원, 왕으로 만족할 수 있는 사람은 계속해서 그 일을 하시기 바랍니다.

_찰스 스펄전[2]

하나님은 목적이 있으셔서 나를 만드셨다. 나를 빠르게 만든 분도 그분이다. 달릴 때면, 그분께서 기뻐하시는 게 온몸으로 느껴진다.

_에릭 리델(Eric Liddell)[3]

2장 **부름 받은 사람**

하나님은 2,500년 전에 예레미야라는 사람을 선지자로 부르시며 이렇게 말씀하셨다. "내가 너를 모태에 짓기 전에 너를 알았고 네가 배에서 나오기 전에 너를 성별하였고 너를 여러 나라의 선지자로 세웠노라."[4] 하지만 하나님의 부르심에 순종하여 말씀을 선포하면 선포할수록, 예레미야는 사람들에게서 더 많이 모욕당하고 따돌림을 당하며 박해를 받았다. 그는 자신의 소명 때문에 큰 고통을 당했기에[5] 사람들은 그를 "눈물의 선지자"라고 부르기도 한다. 예레미야의 부르심을 잠시 생각해 보라. 예레미야는 선지자로 부름 받았다. 미래를 예측하고 마음을 읽어 주는 점쟁이쯤으로 선지자를 생각하는 사람들이 많다. 성경을 보면, 미래를 예측한다거나 꿈에서 미래를 볼 수 있다는 증거가 확실히 있기는 하다. 하지만 성경적인 선지자는 무엇보다도 미래만큼이나 과거와 현재를 잘 살폈다. 과거에나 지금이나 선지자는 과거와 현재를 면밀히 살펴서, 하나님의 백성에게 죄를 깨우치고 그들을 그분과의 언약적 신실함으로 이끄는 역할을 한다.

예레미야도 그런 선지자였다. 그는 하나님 백성의 과거와 현재 상태를 살피고는 어두운 미래를 발견했다. 그의 눈에는 반항하고 감사할 줄 모르며 완악하고 죄로 충만한 백성들만 보였고, 하나님은 예레미야를 불러 이 '목이 곧은' 백성[6] 앞에 거울을 들이미셨다. 예레미야의 가장 중요한 사역은, 그가 '사역하도록' 부름 받은 당대 문화의 어두운 곳을 구석구석 들추어 비판하는 것이었다. 그는 이 사역에 특히 능해서, 사람들은 늘 그의 목숨을 노렸다.

예레미야는 모든 사람을 공평하게 비판했다. 이스라엘 평민에서부터 종교인, 왕과 그 수행원들에 이르기까지 한 사람도 예외가 없었다. 그는 자유분방한 성관계와 문란한 생활을 정죄했고, 가난한 사람들을 학대하는 부자들을 비판했으며, 잘살아 보려고 애쓰지 않는 가난한 사람들을 꾸짖었다. 눈에 들어오는 대로 아무 싸구려 우상이나 섬기는 백성 전체를 통렬하게 비난했다. 그는 하나님의 백성을 불쾌하게 하는 데 일가견이 있는 일급 선지자여서, 친구라고는 눈을 씻고 찾아봐도 없었다.

성경에 기록된 가장 애처로운 장면으로 꼽을 만한 다음 본문에서 그의 고통을 충분히 느낄 수 있다. "내가 말할 때마다 외치며 파멸과 멸망을 선포하므로 여호와의 말씀으로 말미암아 내가 종일토록 치욕과 모욕거리가 됨이니이다"(렘 20:8). 부름 받은 삶은 외로운 삶이어서, 사역을 하다 보면 하나님이 당신을 버리셨다고 느낄 때가 많을 것이다.

하지만 예레미야를 부르신 하나님은 그의 마음 깊은 곳에 불을 붙이고 계셨다. 그래서 예레미야는 숨 돌릴 틈도 없이 바로 이어서, 자기 사역을 축복해 주시지 않는 하나님께 이렇게 탄식했다. "내가 다시는 여호와를 선포하지 아니하며 그의 이름으로 말하지 아니하리라 하면 나의 마음이 불붙는 것 같아서 골수에 사무치니 답답하여 견딜 수 없나이다"(렘 20:9).

부르심에 순종한 예레미야에게는 고통뿐이었지만, 그는 도저히 사역을 포기할 수 없었다. 왜일까? 그의 마음이 불붙는 것 같아서 골수에 사무쳤기 때문에, 하나님이 그를 부르셨기 때문이었다.

예레미야는 목회로 부르심을 받는 사람의 모습을 여실히 보여준다. 목회는 그저 힘들기만 한 일이 아니다. 목회는 불가능한 일이다. 마음이 불붙어서 골수에 사무치는 것 같지 않다면, 우리는 절대로 살아남지 못할 것이다.

목회는 직업이 아니라 부르심이다. 남의 주목 받기를 좋아해서, 어머니가 잘한다고 하니까, 힘든 육체노동을 안 해도 되니까 골라잡은 직업이 아니라는 말이다. 분명한 소명 의식 없이 무작정 사역에 뛰어드는 사람이 얼마나 많은지, 나는 끊임없이 놀라곤 한다. 내 말을 유념해 달라. "소명 의식이 없다면, 제발 다른 직업을 찾기를 간절히 바란다!" 예레미야처럼 하나님께로부터 불같은 강력한 부르심을 받은 사람만이 목회의 길에 들어서야 한다.

부르심이란 무엇인가

부르심을 진단할 때 가장 중요한 일은, 부름 받은 다른 사람들을 보면서 그들이 자기 소명을 어떻게 이야기하는지 잘 살피는 것이다.

16세기 종교개혁의 불꽃을 지핀 개혁가이자 신학자인 마르틴 루터(Martin Luther)는 "소명은 이중적이다.……최고의 권세자 하나님이 주신 믿음의 소명……[과] 친구들이 그에게 말씀 선포를 바라는 사랑의 소명……이 있다. 양심에 거리낌이 없으려면 두 소명이 모두 필요하다"고 가르쳤다.[7] 루터는 사역자들에게 꼭 필요한 자질로 다음 여덟 가지를 꼽았다.

1. 체계적으로 가르칠 수 있는 능력
2. 뛰어난 언변
3. 좋은 목소리
4. 훌륭한 기억력
5. 끝맺음을 잘하는 것
6. 자신의 교리에 대한 확신
7. 몸과 재산과 명예를 걸고 사역하는 것
8. 만인의 무시와 조롱을 달게 받는 것[8]

루터의 뒤를 이은 개혁가요 신학자인 장 칼뱅(John Calvin)도 이와 같은 소명의 두 측면을 구별했다. "우리가 직분을 받은 것은 야망이나 이기심에서가 아니라 하나님을 두려워하는 마음…… 에서라고 하는, 마음으로부터의 증거가 있어야 한다.…… 외적 소명은 교회가 증명해 준다.…… 오직 건전한 교리와 거룩한 삶, 이 직분을 감당하는 데 필요한 수단을 지닌 사람들만 선택 받을 것이다."[9]

18세기 성공회 성직자이자 유명한 찬송가 '나 같은 죄인 살리신'(Amazing Grace)의 작사가인 존 뉴턴(John Newton)은, 소명에는 세 가지 징후가 있다고 지적했다. 첫째, 사역으로의 부르심에는 "이 일에 쓰임 받고자 하는 열렬하고 진지한 욕구"가 뒤따른다. 둘째, 사역으로의 부르심에는 "은사와 지식, 발표력 등과 연관된 충분한 능력"이 뒤따른다. 셋째, 사역으로의 부르심에는 "하나님의 섭리 가운데, 실제로 사역을 시작할 방법과 때와 장소를 알려 주는 일련의 상황"이 뒤따른다.[10] 18세기 전도자 조지 윗필드(George Whitefield)는 목회 소명을 고려하는 사람들에게 다음과 같이 조언한다. "그리스도를 전파하기 위해 목숨까지 내놓아야 한다고 해도 과연 그 길을 갈 수 있을지 끊임없이 자문하라. 당신의 의무에 충실하느라 다른 사람을 언짢게 할까 봐 두렵다면, 아직 그 정도 마음의 준비는 되지 않은 것이다."[11]

19세기 개혁 신학자 찰스 핫지(Charles Hodge)는 지적 자질과 영적 자질, 신체적 자질을 구분하면서, 진정한 부르심이라면 세 가지 자질이 모두 드러나야 한다고 했다. 지적 자질은 "재능, 지식, 정통"이고, 영적 자질은 "성직에 대한 높은 평가, 적절한 동기에서 비롯된 성직에 대한 강한 열망, 임무 수행을 위해서는 어디든 가서 무엇에든 기꺼이 순종하려는 마음, '복음을 가르치지 않으면 내게 화가 있을진저'라고 말할 수 있는 의무감"이다. 또 신체적 자질로는 "건강한 몸과 말의 은사"를 든다.[12]

또 다른 19세기 인물, 장로교 신학자 로버트 대브니(Robert L. Dabney)는 하나님이 한 사람을 사역으로 부르시는 방법에 대해 이렇게 썼다. "하나님은 그의 양심과 이해를 깨우치시고 거기에 영향을 미치신다. 또 그의 그리스도인 형제들이 설교가 그에게 적임임을 드러내는 그의 자질들을 볼 수 있도록 그들의 양심과 이해를 깨우치신다."[13] 그가 나열한 자질들은 다음과 같다. (1)건전하고 진정한 신앙심, (2)경건한 삶에 대한 평판, (3)존경할 만한 성품, (4)그리스도인의 체험, (5)가르침의 은사.[14]

이제 먼 과거에서 벗어나, 그리 오래되지 않은 예를 들어 보려고 한다.

바로 내가 목회의 길로 부름 받은 이야기다. 기독교 여름 캠프에 처음 참가해서 예배를 드리던 날이었다. 솔직히 말해, 이 비좁은 기독교 대학 예배당에 빽빽이 들어찬 학생들 사이에 앉아 있으려니 조금은 무서웠다. 산 위에 있는 이 대학의 학교 시설의 절반은 테네시 주에, 나머지 절반은 조지아 주에 위치하고 있었다. 그 유명한 남부 지역이었다. 남부 지역은 난생처음이었다. 내가 성장한 곳은 중서부와 남부의 문화가 희한하게 뒤섞여 있어서, 친절한 사람이 없지는 않았지만 대부분은 불친절했다. 그런데 남부에는 하나같이 친절한 사람들뿐이다. 적어도 겉으로는 말이다. 그 '친절함'에 유일한 장점이 있다면, '남부 여자들'이 정말로 친절했다는 것이다. 그 사실이 내게는 복음이었다(물론 성경의 복음과는 다른 성격이지만, 어쨌든 좋은 소식인 것은 틀림없다).

캠프 참가자들이 전부 다 어릴 적부터 교회에 다녔다는 점이 희한해 보였다. 어렸을 때 교회 근처에도 못 가 봐서 기독교 문화와는 거리가 먼 나였으니 얼마나 이상해 보였겠는가. '찬양' 가사를 못 따라 부르는 것은 당연하고, 찬양 부를 때 같이 하는 괴상망측한 손동작과 몸짓도 알 턱이 없었다. 어떻게 하면 강사의 말을 경청하는 것처럼 속일 수 있는지도 몰랐다. 나는 '열심히 받아 적는 척하는' 기술에는 영 소질이 없었다. 이 기술에 능해야, 사실은 교회 수련회에서 만난 여자 친구에게 건넬 쪽지를 적고 있으면서도 앞에서 강사가 하는 말을 잘 듣는 것처럼 보일 수 있는데 말이다. 하지만 나는 하나님이 하시는 말씀에 집중하기 위해 아이들끼리의 문화는 애써 무시하고 있었다.

이 캠프에는 캠프 담당 목회자가 있었다. 첫눈에 그가 마음에 들었다. 우선, 재미있는 사람이었다. 너무 심각하고 진지한 사람은 아닌 듯했다.

또 키가 2미터나 되고, 몸무게는 140킬로그램에 육박했다. 대학 시절에 농구 선수였다고 한다. 몸싸움을 벌이면 내 적수가 될 만한 목사님의 말씀을 듣는다고 생각하니 마음에 들었다.

그런데 이 목사님이 자리에서 일어나더니 청소년 캠프에서는 매우 보기 드문 행동을 했다. 성경을 편 것이다(슬픈 현실이지만, 오늘날 많은 교회의 실정이 그렇다). 하지만 그는 이 이상한 행동을 새로운 차원으로 끌어 올렸다. 유난히 체격이 크고 유머가 넘치는 이 목사님은 성경을 그저 십대들에게 필요한 교훈(술, 담배, 마약을 멀리하고, 그런 것을 하는 이성과 어울리지 마라)을 전달하기 위한 도입부로 사용하지 않았다. 십대 청소년들에게 성경을 한 줄 한 줄 가르쳤다! 이 목사님은 자기 청중이 좋아할 만한 예화를 골라 사용하는 요령이 있었다. 그의 설교에는 늘 운동이나 사냥, 낚시가 등장했는데, 대부분의 캠프 참석자들이 대학에서 전공으로 선택할 과목들이었다. 그는 성경의 가르침과 적용을 적절히 조화시키는 능력이 뛰어났다.

그는 캠프에서 빌립보서라는 멋진 책의 내용을 가르쳤는데, 사도 바울이 쥐가 들끓는 로마 감옥에서 예수를 위해 고난당하면서 기록한 책이었다. 캠프 막바지에 빌립보서 3:12-17 설교를 들으면서, 하나님이 나를 전임 사역으로 부르고 계신다는 사실을 깨달았다. 하나님은 이 본문을 통해 나의 내면에 말씀하셨다. 그분은 나도 다른 그리스도인들처럼 뒤에 있는 것은 잊어버리고 앞에 있는 것을 잡으려고 푯대를 향하여 나아갈 뿐만 아니라, 바울을 본받아 교회를 섬기고 교회를 위해 고난받는 일에 내 삶 전체를 드려야 한다고 말씀하셨다. 그것이 어떤 삶인지, 어떤 희생을 요구하는지 알지 못했지만, 그날 나는 하나님의 소명을 받아들였다.

부르심을 분별하라

모든 사람이 나와 똑같은 방식으로 부르심을 받아야 한다는 말이 아니다. 오히려, 성경이나 교회사를 보면 각자가 전혀 다른 방식으로 부름 받았다는 사실이야말로 부르심의 가장 흥미진진한 특징이 아닌가 싶다. 부르심의 체험을 규격화하지 않는 것이 중요하다. 다메섹의 바울처럼 매우 극적인 체험을 하는 사람이 있는가 하면, 내면에서 강한 끌림을 느끼는 사람도 있다. 하지만 어느 경우가 되었건, **사역을 시작하기 전에 분명한 소명 의식을 갖는 것이 무엇보다도 중요하다**. 사역으로의 부르심에는 어떤 특징이 있는지 좀 더 자세하게 살펴보자.

자신의 소명을 점검하려는 목회자/교회 개척자 후보생은 최소한 다음 세 영역, 곧 마음, 머리, 기술 면에서 검증을 받아야 한다.[15]

마음의 검증

록 콘서트에 가서 취하는 것만큼 황홀한 경험이 또 있을까. 그러니까, 음악에 취하는 것 말이다. 공연장의 음향 시설이 제대로라면, 심장박동에 지장을 줄 만큼 크게 쿵쿵거리는 베이스 소리를 가슴에서 느낄 수 있다. 공연장 밖으로 나오지 않고서는 그 압박과 영향력에서 벗어날 수가 없다. 이런 압박이 목회로의 부르심에 대한 마음의 검증과 비슷하다. 마음속에서, 온몸으로 그것을 느낀다. 당신의 마음과 영혼에서 압박을 느낀다. 도무지 벗어날 수도, 피할 수도 없는 압박. 그 압박에서 목회자가 되고 싶다는 깊은 열망을 느낀다.

디모데전서 3:1은 감독의 '직분을 사모하는' 사람을 언급한다. 사실 이런 사모함이야말로 감독의 첫 번째 자격 요건이라고 할 수 있다. 진정 사역으로 부름 받은 사람이라면, 그 직분을 **사모해야** 한다. 마지못해, 슬퍼하며, 어쩔 수 없이, 강제로 끌려가는 사람처럼 사역에 들어서지 않는다. 자원해서, 기쁜 마음으로 사역에 들어선다. 고귀한 직분으로의 부르심이니 아무런 경고도 필요 없다는 뜻이 아니다. 이렇게 하나님을 섬길 수 있으려면 기쁨과 즐거움, 특권 의식이 있어야 한다는 뜻이다.[16]

진정한 부르심은, 어떤 희생을 치르더라도 하나님과 그 백성을 섬기겠다는 채워지지 않는 열망과 함께 찾아오기도 한다. 이 길밖에 없다는 의식을 강하게 느낀다. 느헤미야의 소명을 생각해 보라. 느헤미야서는 하나님의 백성을 인도함으로써 그분을 섬겨야겠다는 마음의 부르심으로 시작한다. 1장에서 느헤미야는 유배지에서 살아남은 사람들과 예루살렘 성의 상태를 묻는다. 그에게 돌아온 대답이 썩 희망적이지 않다. "사로잡힘을 면하고 남아 있는 자들이 그 지방 거기에서 큰 환난을 당하고 능욕을 받으며 예루살렘 성은 허물어지고 성문들은 불탔다 하는지라"(느 1:3). 이 소식은 느헤미야의 가슴 깊숙한 곳에 자리 잡았다. 다음 구절에서 그 사실을 확인할 수 있다.

내가 이 말을 듣고 앉아서 울고 수일 동안 슬퍼하며 하늘의 하나님 앞에 금식하며 기도하여(느 1:4).

이것이 바로 느헤미야의 부르심의 본질이다. 그의 부르심 배후에는 말 그대로 심장이 있었다. 느헤미야는 소식을 듣고 집으로 돌아가 며칠 동안 곰곰이 생각하지 않았다. 소식을 들은 즉시 문제의 해결책을 찾아 전략을 세우지도 않았다. 물론 나중에는 아주 훌륭하게 이 일을 해내지만 말이다. 이 소식은 느헤미야의 마음을 무너뜨렸다. 이 본문은 그의 다급한 심정과 불안, 마음의 고통을 강조하면서 그가 깊이 상심하여 수일 동안 슬퍼했다고 전한다. 우리는 사람이 죽었을 때 슬퍼하는데, 슬픔이야말로 가장 진솔하고 고통스러운 인간의 경험이라고 할 수 있다. 여기서 느헤미야는 하나님의 백성과 예루살렘 성이 무너진 것을 보고 슬퍼한다. 이 소식을 들은 느헤미야는 마음이 찢어지는 듯했고, 자기 인생행로를 바꿀 수밖에 없었다. 자신의 은사를 총동원하여 하나님과 그분의 백성을 섬기는 인생을 살기로 한 것이다. 이것이 바로 마음의 부르심이다.

마음의 부르심이 있으면 영혼 깊은 곳에서 이런 음성이 들린다. "이 일을 하지 않으면 난 죽을 것 같다." 부름 받은 사람은 목회 이외의 다른 직업은 상상조차 할 수 없다. 하루 종일 사역만 생각하고, 사역 이야기만 하며, 사역할 날만을 손꼽아 기다린다. 그의 마음에는 사역에 대한 열망이 끊임없이 불타올라서 아무리 큰 어려움과 박해와 두려움이 있더라도 그것을 쉽게 내치거나 무시할 수 없다.

이 강력한 마음의 열망이 때로는 근심과 불안으로 나타나기도 한다. 자꾸만 이런 의문이 수면으로 떠오른다. '내가 정말 이 일을 할 수 있을까? 하나님이 나 같은 사람을 쓰실 수 있을까? 실패하면 어떡하지?' 하나님의 부르심을 따라 그분의 일을 하기로 결심하는 것만큼 큰 불안감을 불러오는 일도 없다. 진정으로 부름 받은 사람이라도 때로는 자신의 부르심을 의심할 수 있지만, 결국에는 거기서 벗어날 수가 없다. 그의 의심이 사역에 대한 열정을 **시험**할 수 있을지는 몰라도, 사역에 대한 열정을 **무너뜨**

리지는 못한다. 의심과 불안감은 당신이 부름 받지 않았다는 표시가 결코 아니다. 확실한 부르심을 받은 사람들도 가끔은 의심과 불확실성을 느낄 때가 있게 마련이다. 그러나 시간이 흐르면서, 소명 의식은 약해지지 않고 오히려 더 강해진다.

이 마음의 검증은 사역을 시작하면서 느끼는 흥분이나 일시적 감정 상태 이상을 의미한다. 스펄전은 이것을 가리켜 "사역에 대한 열망이 너무도 강력하여 모든 것을 흡수해 버릴 정도인 상태"라고 한다.[17] 뉴턴은 이것을 가리켜 "이 일에 쓰임 받고자 하는 열렬하고 진지한 욕구……그 욕구를 포기할 수 없다.……설교하고자 하는 욕구가 가장 강렬하다"라고 말한다.[18] 간단히 말하면, 사역으로 **부름 받은** 사람은 사역하고자 하는 **욕구**가 너무나 강해서 그것을 감출 수가 없다. 예레미야의 경우에서 보듯이, 그 욕구가 불붙는 것 같아서 골수에 사무친다. 그것은 느헤미야처럼 하나님의 백성을 보호하고 돌보려는 깊은 욕구다. 이러한 마음의 검증은 소명의 구성 요소에서 없어서는 안 될 핵심이지만, 이것만으로는 부족하다. 진정으로 하나님의 부르심을 받은 사람은 머리의 검증을 받아야 한다.

머리의 검증

머리의 검증은 소명을 분별하는 주요 요소이지만, 마음의 검증에만 매달리느라 소홀히 여길 때가 많다. 받은 소명을 마음으로 어떻게 느끼는지를 다른 것보다 더 중요하게 여기기 쉽다. 그러나 사역으로의 진정한 부르심은 욕구와 감정을 초월해 진지한 사고와 계획으로 나타난다. 머리의 검증은 사역으로의 부르심을 마음으로 느끼는 사람이, 구체적으로 어떤 부르심을 받고 있는지를 평가하는 것이다. 마음의 검증이 좀 더 일반적이고 영적이라면, 머리의 검증은 구체적이고 실제적이다. 마음의 검증은 마음속에 열정을 불러일으켜 "교회를 위해 이 한 목숨 바치겠다!"라고 외치게 만들지만, 머리의 검증은 그런 열정을 어떻게 뒷받침할 수 있을지를 묻는다. "구체적으로 어떻게 이 교회를 섬길 수 있을까?"

구체적으로 **어떤** 사역으로 부름 받았는지는 생각하지 않고 막연하게 사역에 뛰어드는 사람이 많다. 기독교 역사를 살펴보면, 대개 사역의 부르심은 특정한 사역에 대한 부담을 동반한다. 그렇다고 해서 사역을 시작하면서 처음 뛰어든 분야를 끝까지 고수해야 한다는 뜻은 아니다. 그보다는, 사역으로의 부르심은 특별한 배경에서 비롯된다는 점을 강조하고 싶은 것이다.

사역을 처음 시작하는 젊은이들이 흔히 저지르기 쉬운 실수가 있다. 자신이 과거에 경험했거나 이상적으로 생각하는 교회만을 모델로 생각하는 것이다. 유명 목회자의 목회 철학이나 방법을 무분별하게 적용하는 것도 그와 비슷한 실수다. 머리의 검증을 받은 사람은 **자신만의** 목회 철학, 자신만의 목회 방식, 자신만의 신학적 신념, 자신만의 독특한 은사와 능력과 욕구를 진지하게 생각한다. 간단히 말해, 본인이 원하는 독특한 목회 방식이 있다. 자신이 무엇에 **반대하는지는** 잘 알면서도 무엇을 **지지하는지는** 모르는 수많은 젊은이들과 달리, 머리의 검증을 받고 있는 사람은 다음 질문들을 신중하고 면밀하게 검토한다. '내 인생을 어떤 사역에 바칠 것인가? 내가 교회에 대해 갖는 특별한 부담은 무엇인가? 어떻게 하면 그런 부분에서 교회를 잘 섬길 수 있을까?'

우리 교회에서 인턴을 했던 개빈은 목회자 집안 출신이다. 그의 할아버지와 아버지, 두 명의 형 모두 목회의 길을 걷고 있었다. 개빈은 목회자가 되고 싶은 마음도 있지만, 공부를 더 하고 싶은 생각도 있었다. 그는 마음속으로 이런 질문들을 던지고 있다. '가까운 사람들이 모두 목회자라는 이유만으로 내가 사역을 하려는 것은 아닐까? 하나님은 나를 특별히 어떤 사역으로 부르고 계신가? 하나님은 내가 박사학위를 받아서 가르치기를 원하시는가, 아니면 지역 교회에서 섬기기를 원하시는가?' 이런 질문들과 그에 따른 고민이 머리의 검증에 해당한다. "하나님이 내 생각을 통해 나의 특별한 목회 소명을 확증해 주신다"라고 말할 수 있으면, 바로 머리 검증의 마지막 시험을 통과한 것이다.

머리와 마음의 검증은 둘 다 중요하다. 이 두 가지는 많은 목회자와 신학자들이 **내적 소명**이라고 말하는 것에 해당한다. 하지만 이 두 가지만으로는 부족하다. 진정한 목회 소명은 부름 받은 사람의 사고와 열정에서만 드러나지 않고, 그의 은사와 능력과 기술에도 드러나게 마련이다. 이 마지막 검증이 신학자들이 **외적 소명**이라고 일컫는 것에 해당한다. 남들이 가장 쉽게 확인할 수 있는 부분이기에 외적 소명이라고 부른다.

기술의 검증

나는 어렸을 때 교회에 다니지 않았기 때문에 그리스도인이 되고 마음과 머리로 부르심을 확인했으면서도, 이제부터 어떻게 해야 하는지에 대한 구상이 전혀 없었다. 그 당시 내가 다니던 교회에서는 예배가 끝나면 앞으로 나가서 영적 헌신을 표현하는 의식이 있었다. 그리스도인이 되고 싶은 사람은 자리에서 일어나 앞으로 나갔다. 교인이 되고 싶은 사람은 자리에서 일어나 앞으로 나갔다. 세례 받고 싶은 사람도 자리에서 일어나 앞으로 나갔다. 좀 이상한 소리로 들리겠지만, 하나님이 전임 사역으로 부르신다고 느끼는 사람도 앞으로 나가서 그 소명을 공개했다.

우리 교회에는 전임 사역을 고려하는 젊은이들을 돕는 과정이 있었다. 우선 그 사람이 진짜로 부르심을 받았는지 교회에서 확인해 주었다. '이 젊은이는 성품 면에서 자질이 있는가?'라고 질문하면서 그 성품을 검증했다. (이 부분은 다음 장에서 자세히 살펴볼 것이다.) 교회는 부름 받았다고 주장하는 사람의 기술도 검증했다. '이 사람은 목회 사역을 감당하는 데 필요한 은사들을 갖추고 있는가?' 이처럼 성품과 기술을 검증하는 것은 부름 받은 사람에게 무엇보다도 중요한데, 자신의 주관적 결정을 교회의 객관적 평가로 검증할 수 있기 때문이다.

교회가 후보자의 기술을 검증하는 과정에서 그 사람의 부르심도 정교해질 수밖에 없다. 교회는 '나는 부름 받았는가?'라는 질문은 물론, '무엇으로 부름 받았는가?'라는 구체적인 질문에 대답할 수 있도록 도와준다. 이렇게 해서 교회는 진정한 소명을 따를 수 있게 돕는 안내 역할뿐 아니라 참 소명과 거짓 소명을 구분하는 귀중한 여과장치 역할을 하게 된다. 간단히 말해, 교회는 목회에 뛰어들려는 사람이 어떤 사역을 해야 할지 정확히 분별하도록 돕는다.

젊은이들이 복음 사역의 소명을 확인하도록 돕는 과정에서 교회 지도자들이 빠지기 쉬운 함정이 두 가지 있다. 첫째, 복음 사역을 허락하는 과정을 너무 쉽게 만들어 버릴 위험이 있다. 아무런 비판 없이 한 사람의 **내적 소명**, 곧 본인의 주관적 소명을 하나님의 확증으로 받아들일 수 있다는 것이다. 그런 교회들은 '그냥 설교하라고 합시다!'라는 태도로 대응하기 일쑤다. 많은 경우 이런 접근은 자기 재능과 은사만 믿고 성품 개발은 소홀히 하는 사람을 낳는다. 대개 이런 사람은 나중에 목회직을 박탈당하게 되어 있다.

그런가 하면, 교회가 복음 사역을 허락하는 과정을 너무 까다롭게 만들어 버릴 위험도 있다. 이런 교회들은 기술이나(훌륭한 설교자여야 한다) 교육 면에서(반드시 신학교 졸업장이 있어야 한다) 턱없이 높은 기준을 세운다. 나와 함께 액츠 29 이사회에서 섬기는 마크 드리스콜이나 매트 챈들러(Matt Chandler)처럼, 신학교를 졸업하지 않고도 성공적으로 목회를 시작해서 큰 영향을 미친 사람들도 많다. 너무 높은 기준만 제시해서 하나님이 부르시는 사람들을 사역에서 제외시키는 일이 없도록 주의해야 할 것이다.

그렇다면 교회는 기술적 측면에서 그 사람이 목회로 부르심을 받았는지 받지 않았는지를 어떻게 판단할 것인가? 교회가 고려해야 할 기준으로 최소한 두 가지를 꼽을 수 있다. 첫 번째는 후보자의 성경 지식이다. 이런 질문들을 생각해 볼 수 있다.

1. 이 사람은 성경 전반에 대한 기본 지식을 갖고 있는가?
2. 이 사람은 성경 전체를 관통하는 복음 이야기를 분명히 표현할 수 있는가?
3. 이 사람은 교회사에서 분열을 초래했던 논란이 되는 구절들을 알고 있는가?(칼뱅주의와 아르미니우스주의, 세례 방법 등)
4. 이 사람은 기독교 신학의 그리스도 중심성을 설명할 수 있는가?

두 번째는 사역의 열매를 점검하는 것이다. 이 부분에서는 다음 질문들에 대한 답을 확인해야 한다.

1. 이 사람은 교회에 사명을 고취시킬 수 있는가?
2. 이 사람은 교회에 비전을 제시하고 교인들이 그 비전을 추구하도록 격려할 수 있는가?
3. 이 사람은 교회가 그 목적을 달성하도록 조직을 이끌 능력을 갖고 있는가?
4. 이 사람은 자신의 직접적 영향력 없이도 교회가 돌아갈 수 있도록 체계와 구조를 세울 수 있는가?

짐 콜린스(Jim Collins)의 유명한 '버스' 비유는 숙련된 리더의 역할을 잘 말해 준다. 그는 "버스에 타지 말아야 할 사람은 태우지 않고, 타야 할 사람만 태운 다음 각자의 자리에 앉히는 것"이 리더의 역할이라고 했다.[19] 교회는, 교회가 목회자를 의지하지 않고도 알아서 기능할 수 있는 구조를 지원자가 세울 수 있는지의 여부를 분별해야 한다.

진정한 소명 의식은 이처럼 마음·머리·기술 세 영역에서 모두 검증을 받아야 한다. 오순절/은사주의 진영은 마음과 하나님이 주신 초자연적 부르심에 초점을 맞추는 경향이 있는 반면, 개혁주의/복음주의 진영은 머리에 초점을 맞추는 경향이 있다. 그런가 하면, 주류 교회들은 기술에 초점을 맞출 때가 많다. 하지만 진정한 부르심을 받은 사람에게는 이 세 가지가 모두 나타나야 한다.

이제 목회자/교회 개척자 후보생들이 자신의 부르심을 시험하고 분별하기 위해 스스로에게 던져야 할 질문들로 이 장을 마무리할까 한다.

1. 나는 정말로 목회 사역을 간절히 바라는가? 다른 직업을 갖는다는 것은 상상할 수도 없는 일인가?
2. 어떻게 하면 내 삶으로 하나님을 최고로 섬길 수 있을지, 그분이 특별한 확신과 생각을 주셨는가?
3. 내가 목회를 하려는 동기는 내가 괜찮은 사람이라는 것을 증명하고 유명해지기 위해서인가, 아니면 과거의 실패를 속죄하기 위해서인가? 나는 마음의 동기를 검토하면서, 하나님이 내 열망과 생각을 다듬어 주시기를 간구하고 있는가?
4. 나는 다른 사람들을 사랑하는가? 그들을 돕기 원하는가? 내가 사역을 하려는 이유는 주로 나 때문인가, 아니면 다른 사람들을 그리스도께 인도하고 그들을 돕기 위해서인가?
5. 나는 성경에 나타난 하나님의 진리를 배우고 다른 사람들에게 전하는 것을 좋아하는가? 목회자로서 성실하게 연구하는 습관을 개발할 의향이 있는가?
6. 나는 사람들이 목표를 달성하도록 효과적으로 인도할 수 있는가? 사람들이 나를 따라올 수 있겠는가? 스스로 내린 결정을 위해서라면 어떤 어려움도 감내하겠는가?

만일 우리가 한 국가로서 가정과 기업들을 보호해야 할 처지가 된다면, 아이들에게 총과 칼을 들려 보내서 적들과 싸우도록 해서는 안 되겠지요. 마찬가지로, 교회도 경험이 없고 그저 열심만 있는 자나 이리저리 변덕을 부리는 초년생을 내보내 진리를 위해 싸우게 해서는 안 됩니다.
_찰스 스펄전[1]

성직자의 행동은 그들의 삶이 교인들의 삶으로부터 성별되어 있는 한, 단연 일반 사람들의 행동보다 나아야 한다.…… 생각이 순수해야 하며, 행동의 모범을 보이고, 신중하게 비밀을 지키며, 유익한 말을 하고, 모든 사람에게 가까운 이웃이 되어 동정을 베풀며, 다른 모든 사람들보다 깊이 묵상하고, 선한 삶을 사는 사람들과 겸손히 동행하며, 죄인들의 사악함에 대항하여 의를 추구함에 있어, 바로 서서 열심을 내지 않으면 안 된다.
_키프리아누스(Cyprian)[2]

문제 있는 장로들이라면 차라리 없는 편이 낫다.　　　　_존 젠스(Jon Zens)[3]

3장 자격을 갖춘 사람

목회자가 되는 데 무슨 자격이 필요하느냐고 의아해 하는 사람들이 많다. 이런 생각들을 하는 것이다. '어떤 사람이 목회자가 되고 싶어 한다면, 그 사람이 기준에 맞건 맞지 않건 그럴 권리가 있지 않습니까? 게다가 그 기준이란 것을 도대체 누가 결정하는 겁니까?' 액츠 29는 교회 개척자들의 자격 요건을 평가하는 데만 "지나치게 집중한다"는 지적을 자주 받는다.

하지만 무슨 직업이든 다들 기준이란 게 있지 않은가? 조종사가 비행기를 좋아하기만 하지 조종사 자격증이 없다는 사실을 알면, 아무도 그 비행기를 타려 하지 않을 것이다. 자기 아버지가 의사라는 이유만으로 수술할 자격을 얻었다면 그 의사에게 수술을 맡길 환자는 아무도 없을 것이다. 장난감 집짓기 세트가 포트폴리오의 전부인 건축가에게 자기 집 건축 설계를 부탁할 젊은 부부도 없을 것이다. 어떤 직업이든 자격 요건이 중요한데, 중요한 직업일수록 엄격한 자격 요건은 더욱 필요하다.

신약성경은 교회에서 자격 요건을 갖춘 장로를 임명하는 일이 매우 중요하다고 강조한다.[4] 알렉산더 스트라우크가 지적하듯이, "신약성경은 주의 만찬이나 주일, 세례, 성령의 은사 같은 다른 중요한 문제들보다 장로 선출에 대해 더 많이 교훈한다."[5] 뿐만 아니라, 신약성경은 성경에 나오는 다양한 리더십 중에서도 특히 장로직의 자격 요건에 대해 더 많은 가르침을 준다.[6]

이처럼 장로 자격 요건을 강조하는 이유는, 장로들이 그리스도께서 목숨을 바쳐 구원하신 영원한 영혼들을 돌보는 신성한 임무를 받았기 때문이다. 목회자는 영원한 영혼들을 가르치고 돌보는 매우 중요한 역할을 감당하기에, 문제가 있는 사람을 그 자리에 임명해서는 안 된다. 돌팔이 의사가 수술을 하거나 무면허 조종사가 비행기를 몰거나 부적격한 건축가가 집을 지으면, 사람들은 상처를 받고 일은 엉망진창이 된다. 교회도 마찬가지다. 성도들은 부적격한 지도자 밑에서 상처를 받고, 결혼에서부터 교회에 이르기까지 모든 것이 무너진다.

신약성경은 장로들이 교회 내에서 정확히 어떤 역할을 해야 하는지에 대해 융통성을 허용한다. 장로들을 세우라는 말씀은 있지만, 아주 세세한 부분까지 일일이 지적해 주지는 않는다. 그러나 신약성경이 제시하는 리더십 유형은 틀림없는 **복수(複數)의 리더십**이다.[7] 장로는 교회를 전반적으로 감독하고 이끄는 자로, 말씀을 가르치고 설교하며, 거짓 교사들에게서 교회를 보호하고, 성도들이 건전한 신학을 유지하도록 권면하고 책망하며, 환자들을 위해 기도하고, 교리 문제를 판단한다.[8] 장로는 공동체 가운데 잘 알려지고, 성품과 성실함이 증명되었으며, 교리가 건전한 사람이어야 한다. 다른 사람들을 가르치고 돌보는 능력과 함께 자기 훈련과 성숙함을 갖추어서, 남들뿐 아니라 자기 자신도 목회할 수 있어야 한다. 목회자가 여러 명 있으면, 혼자 목회하는 경우에 부족한 상호책임감과 장점을 살릴 수 있다. "홀로 있어 넘어지고 붙들어 일으킬 자가 없는 자에게는 화가 있으리라"(전 4:10).

신약성경에 나오는 장로직의 자격 요건

신약성경 몇 군데에 조금씩 다른 자격 요건이 등장하지만, 디모데전서 3:1-7이 가장 포괄적이다.

> 미쁘다, 이 말이여. 곧 사람이 감독의 직분을 얻으려 함은 선한 일을 사모하는 것이라 함이로다. 그러므로 감독은 책망할 것이 없으며 한 아내의 남편이 되며 절제하며 신중하며 단정하며 나그네를 대접하며 가르치기를 잘하며 술을 즐기지 아니하며 구타하지 아니하며 오직 관용하며 다투지 아니하며 돈을 사랑하지 아니하며 자기 집을 잘 다스려 자녀들로 모든 공손함으로 복종하게 하는 자라야 할지며(사람이 자기 집을 다스릴 줄 알지 못하면 어찌 하나님의 교회를 돌보리요) 새로 입교한 자도 말지니 교만하여져서 마귀를 정죄하는 그 정죄에 빠질까 함이요. 또한 외인에게서도 선한 증거를 얻은 자라야 할지니 비방과 마귀의 올무에 빠질까 염려하라.

이 자격 요건에 우리가 주목해야 하는 한 가지 이유는, 이 목록이 전혀 특별하지 않기 때문이다. 이 본문에서 요구하는 장로(혹은 감독)의 자격 요건은 사실상 성경이 모든 신자에게 요구하는 내용이나 다름없다. 예를 들어, 장로가 술을 즐기지 않아야 한다는 조항은 장로를 제외한 나머지 신자들은 얼마든지 고주망태가 되어도 괜찮다는 뜻이 아니다. 마찬가지로, 장로가 돈을 사랑하지 않아야 한다는 말은 장로 이외의 신자들은 돈을 구주로 삼아도 좋다는 이야기가 아니다. 그리스도를 섬기는 사람이라면 누구나 술과 돈을 사랑해서는 안 된다. 그렇다면 도대체 장로는 어떻게 달라야 하는가?

장로들은 그리스도인 중에 더 높은 계층이 아니다. 오히려 카슨(D. A. Carson)이 지적하듯이, "어떤 면에서는 모든 신자에게 요구하는 것을 **리더들에게 특별히 더 많이 요구하는 것이다.**"⁹ 얼마나 적절한 표현인지 모르겠다. 장로들은 모든 그리스도인이 추구해야 하는 미덕들을 더욱 집중해서 살아 내야 할 부르심을 받았다.

감독이라는 단어는 그리스어 '에피스코프'(*episcope*)에서 나온 말로, **장로**(딛 1:5, 7)와 바꿔 쓸 수 있다. '에피스코프'는 어떤 사람이나 사건을 돌보고 신중히 생각하고 검토하며 보호하는 사람을 묘사한다. 고대 그리스 사회에서 감독은 보호자와 통제자, 통치자, 감독관의 역할을 했다.

그렇다면 장로는 무엇을 감독하는가? 장로는 사람들, 곧 하나님의 형상으로 창조된 사람들, 그리스도께서 위해 죽으신 사람들, 하나님의 큰 사랑을 받는 사람들을 감독한다. 장로가 반드시 경건한 사람이어야 하는 이유는, 장로가 경건하지 못하면 그가 돌보는 사람들에게서 경건을 기대하기 어렵기 때문이다. 존 맥아더(John MacArthur)가 남긴 글을 보자. "사람들은 리더의 모습을 닮게 되어 있다. 호세아는 '백성이나 제사장이나 동일함이라'(호 4:9)라고 했고, 예수께서도 '그러나 누구든지 다 배우고 나면, 자기의 스승과 같이 될 것이다'(눅 6:40, 새번역)라고 하셨다. 성경 역사는 사람들이 자기 리더십의 영적 수준을 넘어서지 못하는 모습을 보여준다."¹⁰

바울이 제시한 목록이 비록 완전하지 않고 특정 배경에서 특정 상황에 주어진 말씀이지만, 그가 생각하는 훌륭한 장로직이 무엇인지 분별하는 데 도움이 된다. 바울이 언급한 자격 요건을 하나씩 살펴보면서, 그가 염두에 둔 장로는 어떤 사람인지 알아보자.

"책망할 것이 없으며" (Anepileptos)

이 용어는 심각한 성격적 결함이 없는 사람을 묘사한다. 그런 사람은 그를 아는 사람들에게서 존경을 받으며, 경건한 삶을 산다고 주변에 알려져 있다. 크리소스톰(Chrysostom)은 "이 단어에 모든 미덕이 압축되어 있다"고 말한다.[11] 윌리엄 마운스(William Mounce)는 '책망할 것이 없음'은 마치 분수 같아서, 거기서 다른 모든 요소가 흘러나온다고 주장한다. "첫 번째 자격은 다른 모든 자격을 아우르는 제목과 같다. 감독은 책망할 것이 없어야 한다. 뒤에 나오는 나머지 자격들은 이에 수반되는 내용을 자세히 설명한 것이다."[12] 그러므로 장로의 가장 기본이요 근본 자격은 책망할 것이 없어야 한다는 점이다. 이것이 바울이 디모데전서 3장에서 묘사하려는 모든 내용을 포괄하는 제목이라고 할 수 있다. 마크 드리스콜은 '책망할 것이 없음'이라는 항목을 가리켜, 바울이 말하는 목회자의 자격을 통칭하는 "잡동사니 서랍"이라고 말한 바 있다.

"한 아내의 남편이 되며" (Mias Gunaikos Andra)

목회자의 머리와 가슴은 아내에게 헌신해야 한다. '한 여자의 남자'여야 한다는 말이다.

언뜻 보기에는 바울이 이혼한 사람은 장로가 되는 것을 금하는 것처럼 보일지도 모른다.[13] 그보다는, 장로라면 아내에게 온전히 헌신해야 한다는 뜻으로 이해할 수 있다. 목회자의 자격을 갖추려면 자기 아내에게만 온전히 헌신하여 아내와 정서적·사회적·성적으로 깊은 관계를 맺어야 한다.

이 말은 목회자의 결혼 생활이 건전해야 한다는 뜻이다. 하지만 그보다 결혼 생활에서 정서적·신체적 친밀감이 부족하면 목회자가 사역을 제대로 할 수 없다는 뜻이 더 강한 듯싶다. 다시 말해, 무미건조한 성생활을 하는 사람은 목회자의 자격을 갖추지 못한다는 뜻이다. 목회자는 아내와의 정서적·사회적·성적 관계를 이끌어야 한다. 다른 자격 요건과 마찬가지로, 이 말은 목회자나 목회자의 결혼 생활이 반드시 완벽해야 한다는 뜻은 아니다. 다른 사람들이 본받을 만한 결혼 생활이어야 한다는 의미다. 미혼과 기혼 남성들이 목회자가 아내를 사랑하고 섬기는 모습을 보고, 현재 또는 미래의 부부 관계에서 본으로 삼을 수 있어야 한다.

"신중하며" (Nephalios)

목회자는 감정이나 정욕에 휘둘리지 않고 스스로 절제할 줄 알아야 한다. 몸과 마음의 건강을 해치는 무분별하고 지나친 행위를 삼가야 한다.

이 항목은 사람의 정서 생활에 시사하는 바가 있다. 자격을 갖춘 목회자라면 성령의 능력과 권위에 순복함으로써 자신의 욕구와 감정을 조절할 줄 알아야 한다. 바울이 여기서 지적하는 문제는, 자격을 갖춘 목회자는 자기 감정이 아니라 성령의 인도하심을 받아야 한다는 것이다. 그렇다고 해서 목회자는 아무것도 느끼지도 표현하지도 못하는 무감각한 사람이어야 한다는 말은 아니다. 오히려 성령께 자기 감정까지 복종시킨 사람은 불륜이나 공금 횡령, 부당한 분노 같은 죄를 피할 수 있다는 뜻이다. 그런 사람이 이끄는 교회라면 동일한 죄들을 피할 수 있을 것이다.

브루스 웨슬리(Bruce Wesley) 목사가 자신의 감정과 싸우는 모습을 한번 살펴보자.[14] 브루스는 이렇게 말한다.

교회 개척 과정에서 나의 정서적 역기능이 만천하에 드러났습니다. 그 시절을 돌아보면 나는 늘 분노에 차 있었지요. 깨어 있는 시간에는 항상 폭발 직전이었으니까요. 나는 내가 책임지고 있는 작은 지역에서 복음을 지키기 위해서는 어쩔 수 없다며 분노를 합리화했습니다. 하지만 언제 어떻게 폭발할지 모르는 나 때문에 아내와 아이들은 날마다 살얼음 위를 걷는 생활을 해야 했습니다.

클리어크릭교회(Clear Creek Church)를 개척하고 2년이 지나서야 나는 아내와 아이들과의 정서적 거리감을 깨닫기 시작했습니다. 더 심각한 것은, 가족 중에서 그 사실을 가장 늦게 알아차린 사람이 바로 나라는 사실이었죠. 아내와 아이들은 진작부터 그런 거리감을 느끼고 있었습니다.

하루는 마음속에 이런 질문이 떠올랐습니다. '아무리 훌륭한 교회를 개척했다 하더라도, 자기 아내와 자식들을 사랑하고 돌보고 보호할 줄 모른다면 무슨 소용이 있겠는가? 한 번밖에 살 수 없는 소중한 인생을 마치는 날, 아내와 아이들이 내 꼴도 보기 싫다고 한다면?'

내가 다음 몇 가지 사실을 깨닫도록 도와준 현명하고 신실한 친구가 있었습니다. 그의 도움으로 나는 분노를 폭발하는 것은 마치 수영장에 포탄을 던지는 것과 같다는 사실을 볼 수 있었습니다. 당신은 눈을 감은 채 뛰어들고 있으니 그 파장이 어디까지 미칠지 알 수가 없습니다. 화를 내면 내가 의도하지 않은 엉뚱한 사람들에게까지 불똥이 튀고 있었던 거죠.

둘째로, 그의 도움으로 나는 나의 정서적 에너지를 발판 삼아 내가 어떤 과정에서는 버티거나 힘든 상황에 맞서 싸우려 한다는 사실을 깨달았습니다. 사실 그것을 결코 나쁘다고만은 할 수 없습니다. 그러나 내 감정은 분노였고, 그 분노는 사람들, 특히 가까운 사람들을 겨냥했습니다. 성공에 대한 지나친 열망이 분노로 나타났다는 사실을 깨달았죠. 내 목표를 가로막는 사람은 누구라도 내 분노를 피할 수 없었습니다.

그런데 어찌 된 영문인지, 이 복음이 저를 변화시켰습니다. 하루는 친구가 이런 말을 해주었습니다. "자네가 아무리 노력해도 하나님이 자네를 더 사랑하게 만들 수 없듯이, 자네가 무슨 짓을 하더라도 하나님이 자네를 덜 사랑하게 만들 수 없다네." 지금까지 사역을 하면서 강단에서 족히 수백 번은 했을 법한 말이지만, 친구가 그 말을 꺼내는 순간, 하나님의 성령이 내 마음을 여셔서 그 무한한 은혜를 다시 한 번 깨닫게 하셨습니다.

내가 노력과 성공으로 하나님의 사랑을 쟁취하려고 애썼다는 사실을 깨달았습니다. 그것이 끝도 없이 힘들기만 하고 아무 소용 없는 일이기에 화가 났던 겁니다. 분노는 내 우상 숭배와 자기 의의 결과였습니다. 또 분노 때문에 나를 사랑하는 사람들과 사이가 점점 더 멀어졌습니다. 진정한 복음의 의미를 나 자신에게 가르치는 법을 배우자 내 정서 세계는 180도 달라졌습니다. 나는 은혜와 복음의 빛으로 스스로 절제할 줄 아는 사람이 되었습니다. 진심으로 감사합니다.…… 아내와 아이들도 얼마나 고마워하는지 모릅니다.

"절제하며" (*Sophron*)

목회자는 건강한 정신을 소유해야 한다(쉽게 정신이 흐트러지지 않고 집중할 수 있어야 한다). 건전한 판단력과 상식이 있는 사람이어야 한다.

바울은 갈라디아서 5:22-23에서, 우리 삶에서 성령이 일하시는 결과로 절제가 나타난다고 가르친다. 그 본문에서 바울은, 절제는 의지력을 발휘한 결과가 아니라 우리가 성령의 인도하심 가운데 살아가면 맺게 되는 하나님의 능력의 열매라고 암시하는 것 같다. 말하자면 바울의 논리는 이렇다. 성령의 인도하심을 받는 목회자는 그 결과로 '자기 자신'을 절제할 수 있게 된다.

"단정하며" (*Kosmios*, 존경할 만하며)

단정하다는 것은 질서 잡힌 생활을 한다(무질서한 생활과 거리가 멀다)는 뜻이다.

이 자격 요건은 목회자의 생활 전반에 드러나는 특징, 곧 목회자의 삶을 측정하는 음량계(소리의 크기를 측정하는 기계) 역할을 가리킨다. 내 친구 중에 삶이 전반적으로 무질서한 친구가 있다. 평생 세차 한 번 안 한 듯한 차를 몰고 다니는데 차의 내부는 더 가관이다. 사는 집 마당은 자연미가 넘치는데, 그 말은 잡초가 무성하다는 뜻이다(친구는 어린 자녀들에게 잡초를 꽃이라고 가르친다). 차나 집이나 무질서한 마당도 문제지만, **그의 인생** 자체가 무질서였다. 그의 생활방식에는 문제가 많았다. 그는 일을 하건 말을 하건 늘 무언가에 쫓기듯 서둘렀고, 그가 있는 곳에는 항상 무질서가 뒤따랐다. 그 때문에 그를 존경하는 사람은 하나도 없었다. 그것은 그가 매사에 단정치 못해서였다. 단정한 목회자란 자신이 책임져야 할 일들을 잘 관리해서 남들 보기에 질서정연할 뿐 아니라 삶의 무게와 복잡함까지도 견뎌 낼 수 있는 사람이어야 한다. 그런 사람이라야 복잡다단한 교회의 여러 문제들을 잘 이끌어 가는 데 부족함이 없을 테니 말이다.

"나그네를 대접하며" (Philoxenos)

목회자는 낯선 이들을 사랑한다. 그들을 밀어내지 않고 받아들인다.

사람들의 생각과 달리, 이 자격 요건은 목회자 가정에서 모든 교인에게 식사 대접을 해야 한다는 뜻은 아니다. 목회자가 집을 개방하여 교인들이 마음대로 드나들면서 텔레비전도 보고 '교제'하는 곳이 되어야 한다는 뜻도 아니다. '나그네 대접'은 목회자와 그 가정이 믿음에 속하지 않은 사람들을 대하는 방식을 가리키는 말이다. 다시 말해, 나그네 대접은 예수님처럼 죄인들의 친구가 되어 주는 것이다.

알렉스 얼리(Alex Early)의 다음 이야기는 지역사회 중심의 손대접이 무엇을 의미하는지를 여실히 보여주는 훌륭한 예다. 그는 게이들이 드나드는 미국식 로큰롤 술집에서 포코너스교회(Four Corners Church)를 개척했다.[15]

2007년 1월, 나는 안전한 교회 사역을 그만두고 좀 더 위험한 사역을 찾아 나섰습니다. 복음서를 반복해 읽으면서 '죄인들의 친구'이신 예수님의 모습을 보았기 때문입니다. 그런데 내 핸드폰과 수첩의 전화번호부를 들여다보고는 좌절할 수밖에 없었습니다. 안 믿는 친구가 하나도 없었어요. 내가 아는 사람은 죄다 중산층 백인 그리스도인에 공화당 지지자들뿐이었습니다. '죄인'은 한 사람도 없었습니다. 그래서 이런 생각을 하기 시작했지요. '이 바이블 벨트(Bible belt, 보수적이고 복음주의 성향의 기독교인들이 몰려 있는 미국 남부 지역을 가리키는 말—옮긴이) 지역에서 예수님을 모르는 사람은 누구이며, 그 이유는 뭘까?' 우리 동네 술집이 떠올랐습니다. 동성애자들이 생각났습니다.

하나님은 내게 교회를 사임하고, 게이들이 드나드는 알라모라는 동네 술집에 가서 일자리를 알아보라고 말씀하셨습니다. 그곳을 찾는 사람들은 개성이 독특하고, 거기서 일하는 사람들은 팔뚝에 커다란 문신을 하고 거리낌 없이 자신의 무신론을 드러냅니다. '그래, 바로 여기야' 싶은 생각이 들더군요.

바텐더 보조 자리를 얻었습니다. 냉장고를 채우고 주변을 청소하는 일이 제 담당이었습니다. 오전 7시 45분부터 오후 3시 15분까지는 임시 교사로 일하고, 알라모로 와서 오후 4시부터 새벽 2시까지 일주일에 나흘씩 일했습니다. 알라모의 동료와 손님들과 대화를 트고 그들을 알아가면서 그리스도의 성품과 그분이 하신 일을 나눌 기회도 조금씩 생기기 시작했습니다.

그러다가 에이미 머피 사장과도 대화할 기회를 얻었습니다. 레즈비언이자 자칭 무신론자인 서른일곱 살의 에이미 사장은 내가 작은 교회를 개척하고 있다는 사실을 알게 되었습니다. 하루는 사장이 교회 이야기를 묻기에, 교회에 관심 있는 사람들을 모아 우리 집 거실에서 모임을 갖고 있다고 말했습니다. 사장이 거기 참석해도 되냐고 묻기에 "물론입니다" 하고 대답했죠. 그런데 놀랍게도 정말로 모임에 나타났습니다.

모임이 끝나고 나서 사장이 나를 보더니 "교회가 좀 비좁은 것 같네요" 했습니다. 그래서 내가 웃으면서 "그렇죠? 알라모 좀 빌려 주세요"

자격을 갖춘 사람

73

하고 대답했죠. 그런데 놀랍게도 그녀가 흔쾌히 "좋아요. 그렇게 합시다" 하지 뭡니까. 일은 일사천리로 진행되었습니다. 사장은 무료로 공간을 빌려 주기로 했고, 우리는 그 다음 주 일요일부터 알라모에서 모이기 시작했습니다.

몇 달 후에 그녀의 집 뒷마당에서 바비큐 파티가 열렸습니다. 그녀랑 나란히 앉아 있는데 갑자기 이런 말을 하더군요. "새로운 마음을 얻은 것 같아요. 나는 쉬지 않고 기도합니다. 내 죄를 용서해 달라고, 직장에서 나와 함께해 달라고 말이죠. 알다시피 일하는 곳이 좀 그렇잖아요. 지난 몇 개월간 하나님이 나와 함께 계시다는 사실을 알았어요. 하지만 지금은 하나님이 정말로 내 안에 살아 계신 것 같아요. 이게 정상인가요?"

나는 말할 수 없는 감격과 기쁨으로 예수님이 그녀를 구원하셨다는 사실을 말해 주었습니다. 그녀가 지금 느끼고 경험하는 것은 구원받은 자가 누리는 한 가지 특권, 바로 성령의 내주하심이라고 알려 주었죠.

그 이후로 에이미 사장은 애틀랜타 근방에 술집을 몇 군데 더 차렸고, 그 공간에 교회를 개척할 수 있도록 지원하고 더 많은 사람들이 예수님을 만날 수 있는 기회를 제공해 주었습니다.

"가르치기를 잘하며" (*Didaktikos*)

이 자격 요건은 가르치는 기술을 뜻한다.

다른 장에서 자세한 내용을 다루겠지만, 우선 여기서는 목회자가 가르칠 줄 알아야 한다는 점만 분명히 해두자. 자격을 갖춘 목회자는 그 본문이 성경 시대와 현대에 어떤 의미가 있는지 성도들이 이해하도록 성경을 가르칠 수 있어야 한다.

"술을 즐기지 아니하며" (Paroinos)

목회자는 우상 숭배하는 자(중독자)가 아니어야 한다. 흠정역(KJV) 본문을 보면 "포도주에 빠지지 않으며"라고 되어 있다.

이 자격 요건은 목회자의 방출 밸브를 언급한다. 운동으로 하루의 스트레스를 날리는 것은 바람직한 방법이다. 아이들과 놀면서 스트레스를 해소하는 방법도 좋다. 아내와 사랑을 나누는 것 역시 고된 사역을 잠시 내려놓고 쉴 수 있는 방법으로 성경이 적극 권장하는 바다. 그러나 술독에 빠지는 것은 아니다. 마크 드리스콜은 이런 말을 자주 했다. "목회자인 여러분이 짐 빔이나 잭 다니엘스, 호세 쿠엘보(모두 주류의 일종—옮긴이)와 소그룹 모임을 하고 있다면 곧 말썽이 생길 겁니다."

이 자격 요건은 비단 술 문제뿐 아니라 그 대상이 무엇이건 중독 문제 전반을 언급한다. 나는 교회 개척자들과 목회자들 가운데서 알코올중독에 빠졌거나 그런 조짐을 보이는 사람들이 너무 많은 것을 보면서 깜짝 놀란다. 의사 처방전이 필요한 특정 약물에 중독되는 사람들도 점점 더 많아지고 있다. 내가 아는 어느 목사는 일을 마치고 맥주를 한두 잔 해야 긴장이 풀리고, 밤에는 수면제를 복용해야 겨우 잠을 잘 수 있다. 이런 중독증은 신체적·정신적·정서적으로 위험할 뿐 아니라, 하나님이 우리의 필요를 채우시고 우리에게 힘을 주신다는 사실을 불신하는 표지다.

"구타하지 아니하며" (Plektes)

흠정역은 이 단어를 '싸움꾼'으로 번역한다. 간단히 말해, 교인이나 교회에 다니지 않는 동네 사람들과 주먹다짐을 하는 사람은 목회자가 될 수 없다는 뜻이다. 싸움 때문에 목사 자격을 박탈당할 위기에 처한 목회자를 만난 적이 있다. 그 당시 나는 마디 그라(Mardi Gras) 축제 기간에 뉴올리언스 주 프렌치 쿼터에서 사역하고 있었다. 이 길거리 축제를 잘 모르는 독자들을 위해 설명하자면, 마디 그라는 북미 지역에서 가장 퇴폐적인 행사로 유명하다. 이를테면, 괴상망측하고 비상식적인 행동이 일상처럼 펼쳐지는 곳이라고나 할까. 나는 이 축제 기간에 길에서 성관계를 하는 사람들, 토악질을 하는 사람들, 술고래가 된 사람들, 길에서 용변을 보는 사람들을 목격했다. 물론 그 길은 평범한 길은 아니고, 그 유명한 버번 스트리트(Bourbon Street)다.[16] 이런 무분별한 행위를 목격한 것도 충격이지만, 이 동네 목사가 어느 축제 참가자를 한 방에 때려눕힌 사건은 더 큰 충격이었다. 멋진 싸움꾼일지는 몰라도 불량 목사다. 간단히 말해, 권투 경기 도중에 홀리필드의 귀를 물어뜯은 마이크 타이슨처럼 갈등을 해결하려는 사람은 목회자가 될 수 없다. 성경이 흉기로 목양하는 것을 못마땅하게 여기는 것은 지극히 당연한 이야기다.

"관용하며" (너그러우며, *Epiekes*)

여기서 '관용'은 약하고 수동적인 남성을 가리키지 않는다. 수동적인 남자들은 악수할 때도 맥이 하나도 없고, 뒤로 빼는 일이 너무 많아 뒤쪽을 잘 보기 위해 머리에 백미러를 달아야 할 정도다. 반대로 이 본문에서 말하는 관용은, 양보할 수 있을 때는 기꺼이 양보하는 너그러움을 뜻한다. 그런 사람은 항상 자기 방식만 고집하지 않는다. 이 자격 요건은 남성의 완고함을 지적한다. 자격을 갖춘 남자는 늘 자기 식대로만 밀어붙이지 않는다. 교회의 유익을 위해서라면 얼마든지 양보할 각오가 되어 있다.

"다투지 아니하며" (Amachos)

목회자는 다투지 않아야 한다(참고. 딤후 2:24-25).

'목회 상담'을 통해 오히려 분란이 더 커진다면 그 사람은 목회자가 될 수 없다. 다시 말해, 토론을 논쟁으로 끌고 가는 사람은 자격을 갖추지 못한 것이다. 늘 반대 의견만 늘어놓으며 반대를 위한 반대를 고수하는 사람들이 있다. 훌륭한 신학생이라면 혹 어울릴지 몰라도, 목회자로서는 자격 미달인 행동이다.

"돈을 사랑하지 아니하며" (Aischrokeredes)

목회자는 하나님보다 돈을 더 바라서는 안 된다(히 13:5, 딤전 6:7-9).

조지아 주 애틀랜타의 저니교회(Journey Church)를 목회하는 제이슨 마틴(Jason Martin)은, 돈을 사랑하지 않는 것이 얼마나 힘들면서도 보상이 큰지 잘 아는 사람이다.[17] 제이슨은 과거에 목회하면서, 복음을 충분히 강조하지 않고 그것을 후한 월급과 복지로 만회하려는 교회들을 섬긴 적이 있다. 성령께서는 교회가 제공하는 일시적인 금전의 안락에 만족하지 말고 복음만이 줄 수 있는 영원한 혜택을 사람들에게 전하라고 그에게 도전하셨다.

그는 위험을 무릅쓰고 교회를 다시 세우게 되었다. 교회의 모든 자원을 복음 중심 사역에 투자하여 애틀랜타 서부에 교회를 짓고 나자 재정 상태는 악화되었다.

제이슨은 그 시절을 이렇게 회고한다. "사람들의 마음을 모아 교회를 다시 세우는 일은 재정적 관점에서는 퇴보나 마찬가지였죠. 전임 사역으로 꼬박꼬박 월급을 받는 편한 자리를 내팽개치고, 3년간 교회에서 월급한 푼 못 받는 신세가 되었으니까요." 그는 이런 말도 덧붙인다. "저도 남들과 똑같은 사람입니다. 우리 가족이 편하고 안정적으로 살기를 바라죠. 하지만 교회를 복음으로 변화시키려면 때로 우리 가족은 조금 부족하게 사는 법을 배워야 할 때도 있습니다."

눈에 보이는 혜택이 줄어들더라도, 그는 굽히지 않고 그 길을 가겠다고 말한다.

"지난 몇 년 동안 교회를 다시 세우면서 우리는 하나님이 행하신 놀라운 일들을 목격했습니다. 그에 비하면 재정적인 어려움쯤은 아무것도 아니죠. 복음이 주는 영원한 만족과 죄 용서의 기쁨, 하나님과의 올바른 관계 앞에서, 돈이 주는 일시적인 만족과 기쁨은 무색해지고 맙니다."

돈을 사랑하는 목회자들은 결국 교회의 유익보다 돈에 대한 사랑을 앞세우게 된다. 그들은 자신들의 안정과 수입을 보장해 주는 결정, 대부분 복음의 진보를 가로막는 결정을 내리게 될 것이다. 게다가 돈을 사랑하는 목회자들은 돈을 유용하기 쉽다(몇 가지 예를 들면, 교회 신용카드를 개인 용도로 사용하거나 헌금을 착복하는 일, 교회의 동의 없이 급여를 올리는 것 등).

"자기 집을 잘 다스려" (*Proistemi*)

이 말은 (한 가정의 영적 리더로) 흔들림 없이 굳게 서서 성실하게 돌본다는 뜻이다.

청교도들은 작은 교회(가족)를 잘 돌보지 못하면 큰 교회(교인)도 돌볼 수 없다고 말했다. 자녀들에게 성경을 가르치지 않으면서 교회에서 성경을 가르칠 수는 없다. 아내가 던지는 신학 질문들에 대답하지 못하면서 교인들이 던지는 질문들에 대답해 줄 수는 없다.

'프로이스테미'는 자녀들을 기품 있게 통제할 줄 아는 사람을 가리키는 말이기도 하다. 부모에게서 사랑이 담긴 양육을 받은 자녀들은 부모에게 기품 있게 순종하게 된다. 목회자 자녀 중에 반항하는 자녀가 많은 것은 아이 탓이 아니다. 많은 목회자들이 자녀의 엉덩이만 때릴 줄 알았지, 나쁜 행실의 주요인인 태도 교육을 제대로 시키지 못한 탓이다. 목회자 자녀라고 해서 늘 완벽하고 말 잘 듣는 천사여야 한다는 뜻이 아니다. 사랑이 담긴 부모의 통제 아래서 훈육을 받아 하나님을 두려워하는 사람으로 자라야 한다는 뜻이다.

"새로 입교한 자도 말지니" (Neophutos)

목회자는 새 신자가 아니어야 한다. 이 자격 요건은 목회자의 영적 성숙과 연관된다. 그리스도인이 된 지 오래되어야 한다는 뜻이다. 다른 자격 요건도 그렇지만 이 조건 역시 주관적이어서, 지역 교회에서는 이 문제를 자세히 확인해 보아야 한다.

"외인에게서도 선한 증거를 얻은 자라야" (Marturian kalen)

목회자는 교회 밖의 사람들에게도 평판이 좋아야 한다. 불신자들과도 알고 지내고, 신앙으로 존경을 받아야 한다는 뜻이다. 이 자격 요건은 무엇보다도 장로들이 불신자들과 관계를 맺어야 한다는 점을 암시한다. 그렇지 않고서는 앞뒤가 맞지 않기 때문이다. 장로들은 교인들뿐 아니라 비그리스도인들에게서도 존경을 받아야 한다. 장로들은 성경의 기준대로 살라는 부름을 받았는데, 성경의 기준은 세상 기준보다 높으니, **최소한** 세상 기준에는 부합해야 하지 않겠는가? 비그리스도인들에게 좋은 평판을 얻으면 교회 밖의 사람들이 목회자의 성품을 놓고 왈가왈부하는 일도 피할 수 있다.

골로새서 3:22-23에 따르면, 자격을 갖춘 장로들은 직장에서도 성실하고 근면한 일꾼으로 소문날 것이다. 그들은 비그리스도인들에게도 관심을 갖고 그들과 관계를 맺는다. 그런 관계를 통해 자신의 신앙과 생활을 솔직하게 나눌 수 있다.

지금 있는 자리에서 시작하라

이 책을 읽으면서 어떤 문제로 마음속에 '경보'가 울리면, 절대로 그냥 무시하지 말기 바란다. 성령께서 어떤 자격 요건을 지적하시면, 그 문제를 분명히 짚고 넘어가야 한다. 민감한 양심을 지닌 사람들이라면 이 모든 조건을 완벽하게 충족시키는 분은 예수님밖에 없다는 사실을 기억해야겠지만, 이 문제들을 그냥 무시하지 않고 기도하면서 진지하게 생각해 봐야 할 사람들도 있다. 이 요건들은 무작위로 아무렇게나 나열한 것이 아니다. 당신과 당신의 가족, 그리고 교회를 실패와 죄와 고통에서 보호하기 위해 신중하게 의도된 것이다. 사역을 아예 그만두기보다는 잠시 쉬는 것이 훨씬 낫다.[18] 이 자격 요건들을 보면서 스스로 목회자로 부적합하다고 생각하는 독자들이 있다면, 다음 세 가지 이야기로 격려하고 싶다.

첫째, 성경이 말하는 사역자의 요건들을 지금 당장 갖추지 못했다고 해서 영 자격이 없는 것은 아니라는 사실을 기억해야 한다. 다시 말해, 사역에 부적합한 상황이 영원하지는 않다. 이 목록들을 살펴본 후에 스스로 함량 미달 사역자임을 깨달았다고 해서, 평생 다시는 사역할 수 없다는 뜻은 아니다. 예를 들어, 어떤 젊은 목회자 후보생이 중독에서 벗어나려고 애쓰고 있다면, 본격적인 사역에 들어가기 전, 주님은 이 과정을 통해 그를 훈련시키고 계신지도 모른다. 그러니 그가 앞으로도 절대 사역할 수 없다고 못 박을 수는 없다. 또는 최근에 가정을 소홀히 해서 물의를 빚은 목사가 있다고 하자. 한동안 사역을 쉬고 가족들과 시간을 보내면서 훗날을 준비해야 할지도 모른다. 그렇다고 해서 그가 영영 사역을 하지 못하는 것은 아니다.

둘째, 목회자가 되는 것만이 인생의 전부가 아니라는 점이다. 모든 사람은 목회자이기 이전에 그리스도인으로 부르심을 받는다. 우리는 사역을 못하면 아무 가치가 없다는 식으로 사역을 우상화해서는 안 된다. 그리스도는 우리에게 진정한 정체성과 목적을 찾아 주시기 위해 우리를 대신해 십자가에서 돌아가셨다. 사역을 계속하는 것과 신실한 그리스도인으로 사는 것 중에 굳이 선택해야 한다면, 후자를 택하라. 그것이 당신과 당신 가족, 그리스도의 교회에 훨씬 더 유익할 것이다.

셋째, 목회자가 되는 것만이 교회에 기여하는 유일한 방법은 아니다. 목회를 잠시 쉰다고 해서 교회와 교회 리더십을 돕는 일을 전혀 금하는 것은 아니다. 당신의 영적 은사들을 활용해 평신도로서 얼마든지 교회를 섬길 수 있다. 사람들은 목회 사역을 잠시 내려놓는 당신의 모습을 보며 목회자의 거룩한 삶과 목회직이 얼마나 중요한지 다시 한 번 깨달을 것이다. 결국 주님은 이런 일 또한 합력하여 선을 이루실 것이 틀림없다.

어떤 부르심을 받았든지, 우리에게 이 자격 요건들은 큰 도전이 된다. 이 말씀들은, 우리 개인의 삶과 여러 관계와 공적 사역에서 거룩하고 흠 없는 삶을 살라고 명령한다. 하나님 앞에서 그분의 백성을 섬길 때 결격

사유가 하나도 없는 사람은 아무도 없다. 그래서 사도 바울도 "누가 이 일을 감당하리요."(고후 2:16)라고 반문하지 않았던가. 우리 자신에게는 소망이 없다. 우리의 소망은, 우리를 부르시고 깨끗하게 하시고 훈련하여 자격을 주신 그리스도께만 있다.[19]

사람은 만사에 하나님의 축복과 공급하심을 의지해야 성공하지만, 특히 이 일[목회 사역]의 성공 여부를 하나님께 의지하는 것이 더욱 긴급하다. 이 일은 모든 면에서 하나님을 의지한다. 사역하는 목회자의 필요를 공급하고 그 자격을 부여하시는 분은 바로 그분이다. 성실하고 열정적으로 사역의 목적을 추구하려는 마음을 주셔야 할 분도 바로 그분이다. 사적으로나 공적으로나 목회자를 도와주셔야 할 분도 바로 그분이다. 그의 백성에게 목회자를 붙여주셔야 할 분도 바로 그분이요, 백성의 마음을 사역자에게 이끌어주실 분도 바로 그분이다. 또 양쪽에 영향을 미쳐 사역자와 백성이 서로를 잘 이해하게 하고, 사역을 성공으로 인도하실 분도 그분이다. _조나단 에드워즈[1]

[목회자는] 육신의 모든 정욕에 대해 죽고, 온전히 영적인 삶을 살아야 한다. 그는 세속적인 번영을 제쳐 두고, 역경을 두려워하지 말고, 내면에 있는 것만 추구해야 한다.……그는 남의 재산을 탐내지 않고, 오히려 자기 소유를 아낌없이 내주어야 한다. 그는 용서하는 긍휼의 마음에 금세 감동받아야 한다.……[그는] 남의 약점은 안타깝게 여기고, 장점은 기뻐해 주어야 한다.……그는 다른 사람들의 메마른 가슴에 물을 주면서 사는 법을 연구해야 한다.……그는 기도 훈련과 실천을 통해 자신이 구한 것은 이미 주께로부터 받았다는 확신을 얻은 사람이다. _그레고리 대제(Gregory the Great)[2]

4장 의존하는 사람

최근 헬스클럽에서 운동을 하다가 발견한 사실이 있다. 헬스클럽에 오는 남자들은 크게 두 종류로 나눌 수 있다. 아령과 역기 근처에는 살집 좋은 남자들이 무거운 기구를 들어 올리느라 여념이 없다. 대부분 몸집이 어마어마하다. 이들은 날렵한 몸매와는 거리가 멀어서, 러닝머신에서 뛰거나 윗몸일으키기를 하는 모습을 보기 힘들다. 같은 시각, 러닝머신에서는 군살이라고는 전혀 찾아볼 수 없는 날씬한 남자들이 뛰고 있다. 이들은 영양처럼 잘 뛰지만 역기에는 좀처럼 손을 대지 않는다. 두 그룹 모두 자신이 편하게 느끼는 곳을 벗어나지 않으면서 약점은 교묘히 피하고 있다. 하루는 열심히 운동을 마치고 나서 성령께서 내게 이렇게 말씀하시는 것을 느꼈다. "목회자들도 똑같구나." 목회자들 역시 자신들의 장점에만 머물고 약점은 애써 회피한다. 신학에 강한 목회자들은 죽은 신학자들의 저술을 읽고 토론하는 데만 열을 올린다. 선교에 강한 목회자들은 문화 분석과 커피 섭취에 대부분의 시간을 보낸다. 목양에 강한 목회자들은 사람들과 어울리고 그들을 상담하면서 시간을 보낸다. 하지만 자신이 강한 부분에서 벗어나 약한 부분으로 들어가려는 목회자들은 보기 힘들다. 이유가 뭘까? 불편하기 때문이다. 어렵기 때문이다. 육신이 굶어 죽게 생겼기 때문이다.[3]

이번 장 첫머리에서 이 이야기를 하는 까닭은, 당신만의 안전지대에서 나와 약한 부분으로 들어가는 것이야말로 우리가 하나님께 의존하게 되는 가장 큰 원동력이기 때문이다. 당신은 부족함을 느끼겠지만, 그 때문에 자기 자신보다 하나님의 능력을 더욱 의지할 수밖에 없으므로, 역설적이게도 하나님 나라에 더욱 크게 쓰임 받을 것이다. 사실 우리의 사역은 말할 것도 없고, 우리가 숨 쉬고 생각하고 걷는 것 자체가 하나님의 능력으로만 가능한 일이다.[4]

내가 이번 장에서 하고 싶은 말은 이것이다. **열매 맺는 사역의 성패는 우리가 성령의 능력을 얼마나 의지하느냐에 좌우된다.** 우리가 하나님과 동행하는 것처럼, 사역도 마찬가지다. 우리가 그분께 반드시 연결되어 있을 때에라야, 다른 사람들을 도울 수 있다. 스펄전은 오래전에 그 부분을 아주 잘 표현했다. "목회 사역의 결과는, 우리의 새로워진 본성이 얼마나 강건하느냐에 정확히 비례하여 나타납니다."[5]

그분께 의존하는 것이 왜 중요한가

전임 사역으로 하나님을 섬기고 싶어 하는 젊은이들은 대부분 설교법, 교회 성장, 문화 참여 등 사역의 실제적인 측면에 집중하는 경우가 많다. 이런 영역에서 탁월함을 추구하는 것은 물론 중요하다. 그러나 기독교 사역의 역설은, 탁월한 인도와 목양과 설교는 갈고닦은 사역 기술이 아니라 풍성한 영적 생활에서 비롯된다는 것이다. 훌륭한 설교자와 리더, 목회자와 문화 분석가가 되는 길은 전적으로 목회자의 건강한 영성 생활에 달려 있다.

21세기에 교회를 잘 이끌려면 교회와 비즈니스 분야의 최신 저술을 읽어야 한다는 데는 의심의 여지가 없다.[6] 마크 드리스콜이 자주 언급하는 것처럼, "액츠 29 사람들은 '솔로 스크립투라'(solo Scriptura)가 아니라 '솔라 스크립투라'(sola Scriptura)를 믿는다."[7] 우리는 일반 은총 덕분에 비즈니스 세계에서도 훌륭한 원칙을 얻을 수 있다. 모든 진리는 하나님의 진리이기 때문이다. 그러나 하나님께 의존하는 법을 배우고 내면이 새로워지기 위해서는 몇 세기 전으로 되돌아갈 필요가 있다.

현대 영성을 다룬 글들은 대다수가 얄팍하고, 행동 수정에만 초점을 맞추는 성향이 있다(물론 예외도 있을 수 있다). 과거의 경건 문서들은 대개 '성공'에 집착하거나 오락에 빠져 있지도 않고, 전반적으로 건강한 영적 내면의 삶에 천착하는 경우가 많았다. 안타깝게도, 오늘날 많은 목회자들이 고전 독서에 시간을 내지 못한다. 그래서 영성이라는 개념이 심각하게 결핍된 상태다. 우리는 인간의 머리와 가슴이 떼려야 뗄 수 없는 관계로 단단히 묶여 있으며, 그리스도와의 동행이 사역에서 가장 중요하다는 사실을 잊어버렸다.

매일 두 시간씩 기도하는 습관을 들였던 존 웨슬리(John Wesley)는 "하나님은 믿음의 기도에 응답하는 일 이외에는 아무 일도 하시지 않는다"는 글을 남겼다. 사람들은 이렇게 말한다. "두 시간이나요? 전 너무 바빠서 그렇게 오랫동안 기도할 틈이 없어요." 하지만 마르틴 루터의 유명한 말이 있지 않은가. "매일 아침 두 시간씩 기도하지 못한다면, 마귀가 그날의 승리를 쟁취할 것이다. 나는 할 일이 너무 많아서, 날마다 세 시간씩 기도하지 않고서는 도무지 이 일들을 처리할 도리가 없다." 루터에 따르면, 바쁘기 때문에 더더욱 하나님께 기도하는 시간이 필요하다.

청교도 목회자이자 신학자인 리처드 백스터는 다음과 같은 말로 목회 사역을 섬기려는 자들을 격려했다. "당신이 거룩하고 경건한 마음을 품고 있을 때에 성도들도 그것으로 인한 열매를 나눌 수 있다. 당신의 기도와 찬양, 가르침이 그들에게 달콤하고 거룩하게 느껴질 것이다. 당신이 하나님과 함께할 때에 교인들이 그것을 느낄 가능성이 크다. 당신의 마음을 채우고 있는 것이 그들의 귀에 들려질 것이기 때문이다."[8] 백스터는 너무나 분명한 현실인데도 우리가 자주 잊어버리는 진리를 일깨워 준다. 교인들은 우리가 언제 하나님과 가깝고, 언제 그렇지 못한지 구별할 수 있다는 것이다. 우리 설교에, 기도에, 리더십에, 우리 대화 가운데 그 점이 확연히 드러날 것이다. 하나님을 만나고 온 모세의 얼굴에서 광채가 났듯이, 그분과 함께하는 우리의 삶도 그분의 임재로 빛나야 할 것이다.[9] 그러니 목회자들은 말해야 할 것이 너무 많아 비밀을 지키기 힘들 수밖에 없다! 하나님 앞에서 우리가 어떤 존재인지가 항상 밖으로 새어 나가게 되어 있다.[10]

백스터는 계속해서 말한다. "만일 우리가 음식을 먹지 않는다면, 그들을 굶기게 될 것이다. 그들은 곧 눈에 띄게 마를 것이며, 맡은 일을 제대로 해낼 수 없을 것이다. 만일 우리의 사랑이 줄어든다면, 그들의 사랑을 불러일으킬 수 없을 것이다. 만일 우리의 경건한 두려움과 사랑이 약해진다면, 설교를 통해 그것이 드러날 것이다. 설교의 내용을 통해 드러나지 않는 경우라도 태도를 통해 드러나게 될 것이다. 만일 우리가 잘못되거나 의미 없는 논쟁과 같은 좋지 않은 음식을 먹는다면, 우리의 설교를 듣는 이들은 더 나쁜 음식을 받아먹게 될 것이다."[11] 다시 말해, 교인들은 우리의 영적 상태를 판단할 수 있을 뿐만 아니라 **우리는 그들의 본이 된다**. 교인들이 목회자보다 더 열심히 거룩함을 추구하기는 힘들 것이다. 교인들이 목회자보다 더 자주, 더 효과적으로 믿음을 전하기는 어려울 것이다. 교인들이 목회자보다 더 자주 하나님 앞에서 기도하기는 어려울 것이다.

의존이란 무엇인가

예수님의 가장 유명한 설교인 산상수훈 중간에 나오는 다음 본문에서 그분은 의존하는 삶이 어떤 것인지 제자들에게 말씀해 주신다. 그분의 말씀은 앞으로 사역을 하려는 사람들이나 현재 사역을 하고 있는 사람들에게 흥미로운 점을 시사한다.

> 또 너희는 기도할 때에 외식하는 자와 같이 하지 말라. 그들은 사람에게 보이려고 회당과 큰 거리 어귀에 서서 기도하기를 좋아하느니라. 내가 진실로 너희에게 이르노니 그들은 자기 상을 이미 받았느니라. 너는 기도할 때에 네 골방에 들어가 문을 닫고 은밀한 중에 계신 네 아버지께 기도하라. 은밀한 중에 보시는 네 아버지께서 갚으시리라.[12]

예수님은, 공적으로 하나님과 자주 이야기한다는 이유로 기도의 사람으로 비치고 싶어 하는 종교 지도자들의 성향을 고발하신다. 이 본문은 공적 사역을 하는 우리에게 다음과 같은 질문을 던진다. "나는 대중 앞에서 기도하는 것과 혼자 기도하는 것 중에 어느 것을 더 좋아하는가?" 개인 기도보다 회중 기도에 더 가치를 둘수록 하나님이 아니라 사람의 인정을 구하고 있는 셈이다. 리더들에게는 회중 기도가 훨씬 더 쉽다. 목회자라면 당연히 해야 할 일인데다, 기도를 듣고 은혜 받았다는 칭찬을 자주 듣기 때문이다. 나는 내 기도 생활을 유심히 살펴보면서 그 점을 깨달았다. 나의 회중 기도는 표현력과 사고가 뚜렷하고 전반적으로 매끄럽다. 그에 비해 개인 기도는 앞뒤가 잘 맞지 않고 너무 감정적이며 뚝뚝 끊어지기 일쑤다.

왜 회중 기도는 잘하면서 개인 기도는 엉망인 경우가 많을까? 마태복음 6:5-6의 예수님 말씀이 그 차이점을 잘 설명해 주는데, 문제의 핵심은 바로 **보상**이다. 간단히 말해, 회중 앞에서 기도를 잘하면 금방 보상을 받지만 개인 기도는 그렇지 못하다. 회중 기도를 드리면 우리의 뛰어난 기도에 감명을 받은 주변 사람들이 칭찬을 아끼지 않는다. 회중 기도는 영원이라는 엄연한 실재를 의식하기보다는 기도하는 순간의 흥분에 좌우될 때가 많다. 그래서 회중 기도는 마음의 열정보다는 겉으로 드러난 행동을, 하나님보다는 사람들을 의식하기 쉽다.

개인 기도는 인간의 진정한 영적 상태를 확연히 드러내 준다. 우리는 하나님이 해주시기를 바라는 일을 위해 기도하는가, 아니면 그분을 더 잘 알기 위해 기도하는가? 우리는 더 나은 삶(즉, 더 편한 삶)에 다가가기 위해 기도하는가, 아니면 하나님께 다가가기 위해 기도하는가?

기도 이외에도, 하나님께 의존하는 법을 길러 주는 다양한 실천 방법이 있는데, 그중 하나가 **금식**이다. 예수님은 우리에게 개인적으로 금식하고, 개인적으로 기도하라고 명하신다(마 6:16-18). 우리 주님이 금식 여부에 대해서가 아니라 금식할 **때**에 대해 말씀하신 점이 흥미롭다(16절). 그것은 금식이 기본으로 전제되어 있다는 뜻이다. 금식은 주위를 산만하게 만드는 것들을 치우고 하나님께만 집중하며, 그분께 의존하는 마음을 키우도록 도와주는 훌륭한 방법이다. 하지만 대부분의 목회자들은 금식하지 않는다. 끊임없이 늘어나는 허리 치수가 그 명백한 증거다.

묵상도 유용한 방법이다. 나는 묵상을 이렇게 정의하고 싶다. 묵상이란, 하나님의 말씀을 깊이 생각하고, 그 진리를 어떻게 적용할 것인지 질문을 던지며, 그 진리를 마음속에 새기고, 하나님의 말씀을 사용해 그분께 기도하는 것이다.[13] 묵상은, 개인적으로 성경을 읽고 기도하는 가운데 성령께서 우리 삶에 성경의 진리를 말씀하시도록 허락하는 것이다.

하나님께 의존하는 법을 길러 주는 방법은 매우 다양하다. 거기에는 성경 암송, 개인 예배, 안식일 휴식, 다른 사람을 섬기는 것 등이 포함된다. 그러나 어떤 방법이든 간에, 우리가 하는 일이 아니라 **그분께 가까이 가는 것**이 우리의 목표가 되어야 한다. "너는 구제할 때에 오른손이 하는 것을 왼손이 모르게 하여"(마 6:3). 우리가 하는 일에만 집중하다 보면, 우리가 얼마나 잘하는지 또는 못하는지만 신경 쓰느라 일의 잘잘못만 따지고 전반적인 핵심을 놓치게 된다. 더군다나, 사람마다 도움이 되는 방법도 다 다르다. 따라서 어떤 방법이 성령을 가장 잘 의존하도록 도와주는지 각자가 알아서 배워야 한다. 모든 사람에게 일괄적으로 적용되는 공식 같은 것은 없다. 우리의 목표는, 어떤 방법이든 간에 각자의 삶에서 하나님을 더 많이 의지하도록 도와줄 방법을 묵묵히 실천하는 것이다. 나는 잭 디어(Jack Deere)가 풀어 쓴 요한복음 17:26이 마음에 든다. "아버지, 내게 성령의 능력을 주셔서 아버지께서 당신의 아들을 사랑하신 것처럼 그

아들을 사랑할 수 있게 하소서."[14] 이 말씀이 우리 마음의 간절한 소원이 되어야 한다.

액츠 29에서는 우리가 "안전벨트를 맨 은사주의자"라는 이야기를 우리끼리 자주 한다. 초월적인 영적 은사가 역사에서 면면히 이어지기에, 우리는 그리스도인이라면 누구나 그 은사를 구하고(예를 들어, 고전 14:1을 보라) 예배에서 사용해야(고전 14:26) 마땅하다고 믿는다. 하지만 우리가 보기에, 성령의 초월적인 역사에 열려 있다는 것은 그런 특정한 영적 은사들을 위한 여지를 남겨 두는 것 이상을 의미한다. 우리는 목회자로서 우리가 하는 모든 사역에 초월적인 성격이 드러나야 한다고 믿는다. 즉, 하나님의 도움 없이는 불가능한 일들, 인간의 자연적인 능력으로는 할 수 없는 일들 가운데 초월성이 드러난다는 것이다. 사역을 하면서 다음과 같은 프랜시스 쉐퍼(Francis Schaeffer)의 모토를 피부로 느낄 때 우리는 그분을 더 의존할 수밖에 없다. "우리가 하는 일들은 그저 어렵기만 한 것이 아니라 근본적으로 불가능한 일이다."

우리가 하는 사역에 영적 전쟁의 측면이 있다는 사실 또한 놓쳐서는 안 된다. 세상에 악령 따위는 없다고 생각하는 사람은, 일단 한번 교회를 개척해 보라! 하나님 나라를 한 발자국이라도 진척시키려 하면, 적의 저항을 금세 느낄 테니 말이다. 현대 서구인들은 우리에게 적이 있으며, 그 적이 매우 적극적으로 대항하고 있다는 사실을 잊기 쉽다. 의존하는 사람일수록 주변에서 벌어지는 영적 전쟁에 더 민감하고, 그 보이지 않는 현실에서 우리가 맡은 역할을 더 많이 깨닫는다(엡 6:12, 고후 10:3). 우리는 마귀를 **물리치라**는 부르심을 받지 않았다. 그리스도께서 십자가에서 이미 그 일을 하셨고, 사탄에게 온전한 최종 승리를 거두실 날이 얼마 남지 않았다. 우리가 받은 부르심은 원수에게 **저항하고**(약 4:7) 믿음 가운데 굳게 서는 것이다(벧전 5:9). 하나님은 우리를 신실하게 보호하시고, 사탄의 공격에 맞설 수 있게 도와주실 것이다.

의존하는 마음 분별하기

'나는 하나님을 의존하며 살고 있는가?'라는 질문은 대답하기가 만만치 않다. 우리는 마음과 분리된 채 살아가기에 과연 그분을 의존하며 살고 있는지 아닌지 알 수가 없기 때문이다. 마음의 방향을 분별하도록 도와주는 질문을 몇 가지 소개한다.

1. 나는 하나님을 더 알고자 하는가, 아니면 그분을 위해 더 많은 업적을 쌓으려 하는가? 빌립보서 3:10, 출애굽기 33:13, 디모데전서 4:6-10을 묵상하라.

2. 최근에 성령께서 내 마음에 말씀하신 적은 언제였는가? 요한복음 4:7-19, 사도행전 16:6-10을 묵상하라.[15]

3. 나는 삶 속에서 끊임없이 죄를 깨닫고 있는가? 히브리서 12:5-11, 요한복음 16:7-8, 요한일서 3:9를 묵상하라.

4. 나는 하나님이 그리스도를 통해 나를 받아들이셨다는 사실을 계속해서 인정하는가? 고린도후서 5:17, 21을 묵상하라.

5. 아무 생각도 강요받지 않을 때 내 마음은 어떤 생각으로 흘러가는가? 시편 63:1-4을 묵상하라. 그럴 때 당신이 만든 가상의 미식축구 팀을 상상하고 있다면, 뭔가 잘못된 것이다!

하나님께 의존하는 법을 개발할 수 있는 딱 떨어지는 공식 같은 것은 없다.[16] 하나님을 더 깊이 알고 경험하고자 하는 열망을 키우는 것이 최선이다. 블레즈 파스칼(Blaise Pascal, 1623-1662)은 프랑스의 수학자이자 신학자였다. 그는 서른한 살에 하나님의 임재를 강하게 체험했다. 그는 그 사실을 아무에게도 발설하지 않았지만, 그 사건을 짧은 일기로 남겼다. 그리고 그 내용을 종이 한 장에 써서 코트 안쪽에 꿰매 넣어 매일 생각하게끔 했다. 파스칼의 '기념의 글'(memoriam)로 이 장을 마무리할까 한다. 우리도 그와 같이 하나님을 찾을 수 있기를 바란다.

파스칼의 기념의 글

서기 1654년, 11월 23일 월요일……
밤 10시 30분부터 자정이 지나고도 30여 분이 흐른 뒤까지,
번뜩임.
철학자와 배운 자들의 하나님이 아니라
아브라함의 하나님, 이삭의 하나님, 야곱의 하나님.
확신. 기쁨. 확신. 감정. 광경. 기쁨.
세상과 하나님을 제외한 모든 만물에 대한 망각…….
세상은 당신을 알지 못했지만 저는 당신을 알았나이다.
기쁨, 기쁨, 기쁨, 기쁨의 눈물…….
나의 하나님, 나를 버리시나이까? 당신과 영원히 떨어지지 않게 하소서.[17]

정신이 허약하고, 흐리며, 세속적이고, 균형이 덜 잡힌 사람들은 강단에 설 후보자로 적절하지 않습니다. 환자나 장애인에게 절대로 맡겨서는 안 되는 일들이 있는 법입니다. 어지럼증이 있는 사람은 높은 건물을 오르는 일에 적절하지 않습니다. 그 일이 그 사람에게는 매우 위험하기 때문입니다. 그러므로 그런 사람은 반드시 지상에서 할 수 있는 일을 찾아야 합니다. 이와 비슷하게, 영적으로 허약한 형제들이 있습니다. 그런 사람들은 남의 눈에 띄고 높이 올라가는 일을 위해 부르심을 받을 수가 없습니다. 그들의 머리가 너무나 허약하기 때문입니다.

_찰스 스펄전[1]

5장 노련한 사람

메이저리그 야구 스카우터들은 '다섯 가지 능력을 고루 갖춘 선수'를 늘 예의주시한다. 그 다섯 가지 능력이란 바로 타격 정확도, 장타력, 송구, 수비력, 주루 능력을 가리키는데, 이런 전천후 선수를 찾기란 여간 힘든 일이 아니다. 이런 선수가 없다고는 할 수 없지만, 드문 것은 사실이다. 괜찮은 팀을 최고의 팀으로 끌어올릴 수 있는 능력을 지닌 그들은 구단주와 감독, 팀 동료와 팬들에게 보석 같은 존재다.

성공적인 교회 개척에 필요한 능력도 아주 귀중하다. 목회자/교회 개척자에게 필수적인 세 가지 능력은 통솔력, 가르침, 목양이다. 다섯 가지 능력을 고루 갖춘 야구선수가 드물듯이, 이 세 가지 능력을 고루 갖춘 목회자/교회 개척자도 보기 드물다. 일반적으로, 효과적인 목회자/교회 개척자가 되려면 이 세 가지 능력 중 두 가지는 반드시 갖추어야 한다. 또 효과적인 교회 개척과 성장을 위해서는 대개 강한 리더가 필요하다. 주로 성직의 은사를 받은 사람은 주변 사람들과 쉽게 관계를 맺을 수 있는 사역지로 끌리는 경향이 있다. 그러면 비교적 규모가 작은 기존 교회에서 사역하거나 교회 개척에서 2인자 역할을 맡는 경우가 많다. 교회 개척을 진두지휘하는 목회자가 되기 위해서는 통솔력을 갖추어야 한다. 다시 말해, 비전을 제시하고 에너지를 만들어 내고 동기를 부여하고 영감을 불어넣으며 체계를 잡을 수 있어야 한다. 사역을 하다 보면 우리의 사역 역량은 달라질 수 있지만, 하나님이 주신 성품이나 고유한 사역 방식은 변하지 않는 경우가 많다. 그러므로 자신의 사역 역량과 그 역량을 어디서 가장 잘 발휘할 수 있을지를 정직하게 심사숙고하는 것은 목회자나 목회자 후보생, 교회 개척자들에게 매우 중요하다.

이번 장에서는 고대 이스라엘의 세 가지 영적 리더십(과 그리스도의 세 가지 지위), 곧 선지자와 제사장과 왕의 관점에서 이 세 가지 주요 사역 능력을 토론할 것이다. 시작하기 전에, 장로의 직분에 대해 몇 마디 해두어야 할 것 같다. 신약성경이 인정하는 교회의 직분을 맡는 것과 사역에 참여하는 것은 엄연히 다르다. 성령의 능력과 내주하심으로, 신자라면 누구나 사역으로 부름을 받는다. 성령께서 모든 신자에게 은사를 주셔서 교회의 유익을 위해 하나님을 섬기도록 하셨기에 우리가 사역을 할 수 있다.[2] 그러나 교회의 직분은 성경공부 인도나 새신자 환영, 전도 등의 사역과는 전혀 차원이 다르다.

장로의 직분은 그리스도의 교회에서 가장 높은 직분이다. 장로 직분이 독특한 까닭은 그가 특별히 사역으로 부름 받아서가 아니라, 교회를 감독하는 권위와 책임을 맡았기 때문이다. 사도들에게서 전해 내려오는 내용에 비추어 교회의 가르침을 시험하는 최종 책임자가 바로 장로다. 장로들은 회중이 하나님의 소중한 백성에 걸맞은 돌봄을 받고 있는지 살펴야 할 책임을 갖고 있다. 백성을 보호하고 가르치는 부분에서 장로들이 맡은 역할이 많지만, 전부 장로의 고유한 영역은 아니다. 장로들이 회중을 훈련하지만, 모든 교인이 각자의 은사를 활용하여 교회를 세운다.[3] 장로들이 교회를 돌보지만, 모든 교인이 서로를 돌본다.[4] 장로들은 모든 개인이 자기 은사를 사역에 적절히 사용하고 있는지 감독할 책임을 갖고 있다.

장로 자격을 부여하는 핵심 사역이 장로 직분에만 한정되지 않음을 보여주는 중요한 예가 바로 가르침이다. 장로들은 가르칠 줄 알아야 하며(딤전 3:2), 열과 성의를 다하여 설교하고 가르쳐야 한다(딤전 5:17). 바울은 장로 디모데에게 부지런히 가르치라고 권면한다.[5] 그러나 가르침은 장로 직분이나 성별과 관계없이 성도라면 누구나 받을 수 있는 은사이기도 하다.[6] 바울 이외에도 안디옥에서 주의 말씀을 가르친 사람이 많았다.[7] 브리스길라와 아굴라는 아볼로를 가르쳤다.[8] 찬송시와 가르치는 말씀, 계시, 방언, 통역이 포함된 교회 모임에는 장로들뿐 아니라 전 교인이 참여했다(고전 14:26).[9]

신약성경은 장로, 감독,[10] 목회자의 직분을 지역 교회에서 가장 높은 직분으로 묘사한다. 신약성경이 장로들에게 명령한 내용을 보면, 장로직에 대한 이런 존경은 당연하다고 할 수 있다. 지역 교회의 장로들은 다음 세 가지 주요 기능을 담당한다.

1. 교회의 가르치는 사역을 보호한다.
2. 교회의 영적 보살핌을 보장한다.
3. 교회의 방향을 감독한다.

이제 각각의 책임을 차례대로 살펴보자.

선지자_ 진리의 수호자

"너는 그리스도 예수 안에 있는 믿음과 사랑으로써 내게 들은바 바른 말을 본받아 지키고 우리 안에 거하시는 성령으로 말미암아 네게 부탁한 아름다운 것을 지키라"(딤후 1:13-14). 장로들은 지역 교회에서 최고의 교사다.

선지자란 성경의 진리를 인도하고 지키고 보호하며 선포하는 목회자를 가리킨다. 이들은 이런 질문들을 자주 던진다. "이 본문은 무엇이라 말하는가?" "교회는 어디로 가고 있는가?" 선지자들에게는 교회에서 가르치고, 잘못된 교리로부터 강단을 지키는 책임이 맡겨질 때가 많다. 성경을 높이 평가하는 이 선지자들은 훌륭한 교사를 양성할 수 있다. 그들은 하나님의 말씀을 즐겨 연구하고, 거기서 발견한 통찰을 나누며, 쉽지 않은 신학 문제들을 분명하게 가려내 준다. 주로 선지자 성향을 띤 장로들은 성경을 그저 읽기만 하지 않는다. 그들은 "그 뜻을 해석"했던 에스라와 레위 사람들처럼[11] 성경을 자세히 설명하고 가르친다. 바울은 디모데에게 바로 이 점을 강조한다. "내가 이를 때까지 읽는 것과 권하는 것과 가르치는 것에 전념하라"(딤전 4:13). 이런 장로들은 성경을 올바로 해석하고 거기서 원칙을 이끌어 내어 적용점을 찾고 회중이 판단하도록 하는 일에 막중한 책임을 느낀다. 그들은 또한 그 책임을 실천하는 데 필요한 권위를 부여받는데, 거기에는 임명이나 책망, 격려나 침묵의 권위도 포함된다.

그렇다고 해서 우리가 특정한 사역 역할을 장로들에게만 한정시키는 것은 아니다. 그런 의미에서, 저니교회와 액츠 29 소속 교회의 장로들은 장로의 직분과 달리, 사역에서는 남녀의 역할이 따로 있다고 생각하지는 않는다. 말하자면, 단지 여자라는 이유만으로 특정 은사나 사역을 제한하지 않는다는 뜻이다. 그러나 교회에는 장로들만 감당할 수 있는 역할이 분명히 있다고 생각한다. 예를 들면, 우리는 교회에서 가르치는 핵심 지위는 장로들이 맡아야 한다고 믿는데, 그것이 장로 직분의 핵심이라고 보기 때문이다. 따라서 강단 사역은 마땅히 장로들이 이끌어야 하고, 특별한 경우가 아니라면 장로는 매주 자신이 섬기는 지역 교회에서 설교하는 것이 옳다.

장로들이 교회의 가르치는 사역을 지켜야 한다는 사실은 사도행전 20:17-31에 분명하게 나와 있다. 바울은 그 본문에서 에베소 장로들에게 마지막으로 강력하게 도전한다. 특히 31절은 성도를 생각하는 바울의 마음일 뿐 아니라, 지역 교회 목회자라면 누구나 품어야 할 마음이다. "그러므로 여러분이 일깨어 내가 삼 년이나 밤낮 쉬지 않고 눈물로 각 사람을 훈계하던 것을 기억하라." 바울은 지역 교회의 사역을 지키는 것이 얼마나 중요한지를 자신이 밤낮 쉬지 않고 눈물로 장로들에게 훈계했다고 말한다. 그는 가르치는 사역을 통해 지역 교회를 지키고 보호할 수 있는 몇 가지 원칙을 제시한다.

온전한 말씀을 설교하고 가르치라(행 20:20, 27)

교회는 오랫동안 성경으로 설교를 해왔는데, 그 이유는 사람들이 그것을 기대했기 때문이다. 사람들은 설교자가 성경을 읽고 강해하는 것을 기대하며 교회에 왔다. 예배에 참석한 사람들은 설교에서 많은 것을 얻으리라고 기대하지 않았고, 교회에서 들은 설교를 적용하는 방법은 자기 자신과 성령, 성경공부의 몫으로 남았다.

1970년대에 나타난 구도자 운동은 지역 교회의 가르치는 사역에 대대적인 궤도 수정을 불러왔다. 구도자 중심의 설교는 메시지를 적용하는 데 집중했다. 그 당시 내가 들었던 질문을 평생 잊지 못할 것이다. "그들이 어떻게 행동하기를 원하십니까?" 궤도 수정 과정에서는 지나친 교정이 나올 수밖에 없다. 그 결과로 인해 오늘날 많은 교회에서 가르치는 메뉴가 한정되어 버렸다. 요즘 설교들은 하나같이 재정 문제와 부모 역할, 결혼 생활, 갈등 해결 등의 기술을 터득하여 '하나님이 주신 잠재력'을 개발하는 데 초점을 맞추고 있다.

이처럼 절실한 필요가 있는 문제들도 교회에서 가르쳐야 하지만, 성경에 나오는 다른 내용과 함께 언급해야 마땅하다. 훌륭한 목회자/교사는 성경을 올바로 해석하고 가르침으로써 교회에 건강한 메뉴를 제시한다. 그러기 위해서는 성경을 책별로 한 구절씩 짚어 가면서 교인들의 삶과 관련된 주제들을 함께 다루어야 한다.

거짓 교리와 교사들을 밝혀내라(행 20:29)

또 바울은 교회의 장로들에게 하나님의 모든 말씀을 교회에 가르칠 뿐 아니라 거짓 교리를 부인하고 바로잡아야 한다고 조언한다. 장로들은 진리를 체계적으로 열심히 가르칠 뿐 아니라 끊임없이 잘못을 지적해야 한다. 인간은 진리를 억압하고 억누를 뿐 아니라 거짓 교사들을 찾아다니는 성향을 갖고 있다.[12] 나는 사람들을 보면서 참으로 희한한 역설을 발견했다.

죄에 빠진 인간의 마음은 거짓 가르침을 원하고, 죄에 빠진 거짓 교사들은 죄악된 마음을 품은 사람들을 찾아다닌다는 것이다. 목회자들이 거짓 교사를 지적하고 거짓 가르침을 밝혀내야 한다는 사실을 불편해 하는 사람들이 많다. 하지만 거짓 가르침은 사람들을 다치게 한다는 사실을 기억해야 할 것이다. 질병 치료법을 잘못 알고 있으면서도 제대로 알려고 하지 않는 의사는 훌륭한 의사가 될 수 없다. 제아무리 훌륭한 환자라도 나을 방법이 없기 때문이다. 마찬가지로, 거짓 가르침은 그리스도께서 목숨을 바쳐 구원하신 귀한 양 떼를 다치게 하므로 목회자는 거짓 가르침에 반대해야 한다. "때가 이르리니 사람이 바른 교훈을 받지 아니하며 귀가 가려워서 자기의 사욕을 따를 스승을 많이 두고 또 그 귀를 진리에서 돌이켜 허탄한 이야기를 따르리라"(딤후 4:3-4).

제사장_ 양 무리의 목자

"너희를 인도하는 자들에게 순종하고 복종하라. 그들은 너희 영혼을 위하여 경성하기를 자신들이 청산할 자인 것같이 하느니라. 그들로 하여금 즐거움으로 이것을 하게 하고 근심으로 하게 하지 말라. 그렇지 않으면 너희에게 유익이 없느니라"(히 13:17).

17절 전반부만 본다면, 다양한 죄인이 모인 집단을 인도하느라 애쓰는 목회자에게 이보다 더 희망적인 성경 구절이 있을까 싶다. "너희를 인도하는 자들에게 순종하고 복종하라"는 말씀보다 더 목회자에게 힘이 되는 말씀도 없을 것이다. 이 말씀이 여기서 끝이라면 말이다. 하지만 17절 후반부는 목회자에게 가장 무시무시한 성경 구절이 아닌가 싶다. 장로들은 교인들의 영혼을 잘 돌보아야 한다. 교인들을 어떻게 돌보았는지 나중에 하나님 앞에 아뢰어야 하기 때문이다.

제사장들은 사람들의 필요를 알아내고 그 필요를 채우기 위해 돕는 일로 교회를 이끈다. 이들은 '누구'라는 말로 시작하는 질문을 많이 한다. 이들은 목자다. 제사장들은 무리를 돌보고 인도하고 먹인다.[13] 그들은 자기 지위에 따른 권력을 주장하기보다는, 사람들을 격려하고 세워 주고 섬기며, 맞서는 이들을 사랑하고, 사람들의 말에 귀를 기울이며, 진실을 말해 주고, 현명하게 조언함으로써 무리를 돌본다.[14] 목회자들은 약자를 돕는다.[15] 환자들을 위해 기도한다.[16] 무리를 지지하고 격려하고 보호하며 이끈다. 그들은 무리를 훈련하고 양육하고 성숙시킨다.

이런 능력으로 교회를 이끄는 사람들은 제사장 역할을 하시는 그리스도와 가장 비슷하다. 선지자나 왕보다는, 제사장이 개인적이고 친밀한 보살핌을 더 강조하는데, 그런 보살핌을 통해 각 사람은 영적으로 더욱 강하고 성숙해진다.

몇 해 전에, 릭 워렌(Rick Warren)의 설교 테이프를 듣던 중에 유난히 내 가슴을 파고드는 부분이 있었다. 그는 젊은 목회자들이 자신의 설교를 듣는 사람들을 얼마나 사랑하는지에 대해서는 일언반구도 없이 자신이 얼마나 설교하기를 좋아하는지만 늘어놓는 데 신물이 난다고 말했다. 그의 책망이 내 마음에 계속 남았다. 워렌의 말은 지역 교회에서 장로가 된다는 것이 어떤 의미인지, 그 핵심을 찔렀다. 그것은 자신의 즐거움을 위해서가 아니라 교회의 성도들을 가르치고 보호하기 위해 가르치는 은사를 사용한다는 뜻이다. 자기 귀에 듣기 좋으라고 가르치는 것이 아니라 교회를 치유하기 위해 가르쳐야 한다.

목회자는 경청하는 사람이어야 한다. 훌륭한 제사장 목회자의 상담을 받는 교인들은 자신이 세상에서 가장 귀한 사람인 것처럼 느낄 수 있어야 한다. 목회자는 교인들이 이해받는다고 느낄 수 있도록 도와야 한다. 진정한 의미에서 교인들의 영적 지도자 역할을 해야 한다는 뜻이다. 목양을 다룬 장에서 자세히 살펴보겠지만, 영적 지도는 목회자의 전유물이 아니다. 하지만 목회자는 영적으로 보살피는 일에 솔선수범해야 한다. 목회자는 무리를 격려하고 공동체를 세우는 일등 공신이 되어야 한다.

왕_ 비전을 세우는 사람

"잘 다스리는 장로들은 배나 존경할 자로 알되 말씀과 가르침에 수고하는 이들에게는 더욱 그리할 것이니라"(딤전 5:17).

왕은 그리스도 중심의 삶이라는 비전과 소명의 열매를 맺을 수 있는 전략을 세운다. 그들은 '어떻게'라는 질문을 많이 한다. 이들은 교회의 경영진 같은 역할을 한다. 교회를 건강하게 유지하고 성장시킬 계획을 세우고 실행하는 데 많은 시간과 에너지를 쏟기 때문이다. 왕의 성향이 강한 목회자들은 **감독**(overseer)이라는 신약성경 단어에 적절한 의미를 부여한다. 교회 사역의 세세한 부분까지 일일이 '확인하기'(see over) 때문이다. 그들은 교회의 방향을 '감독'하기 위해 그리스도와 같은 역할을 한다. 특히 새로운 교회를 개척할 때는 한두 군데 사역 부서만 신경 쓰지 않고 교회 전체의 사역에 신경을 쓴다. 그들은 전체 교회를 지휘하여, 교회가 그 구원의 잠재력을 성취하는 사명을 계속 감당할 수 있게 돕는다. 장로들은 집사들과 동역하여 교인들이 세상에 복음을 전하도록 준비시키고 그들을 섬긴다. 집사들은 섬김으로 교회를 이끌고, 장로들은 리더십으로 교회를 섬긴다.

장로들이 스스로 다른 장로들을 세울 수 있을 때 비로소 교회를 잘 이끌고 있다고 확신할 수 있다. "네 속에 있는 은사 곧 장로의 회에서 안수 받을 때에 예언을 통하여 받은 것을 가볍게 여기지 말며"(딤전 4:14). "또 네가 많은 증인 앞에서 내게 들은 바를 충성된 사람들에게 부탁하라. 그들이 또 다른 사람들을 가르칠 수 있으리라"(딤후 2:2). 지도자들은 교회의 방향에 책임을 져야 한다. 그 책임을 다른 사람들에게 일부 위임할 수는 있겠지만 아예 거부할 수는 없다. 그들은 자기 전에 자리에 누워 교회 생각을 한다. 교회가 어디로 가야 할지, 무슨 기능을 해야 할지 한참 생각하다가 깜빡 잠이 들었다고 생각한 순간, 어젯밤 생각을 어떻게 실행에 옮겨야 할지 생각하면서 잠에서 깨는 식이다.

교회에는 강력한 리더십이 필요하기에, 장로들은 반드시 리더십의 은사를 갖추어야 한다. 사실 그리스도인이라면 누구나 자기 영역에서 리더십을 발휘해야 한다. 예를 들면, 부모로서, 지역사회 시민으로서, 성경공부 인도자로서 다른 사람들을 이끌기 마련이다. 또 사도 바울이 난파당한 상황에서 그랬던 것처럼,[17] 비그리스도인들과 함께한 자리에서 위기를 맞았다면 당연히 그리스도인들이 나서야 한다. 그런데도 성경은 특별히 탁월한 리더십의 은사를 가진 사람들이 있다고 암시하는 듯하다.[18] 고린도전서 12:28에서 바울은 다스리는 은사(*kubernesis*)를 언급하는데, 이 그리스어는 '통치'(governments)라는 단어로도 번역할 수 있다(실제로 흠정역이 그렇게 번역했다). 이 단어는 배를 조종하는 사람이나 리더의 책임을 맡은 사람을 가리킬 때 쓸 수 있다.

피터 와그너(Peter Wagner)는 리더십에 대해 이렇게 쓴다. "리더십의 은사는 하나님께서 그리스도의 몸의 특정 지체들에게 주신 특별한 능력이다. 이것은 미래를 향한 하나님의 목적에 부합하는 목표들을 세우고 다른 사람들에게 그 목표들을 잘 전달함으로써, 그들이 자발적으로 조화롭게 협력하여 하나님의 영광을 위해 그 목표들을 달성하게 만드는 능력이다."[19] 또 척 스윈돌(Chuck Swindoll)은 리더십의 은사와 관련해서 이렇게 말한다. "리더십의 은사는 이렇게 정의할 수 있다. 사람들을 요령껏 다루어 그들이 계속해서 헌신할 수 있는 비전을 제시하면서 프로젝트를 조직하고 이끄는 능력, 처음부터 끝까지 포기하지 않고 과업을 완수하는 능력."[20]

마크 대니얼스(Mark Daniels)는 "리더십이란, 하나님의 능력을 받아 교회와 그 사역을 교회의 사명 추구에 부합하도록 이끌 수 있는 그리스도인들의 영적 은사다"라고 말한다.[21] 리더십 전문가 존 맥스웰(John Maxwell)은 "모든 리더에게는 두 가지 공통점이 있다. 하나는 어떤 목표를 지향한다는 것이고, 다른 하나는 다른 사람들에게 그 목표를 함께 추구하자고 설득하는 것이다"라고 쓴다.[22]

우리는 리더십의 은사를 특정 성격 유형과 동일시할 수 없다는 사실에 유의해야 한다. 바울과 베드로와 야고보는 모두 리더십의 은사를 갖고 있었지만, 세 사람의 성품은 전혀 달랐다. 리더십의 은사는 내향적인 성격이나 외향적인 성격, 꼼꼼한 성격이나 덜 꼼꼼한 성격과는 상관이 없다.

리더십의 은사를 발견하고 개발하는 방법은 다른 은사를 발견하고 개발하는 방법과 똑같다. 삶의 경험과 훈련, 성숙의 과정을 통해서 리더십을 발견할 수 있다. 리더십이 성령의 임재와 하나님의 은혜의 소산물이기는 하지만, 이 리더십을 효과적으로 발휘하기 위해서는 근면함과 신실함, 노력, 하나님의 목적에 대한 헌신이 뒤따라야 한다.

선지자, 제사장, 왕의 위험 요소

사람들의 은사를 구분하는 여느 사역 철학들처럼, 사역에서 선지자와 제사장, 왕의 측면을 고려하면서 주의할 점이 있다. 이 역할들의 긍정적 측면을 검토했다면, 성숙한 선지자와 제사장과 왕이 피해야 할 함정도 함께 살펴보아야 한다.[23]

첫째, 선지자, 제사장, 왕의 역할이 결합된 리더십 문화를 개발하려는 교회는 그것을 성품 테스트로 보려는 유혹을 피해야 한다. 예수님은 완벽한 선지자요 제사장이요 왕이시고 우리 역시 그리스도를 닮으려는 믿음의 사람들이기에, 이 세 영역 모두에서 성장해야 마땅하다. 지도자, 그중에서도 특히 목회자들은 (자신을 포함해서) 사람들을 어느 한 부류에만 가두려고 하는 어리석음을 범해서는 안 된다. 그렇게 되면, 교회를 세우라고 하나님이 주신 은사들을 우리가 제한하는 셈이 되기 때문이다. 드류 굿맨슨(Drew Goodmanson)이 지적한 예를 들면, 어떤 사람이 감정적이라고 해서 그가 곧 제사장이라는 뜻은 아니다.[24] 상담 과정에서, 감정적이지만 제사장은 아닌 목회자에게 계속 매달리는 것은 득보다 실이 많다. 사람을 특정 유형으로 간주하는 이런 고정관념은 너무 단순하고 제한적이어서 교회에 별 도움이 되지 못한다. 성숙한 리더십 팀은 이런 유혹을 피할 수 있어야 한다.

선지자

선지자들은 진리 수호에는 탁월한 반면 너무 교리에만 집중하다가 은혜를 선포하는 일에는 소홀하기 쉽다. 선지자들은 **가슴**을 배제한 채 **머리**에만 영향을 미치지 않도록 조심해야 한다. 교만과 율법주의, 자신들의 신앙과 열정을 쫓아오지 못하는 사람들을 경멸하고 무시하는 태도 역시 선지자들이 경계해야 할 대상이다.

제사장

그리스도와 같은 제사장들은 **머리**를 배제한 채 **가슴**에만 영향을 미치지 않도록 조심해야 한다. 선지자들의 경계 대상이 교만이라면, 제사장들의 경계 대상은 비겁함이라고 할 수 있다. 제사장들은 객관적 진리보다는 주관적 감정을 중요시할 때가 많으므로, 다른 사람들의 인생을 망치지 않으려고 조심하다가 그만 죄를 허용하는 경우가 있다. 제사장들은 대부분 대립을 좋아하지 않겠지만, 진리가 위태로운 상황에서는 대립도 할 각오를 해야 한다.

왕

왕들은 훌륭한 지도자감이다. 자신의 추진력도 대단하지만, 다른 사람들이 추진력을 발휘할 수 있도록 체계를 잡는 데도 일가견이 있다. 하지만 지나치게 결과에 집착한 나머지, 은혜의 복음을 무시하지 않도록 주의해야 한다. 또 왕들은 망가져서 수리가 필요한 부분을 잘 찾아낸다. 교회가 건강하게 성장하려면 꼭 필요한 일이다. 반면에 왕들은 사기가 꺾이거나 너무 조급해 하지 않도록 주의해야 한다. 그래야 사역의 성공을 충분히 누릴 수 있다.

노련한 목회자들은 감독이자 신학의 수호자요 건전한 교사다. 이들은 자신의 장점을 잘 파악하여 교회를 세우는 데 활용한다. 노련한 목회자들은 자신의 약점과 한계도 잘 알기에, 주변에 있는 다른 리더들을 그 부분에 활용할 줄 아는 능력도 갖추고 있다. 앞에서 선지자, 제사장, 왕의 리더십을 살펴본 것처럼, 리더는 특정한 성격 유형에 제한되지 않는다. 이번 장을 마무리하면서, 이 삼중 관점에서 자신의 타고난 리더십 성향을 찾도록 도와주는 질문을 몇 가지 준비했다. 노련한 목회자라면 이 세 직분을 골고루 갖추어야 한다는 점을 잊지 마라. 그러나 대개는 선천적으로 어느 한 가지로 치우치는 성향이 있다.

1. 당신은 설교와 가르침을 대단히 중요시하는, 신학적으로 동기 부여된 리더인가? 성경적 진리나 성경적 삶과 관련해서 흑백이 분명한 편인가? 주로 글쓰기나 가르침으로 비전을 제시하는가? '무엇' 또는 '어디'로 시작하는 질문을 많이 던지는 편인가? 그렇다면 당신은 타고난 선지자일 가능성이 높다.

2. 당신은 사람들을 잘 격려하는가? 사람들의 필요가 무엇인지를 파악하는 은사가 있는가? 계획이나 전략을 수립할 때, 사람들이 받을 영향에 큰 관심을 갖는가? '누구'로 시작하는 질문을 많이 던지는 편인가? 그렇다면 당신은 타고난 제사장일 가능성이 높다.

3. 당신은 조직적으로 생각하는가? 문제를 해결하는 데 뛰어난가? 오래된 문제를 해결하는 새로운 방식을 찾아내는 실용적 사고를 즐기는가? 사역할 때 사람들을 적재적소에 배치하는 능력이 뛰어난가? '어

떻게'로 시작하는 질문을 많이 던지는 편인가? 그렇다면 당신은 타고난 왕일 가능성이 높다.

목자들은 양 떼를 위해 고통을 견디고, 양 떼의 저항도 참아 낸다. 참된 장로들은 형제들의 양심에 명령하지 않고, 그들을 권면하여 그들이 하나님의 말씀을 신실하게 따르도록 이끈다. 참된 장로들은 까다로운 사람들과 문제들로 인한 고통을, 사랑하는 마음 때문에 인내한다. 그래야 양들이 상처받지 않기 때문이다. 장로들이 다른 사람들의 오해와 죄를 묵묵히 받아들여야 교회가 평화를 유지할 수 있다. 그들이 잠을 덜 자야 다른 사람들이 쉴 수 있다. 그들은 다른 사람들의 행복을 위해 자기 시간과 에너지를 희생한다. 그들은 자신을 권위 아래 있는 사람으로 본다. 그들은 자기 능력과 명철을 의지하지 않고, 하나님의 지혜와 도우심을 의지한다. 그들은 거짓 교사들의 맹렬한 공격에 맞선다. 그들은 그리스도 안에 있는 공동체의 자유를 지킴으로써 성도들이 자신의 은사를 발전시키고 성숙해지고 서로 섬기도록 격려한다.
_알렉산더 스트라우크[1]

그리스도께서 인간의 영혼을 너무나 사랑하신 나머지 그 영혼들의 구원(과 행복)을 위해 자기를 부인하셨다면, 그리스도의 사역자들도(영혼들의 구원과 행복을 위해) 힘쓰고 자기를 부인하며 고통받을 준비가 되어야 한다. 그리스도께서 자주 말씀하셨던 것처럼, "제자가 그 선생보다, 또는 종이 그 상전보다 높지 못하나니"(마 10:24).
_조나단 에드워즈[2]

그들이 당신을 부르든 말든, 아프다는 이야기를 듣는 즉시 찾아가라.
_리처드 백스터[3]

6장 목양하는 사람

성경은 예수님이 공생애 초기에 자신을 따르는 무리를 보고 불쌍히 여기셨다고 말한다. 그들이 "목자 없는 양" 같았기 때문이다(막 6:34). 양은 목자가 없으면 매우 위험한 상태에 빠진다. 먹을 것도, 안전도 보장받지 못한 채 헤매다가 맹수들의 공격을 받을 위험이 많다. 우리를 벗어난 양은 당황하다가 비바람을 만나든지, 굶어 죽든지, 심각한 부상을 입게 된다. 주님이 세상 사람들을 묘사하는 데 사용하신 이 이미지는, 우리가 목자 되신 주님을 떠날 때 얼마나 연약한 상태에 빠지는지를 생각하게 해준다. 우리는 다른 사람들을 불쌍히 여겨, 그들이 영적 생활에서 얼마나 간절히 도움을 바라는지를 생각할 수 있어야 한다.

목자의 마음

오늘날에도 그리스도는 사람들에게 동일한 마음을 품고 계시다. 그래서 교회에 리더를 세우시고, 그분이 택한 양 떼를 돌보는 목자로 섬기게 하신다. 목자인 우리는 하나님이 맡기신 사람들을 성실하게 돌보아야 한다. 우리도 잃어버린 양 한 마리를 찾아 나선 사람이 되어야 한다. 그는 양을 찾아 안전하게 집으로 데려올 때까지 잠시도 쉬지 않는다.[4] 우리는 사랑하는 양들을 위해 자기 생명을 바치신, 최고의 목자를 닮아야 한다.[5] 리처드 백스터는 목회자의 목양 사역을 다음과 같이 묘사한다.

목회의 모든 것이 교인들을 향한 부드러운 사랑으로 이루어져야 한다. 그들을 유익하게 하는 것만이 우리를 기쁘게 한다는 것을 보여주어야 한다. 그들에게 좋은 것이 우리에게도 좋으며, 그들에게 상처를 주는 것이 우리를 가장 괴롭게 한다는 것을 느낄 수 있도록 해야 한다. 아버지가 자녀에게 느끼는 감정을, 우리도 우리 교인들에게 느껴야 한다. 가장 부드러운 어머니의 사랑보다도 더 큰 사랑을 가져야 한다. 그들 안에 그리스도께서 자리 잡으실 때까지는 해산의 수고를 감내할 수 있어야 한다. 그들이 구원받는 것 이외의 어떤 외적인 것도, 부나 자유나 명예나 생명도 우리에게 중요하지 않다는 것을 그들이 깨달을 수 있게 해야 한다. 또한 모세처럼 우리의 이름이 생명책에서 지워진다 해도, 혹은 살아남은 자 안에 들지 못하게 된다 할지라도, 성도들의 이름이 어린양의 생명책에 기록되는 것을 만족스럽게 여길 수 있어야 한다.[6]

왜 목양인가

우리의 교회에 목양이 필요한 이유는 헤아릴 수 없이 많다.

양들은 예수님이 피 흘려 사신 귀한 존재이기 때문이다.[7] 우리는 핸드폰처럼 금방 구식이 될 흔한 물건이 아니라 하나님의 귀중한 피조물과 관계하고 있다. 양 떼가 가끔 주인을 물기는 해도 여전히 귀한 존재다. 더럽고, 냄새 나고, 어리석은 선택을 하더라도 여전히 귀한 존재다. 그리스도께서 이 양 떼를 위해 말할 수 없이 귀한 목숨을 버리셨기에, 우리가 그들을 소홀히 하거나 이리로부터 지켜 내지 못하거나 잃어버린 양을 찾아 나서지 않는다면, 그분께 큰 죄를 짓는 셈이다! 그리스도께서 귀히 여기신 것을 우리도 귀히 여겨야 한다. 그리스도께서 양 떼를 위해 목숨을 버리셨듯이, 우리도 그분의 양 떼를 위해 기꺼이 목숨을 내놓을 수 있어야 한다.[8]

이리가 돌아다니며 양 떼를 공격할 틈을 노리기 때문이다.[9] 양이 있는 곳에는 반드시 이리도 있다. 이리의 공격을 막지 못하면, 우리 사람들이 다친다. 반드시 물리적인 공격이 있어야만 포식자의 존재를 느끼는 것은 아니다. 공격에 대한 두려움만으로도 불신과 위험 행동을 유발할 수 있는데, 그렇게 되면 양 떼는 더 불리한 상황에 놓인다. 우리 사람들을 이리에게 넘겨주는 것처럼 가혹한 행동은 없다. 이리들이 실제로 돌아다니면서 우리 양 떼를 위협하고 있다. 교인들을 보호하고 감독해야 할 책임이 우리에게 있다. 우리가 그들을 이리에게서 보호하지 못한다면, 누가 하겠는가?[10]

목회자들은 자신이 교인들을 어떻게 돌보았는지 나중에 하나님께 해명해야 하기 때문이다.[11] 목회자들은 정말로 그리스도 앞에 서서 그분이 목숨 바쳐 살리신 양 떼를 어떻게 돌보았는지 보고하게 될 것이다. 당신이 저녁에 외출을 해야 해서 어린 자녀들을 잠시 돌보아 줄 사람을 불렀다면, 집에 돌아와서 그 사이에 무슨 일이 있었는지 궁금하지 않겠는가? 그 사람이 잠시 한눈을 판 사이에 아이가 다쳤다면 화가 나지 않겠는가? 그러니 우리가 그리스도께서 목숨 바쳐 살리신 영혼들을 소홀히 한다면, 그분이 우리를 얼마나 호되게 나무라시겠는가! 목회자들은 갈등이나 비판을 피하고 싶은 마음에, 사람들이 하고 싶은 대로 내버려 두고서 위험한 상황이 저절로 '사라졌으면' 하는 유혹을 받을 때가 많다. 하지만 우리가 전능하신 하나님 앞에 서서 심판을 받는다는 사실을 안다면, 비판자들이 아니라 하나님을 두려워해야 한다는 사실을 늘 기억해야 할 것이다. 양 떼를 소홀히 한다는 생각만으로도 두려워 떨어야 한다. 그리스도께서 우리를 심판하실 때는 특별히 엄격한 기준으로 판단하신다는 사실을 잊지 마라.[12] 설교자 조나단 에드워즈는 이렇게 경고한다. "하나님께서 맡기셨지만 우리가 소홀히 해서 잃어버린 귀한 영혼들이 심판 날에 일어나서 우리가 그 영혼을 어떻게 소홀히 여겼는지 증언할 것이다."[13]

교회 안에 삯꾼들이 많기 때문이다.[14] '목회자'라는 호칭에 걸맞지 않은 사람을 고용하는 교회들도 있다. 목회자를 가장한 삯꾼들로부터 제대로 된 목양을 받지 못해서 상처를 입고 다른 교회를 찾는 사람들이 점점 더 늘어나는 추세다. 내가 목회하는 교회에도 그런 사람들이 있었다. 많은 성도들이 전에 다니던 교회에서 (정도의 차이는 있지만) 잘못된 리더십으로 인해 상처를 입었다. 어느 교인은, 이전 교회의 목사들이 악한 사람들에게서 전해들은 남의 뒷이야기를 주고받는 모습을 목격했다. 얼마 못 가서 목회자의 절반이 그 교회를 떠났고, 그동안 지역사회에 미쳤던 선한 영향력과 명성에 먹칠을 하고 말았다. 그중에서도 성도들에게 미친 악영향이 가장 심각했다. 그 일로 크게 낙심한 이 젊은 여성이 다시 정기적으로 교회에 출석할 수 있을 만큼 회복되기까지 수년이 걸렸다. 안타깝게도, 이런 일이 우리 주변에 비일비재하다. 저니교회의 다른 목회자들과 내가 판단하기에, 이런 일로 상처받은 교인들이 다시 신뢰를 회복하려면, 최소한 교회 출석 기간 6개월, 이후의 관계 맺는 기간 6개월은 필요한 것 같다. 상처 입은 이들에 대한 세심한 목양은 두말할 필요도 없다.

역사를 통틀어 수많은 목자들이 하나님의 백성을 돌보는 데 실패해 왔다. 성경은 하나님이 이 경솔한 목자들을 기뻐하지 않으신다는 점을 분명히 보여준다. 예레미야 23:2은 목자가 무리를 잘 돌보지 못하면 하나님이 몸소 돌보실 것이라고 말한다. 스가랴 11:15-17에서 하나님은, 무리를 버린 쓸모없는 목자들은 칼에 맞아 팔과 시력을 잃게 될 것이라고 말씀하신다.

목자를 세워 교회의 귀한 영혼들을 최고로 목양하는 것이 그분의 최고 관심사다. "내가 그들을 기르는 목자들을 그들 위에 세우리니 그들이 다시는 두려워하거나 놀라거나 잃어버리지 아니하리라. 여호와의 말씀이니라"(렘 23:4). 우리의 교회가 아니라 하나님의 교회임을 명심하자. 그러므로 교회를 신실하게 섬기고, 무리를 불쌍히 여기신 그리스도를 본받아 목양하자.

목양의 결과

신실한 목양은 교회는 물론 목회자에게도 눈에 띄는 유익을 가져온다.

목양은 목회자의 삶을 준비시킨다

다른 사람의 죄 문제를 다루다 보면 자신의 죄를 더 잘 인식하게 된다. 고집 센 사람을 목양하면 자기 자신의 고집을 보게 된다. 이기적인 사람을 목양하면 자기 자신의 이기심을 보게 된다. 상처 입은 사람을 목양하면 자기 자신의 상처를 볼 수밖에 없다. 긍정적인 모습을 봐도 마찬가지다. 다른 사람이 순종하는 모습을 보면 나도 순종하고 싶어진다. 다른 사람이 자기 은사를 잘 활용하는 모습을 보면 나도 내 은사를 잘 활용하고 싶어진다. 죄를 드러내고 순종하게 하시며 은사를 허락하는 분은 성령이시므로 어쩌면 당연한 일이다. 영을 뜻하는 그리스어와 히브리어는 '공기'와 '숨'을 의미한다. 영(spirit)이라는 영어 단어는 라틴어 '스피리투스'(spiritus)에서 왔는데, 이 라틴어 역시 '공기'와 '숨'을 뜻한다. 이 단어에서 영어의 '호흡기'(respiratory)와 '끝나다'(expire, 더 이상 숨 쉬지 않다) 같은 단어가 나왔다. '영감을 주다'(inspire)라는 단어도 마찬가지다. 성령께서 우리가 목양하는 사람들에게 역사하시는 것처럼, 목회자들도 같은 영을 받아 회개하고 믿으며 우리가 가진 최고의 은사들로 순종하려는 마음을 품게 된다.[15]

목양은 목회자의 설교를 준비시킨다

성도들을 만나 그들의 어려운 사정에 귀를 기울일수록, 그들을 효과적으로 가르칠 방법을 터득하게 된다. 목회자가 성도들의 영혼이 어떤 상태인지 전혀 감을 잡지 못하고 설교하면서 무슨 말을 해야 할지 모른다면, 얼마나 안타까운 일이겠는가! 주중에 성도들을 만나 깊이 있는 목양 시간을 많이 가질수록, 주일 설교가 더 견고해진다. 메시지를 구성하고, 특정 죄를 언급하며, 문화적 우상을 드러낼 방법을 깨닫고, 구체적인 적용도 할 수 있다. 성도들에게 좋은 상담가일수록 더 훌륭한 설교자가 될 수 있다.

목양은 설교에 힘을 실어 준다

목양은 목회자를 겸손하게 만들어서 자기 의와 교만을 없애 주기 때문에, 성도들은 목회자가 전하는 복음을 잘 받을 수 있다. 사람들을 직접 만나 시간을 보내면, 머리는 물론 가슴으로 정서적 유대감을 쌓을 수 있다. 요즘 많은 목회자들이 「오즈의 마법사」에 나오는 양철 나무꾼 같다는 생각이 든다. 딱딱한 껍질만 있고 가슴이 없다. 진리를 가르치면서도, 설교를 듣는 사람들과 전혀 교감하지 못한다. 그러나 교인들이 목회자 역시 '햇빛보다 더 밝은 천국'만이 아니라 '끔찍한 이 현실'을 살아가고 있다는 사실을 알면, 설교 말씀에 더욱 귀를 기울일 것이다. 그러다가 정말로 큰 기적이 일어나, 성도들이 설교를 삶에 적용하게 될지도 모른다. 목양은 목회자의 신뢰성을 높여 준다. 목회자의 신뢰성이 높아지면 설교하는 메시지의 신뢰성도 높아진다. 참 목자로서 성도들과 함께하는 시간이 많아질수록, 더 많은 사람들이 설교에 **귀를 기울이**고 성경 말씀에 순종할 것이다.

목양은 목회자를 예수님께 가까이 이끈다

많은 사람들의 죄를 다루다 보면 하나님께 가까이 붙어 있을 수밖에 없다. 설교할 때는, 타고난 능력이 뒷받침되고 준비만 잘 하면 하나님과 영적 교감이 부족한 것쯤은 얼마든지 감출 수 있다. 하지만 예측이 어렵고 정서적 측면이 강한 목양 사역은, 구주께 의지하지 않으면 안 된다. 설교할 때는 할 말을 미리 준비할 수 있지만, 목양 사역은 즉석에서 사람들의 질문과 반대와 논쟁을 해결해야 하는 만큼 불안하고 염려스러운 점이 많다. 얼마나 두려운 일인지 모른다! 그러니 전적으로 하나님을 의지할 수밖에 없다.

목양은 목회자의 신앙의 진정성을 시험한다

목양이라는 용광로에서 모난 인격을 태우면 건강한 모습으로 정제되어 나올 수 있다. 날마다 사람들과 씨름해야 하는 목양이야말로 목회의 핵심 요소인데, 이것은 책을 들여다보는 것과는 결코 비교할 수 없는 방식으로 사역자를 겸손하게 하고 그의 영성을 시험한다. 팀 켈러(Tim Keller)는 설교를 대포 쏘는 일에 비유한 적이 있다. 포병은 전선에서 멀찍이 떨어져 있기에 비교적 안전하고 쉬운 일이라는 것이다. 반면에 목양은 보병대에 소속되어 싸우는 것과 같다. 얼굴을 마주 보며 치고받고 싸우는 백병전이기 때문이다. 그래서 훌륭한 설교자는 목양을 잘할 수도 있고 못할 수도 있지만, 훌륭한 목자는 반드시 설교를 잘하게 되어 있다.

목자의 의무

지금까지는 영적 목양의 중요성만 이야기하고 목양이 무엇인지 정확히 정의하지는 않았다. 리처드 백스터는 「참된 목자」(The Reformed Pastor)에서 목자가 되는 것이 어떤 의미인지를 잘 설명해 준다. "의사가 환자의 건강에 대해 조언하고, 변호사가 사람들의 유산 관리에 대해 조언하듯이, 목사는 단순히 대중에게 설교만 하는 사람이 아니라 영혼의 문제에 대해 조언할 수 있어야 한다.…… 의심과 곤경에 빠진 사람이 해결책을 얻기 위해 자신의 문제를 들고 목사에게 올 수 있어야 한다.…… 그들이 우리에게 찾아오기를 기다릴 것이 아니라 우리가 그들을 초대함으로써 기꺼이 어려움을 감수해야 한다."[16]

간단히 말해, 목자는 **영혼을 치료하는 의사**다. 의사가 몸의 건강을 돌보는 것처럼, 목자는 영혼의 건강을 돌본다. 목자들은 영적 질병과 싸우고 사람들에게 영적 건강의 중요성을 일깨운다. 그들은 설교와 가르침, 제자 훈련, 성례전, 교회의 치리, 책망, 격려, 교제, 모범 등을 통해 교인들의 전인적인 영적 성장을 감독한다. 또 데살로니가전서 5:14의 명령을 실천하는 데 앞장선다. "게으른 자들을 권계하며 마음이 약한 자들을 격려하고 힘이 없는 자들을 붙들어 주며 모든 사람에게 오래 참으라."

사실, 돌볼 양 떼가 너무 많은 것이 문제다. 목회자 한 사람이 목양할 수 있는 평균 성도 수가 75명인데, 북미 지역 교회의 평균 크기도 그와 비슷하다(단순한 우연의 일치가 아닐 것이다). 따라서 그보다 큰 규모의 교회를 원하는 목회자들은 효과적인 목양 사역을 할 수 있는 조직을 갖출 방법을 찾아야 한다. 모세처럼 위대한 지도자도 이스라엘의 모든 백성을 다스릴 수는 없어서, 백성을 돌보기 위한 조직과 구조를 만들어야 했다.[17] 목회자 후보생들은 이드로가 모세에게 조언한 내용을 명심해야 한다. "너와 또 너와 함께한 이 백성이 필경 기력이 쇠하리니 이 일이 네게 너무 중함이라. 네가 혼자 할 수 없으리라"(출 18:18).

많은 교회에서 목회자 혼자 목양과 상담을 도맡아 주기를 기대한다. 이런 기대감은 지극히 비현실적일 뿐 아니라(유능한 간호사들의 도움 없이 의사 혼자 일하는 병원이 있다고 생각해 보라) 목회자와 목회자의 가정에도 심각한 악영향을 미친다. 그런 기대감은 리더십 개발에 방해가 되기 때문에 건강한 교회를 유지하는 데도 위협이 된다. 앞의 의학 비유를 계속해 보면, 장기 근속한 의사가 은퇴한 뒤에도 환자들이 적절한 치료를 받을 수 있으려면 인턴과 레지던트들이 계속해서 훈련을 받아야 한다. 목회자만 지역 교회에서 교인을 상담하고 돌볼 수 있는 것이 아니다. 교인들이 진정으로 변화되려면, 목회자의 은사와 섬김뿐 아니라 전 교회의 은사와 섬김이 뒷받침되어야 한다. '하나님의 기름부음 받은 자들'과 만날 때만 영적 보살핌을 받고 성장하는 것이 아니다. 오히려 '평범한 하나님의 사람들'과 관계할 때 더 많은 성장이 일어난다.

하나님의 백성을 돌보는 효과적인 목자가 되려면 개인적인 일대일 목양에 더 힘써야 한다는 것이 내 말의 요지다. 또 소그룹 성경공부, 지역사회 그룹, 선교 공동체 같은 목양 조직을 세워야 한다. 안타까운 사실은, 많은 교회에서 이런 조직들을 목양 도구보다는 단순한 성경공부 도구로만 사용한다는 것이다(성경공부 모임 역시 목양 도구의 하나라고 할 수 있겠다). 사람들은 공동체를 성경공부와 찬양, 교제하는 곳으로 축소해 버렸다. 교회는 단순 지식을 전달하는 프로그램에 만족할 뿐, 전인적인 영성 형성으로 나아가지 못하고 있다. 내가 목회하는 저니교회는 멀티사이트(multi-site) 교회다. 한 교회가 여러 지역에 있다는 뜻이다. 이 책을 읽는 독자 중에 멀티사이트 교회를 목회하는 사람들이 있을지도 모르겠다. 저니교회 장로들은 지역사회 그룹이 우리가 세우는 어느 캠퍼스(각 지교회를 일컫는 용어)에서나 필수 사역이라는 것을 깨달았다. 그런 의미에서, 하나님이 우리에게 새 캠퍼스를 시작할 기회를 주신다면, 우리가 그곳을 저니 캠퍼스로 지정하려면 다음 두 가지 요건이 필요하다.

1. 캠퍼스 목회자로 섬길 자격을 갖춘 사람이 있어야 한다.
2. 교회를 시작하기 전에, 그곳에 지역사회 그룹이 반드시 한 개 이상 있어야 한다.

물론 우리는 예배 사역을 원한다. 주일학교 사역도 원한다. 그곳이 어느 곳이 되었든, 가난하고 배고픈 사람들을 돕고 예술가들을 후원하기 원한다. 하지만 사람들이 자신들의 의심과 고민, 승리와 돌파구를 복음의 빛 아래 드러내면서 실생활에서 함께 사역하지 않는다면, 그 캠퍼스에서는 앞서 언급한 중요한 사역들이 무용지물이 되고 말 것이다. 저니교회의 영향 평가서에는 이런 철학이 반영되어 있다. "하나님을 사랑하라. 사람들과 관계를 맺으라. 세상을 변화시키라." 우리는 이 일들이 반드시 이 순서대로 일어난다고 믿는다.

2008년 미국 대통령 선거 운동에서 가장 우스꽝스러웠던 사건 중에 오바마 대통령의 전직인 지역사회 운동가(community organizer)에 대한 논란이 있었다. 오바마의 직업이 정확히 어떤 일이었는지 이해하기 어려웠으므로 그는 보수주의자들로부터 적잖은 괴롭힘을 당했고, 떠돌이 표를 지닌 유권자들로부터 질문 공세에 시달렸다. 지역사회 운동가라는 직업이 정말로 있는가? 인터넷에서 지역사회 운동가라는 직업을 검색하면 구인 광고가 뜨는가? 어느 권위자가 한 말이 정곡을 짚었다. 지역사회를 관찰해 보면, 지역사회 운동가가 무슨 일을 하는지 알 수 있다. 마찬가지로, 목회자가 권면하고 돌보는 공동체가 잘 성장하고 있다면 그가 좋은 목자라는 것을 알 수 있다.

좋은 목자는 교인들이 소그룹에서 서로 목양할 수 있도록 훈련시킨다. 초대교회는 소수가 모이는 가정 교회로 구성되었는데, 21세기 교회도 그 모습을 닮아야 한다. 교회는 규모가 커질수록 작아져야 한다.[18] 좋은 목자가 진지하게 생각해 보아야 할 핵심 질문들은 다음과 같다. '내가 돌보는 사람들이 개인적으로, 그리고 공동체적으로 하나님을 사랑하고 있는가? 우리 교인들은 다른 사람들을 교회 공동체로 인도하는 일을 책임감 있게 감당하고 있는가? 우리 교인들은 세상을 변화시키라는 하나님의 사명을 목표로 움직이고 있는가?' 효과적인 목자라면 이런 질문들에 "예"라고 대답할 수 있도록 최선을 다할 것이다.

이런 그룹은 어떤 모습이어야 하는가

신약성경 곳곳에서 볼 수 있는 "서로"라는 표현을 사용해서, 교회의 공동체 지수를 측정하는 방법으로 다음 원리를 제시하려 한다.

성경적 공동체에 속한 사람들은 서로 가르치고 격려한다.[19] 사람들은 지역사회 그룹에서 설교 내용을 적용하고 삶으로 살아 낼 수 있도록 서로 격려할 수 있다. 이것은 공동 예배에서는 쉽지 않은 일인데, 소그룹에서 하듯이 설교로 직접 권면하는 것이 불가능하기 때문이다. 목양 조직을 마련하는 목자들은 교인들이 자신의 신앙고백대로 살고, 일반적인 성경의 진리를 실생활에서 구체적으로 적용하도록 돕는다.

성경적 공동체에 속한 사람들은 서로 섬기고 존중한다.[20] 영적 은사를 실천할 때 이런 일이 가능한데,[21] 지식의 말씀이나 손대접, 긍휼 등 그중 몇 가지는 공동 예배보다는 소그룹에서 더 효과적일 수밖에 없다.

성경적 공동체에 속한 사람들은 서로 나눈다. 이들은 물질(행 2:44-46, 4:32-33), 짐(갈 6:2), 힘든 일(엡 4:25, 히 3:13, 약 5:16), 애정(롬 16:16)을 나눈다. 또 자기 말을 앞세우기보다는 상대방의 말을 들으려 애쓰고(약 1:19), 자기 자신보다 다른 사람을 더 중요하게 여기며(빌 2:3-4), 서로를 향한 사랑이 흘러넘친다(살전 3:12).

목자는 사람들을 '벨크로 테이프로 붙이는' 사람이다. 그렇게 하면 교인들이 서로 목양할 수 있다. 목회자의 역할은, 훈련받은 사람들과 훈련이 덜 된 사람들을 연결시켜 사람을 훈련하는 법을 배우게 하는 것이다. 또 상처 입은 사람들과 그들을 도울 수 있는 사람들을 연결시켜 치유를 얻게 하는 것이다. 방향을 잃은 사람들이 현명한 친구들을 통해 적절한 길로 인도받도록 돕는 것이다. 목자로서 목회자의 역할은, 신자들이 사랑과 진리로 서로 부모 역할을 하도록 돕는 환경을 조성하는 것이다.

목자가 빠지기 쉬운 유혹

목양 기술을 익히는 과정에서 주의해야 할 유혹과 위험 요소가 많다.

자기 죄를 숨기기 위한 방편

많은 목회자들이 목양 사역을 빌미로 자신의 죄와 결점, 흠을 숨기려고 한다. 나는 만 열아홉 살에 처음으로 교회 사역을 시작했다. 나를 관심 있게 지켜봐 주는 어느 목사 밑에서 청소년부를 맡게 되었다. 사역 경험이 풍부한 분에게 멘토링을 받으면서 내 성품을 다듬어 갈 수 있겠다는 생각에 기대가 컸다. 그런데 실제로는 정반대 상황이 벌어졌다. 1980년대에는 교회에 전화선이 하나밖에 없는 경우가 많았다. 그래서 전화기를 들면 다른 사람의 통화 내용을 들을 수 있었다. 하루는 우연히 수화기를 들었다가 매우 부적절한 대화를 듣게 되었다. 이 목사가 교회의 어떤 여성과 통화하는 내용이었다. 주변 조사를 좀 해보니, 이 목사가 교회 여성도 몇 사람과 성관계를 맺고 있다는 의혹이 불거졌다. 이 목사와 교회 집사들과 함께 모여 대책 회의를 했던 날이 기억난다. 그 자리에 모인 사람들은 이 목사가 성도들이 아플 때나 도움이 필요할 때나 아이가 아플 때면 늘 와서 도와주었다는 말을 이구동성으로 했다. 이 목사가 훌륭한 목자였기 때문에 성적인 부정을 저지를 것이라고는 미처 생각하지 못했다는 것이다. 나는 자기 죄를 속죄하고 다른 결점들을 덮으려는 방편으로 목양 사역을 이용하는 목회자가 있다는 사실을 그제야 깨달았다.

교회를 조종하기 위한 방편

어떤 목회자들은 자신에게 유리한 프로젝트와 의견을 교회에 관철하는 수단으로 목양 사역을 이용한다. 당신이 강행하려는 건축 사업이 있다고 치자. 만만치 않은 반대를 예상하는 당신은, 목양이라는 도구로 사람들을 구슬려서 당신이 원하는 대답을 얻어 내려고 한다. 교회 예산이나 직원 고용 및 해임과 관련해서도 똑같은 일이 생길 수 있다. 목양의 은사를 받은 목회자들은 자신에게 유리한 쪽으로 은사를 이용하려는 유혹에 주의해야 한다.

약점을 감추기 위한 방편

목회자들이 빠지기 쉬운 또 다른 위험은 자기 결점을 감추려고 목양을 이용하는 것이다. 내가 아는 한 목사는 설교의 은사가 부족한 편이다. 그런데 그는 설교 기술을 개발할 생각은 하지 않고, 본인의 목양 은사를 사용해서 그 결점을 감추려고 한다. 그렇다고 그가 설교에 전혀 은사가 없는 것도 아니다. 다만 설교 기술을 향상시키기 위해 조금도 노력하지 않는 것이 문제다. 목양 기술을 잘만 사용하면 얼마든지 성도들을 만족시킬 수 있다는 사실을 알기 때문이다. 그런가 하면, 성도 한 사람 한 사람을 목양하는 편안한 일만 하면서, 교회 전체에 강력한 리더십을 발휘하는 일은 회피하려는 유혹에 시달리는 이들도 있다. 다른 사람이 특별히 이의를 제기하지 않는 한, 사람들은 하나님과 함께하는 선교의 삶을 웬만하면 피하려 한다. 목자가 자신들의 필요를 충분히 채워 준다고 생각하는 사람들은 더욱 그럴 것이다. 좋은 목자라면 부드러운 보살핌과 상담뿐 아니라 강력한 설교를 통해서도 성도들을 이끌 준비가 되어 있어야 한다.

문제 해결을 위한 방편

목양 사역으로 개인적인 성취감을 얻으려는 유혹을 받을 때도 있다. 상담받는 사람을 도와야 할 대상으로 보지 않고, 극복해야 할 도전거리로 여기는 것이다. 이미 오래전에 전문 상담사에게 보냈어야 할 사람을 끝까지 붙들고 늘어지는 사역자들이 많다. 자기가 이겨 보겠다는 심보다. 윌리엄 윌리몬이 그런 경우를 잘 묘사했다. "우리 목회자들은 언제 (전문 상담의) 도움을 받아야 할지 알지도 못한 채, 그저 남을 돕겠다는 잘못된 시도로 곤경에 빠질 우려가 있다. 우리는 우리 한계를 벗어난 일을 시도하느라 소중한 시간을 낭비하고, 집중해야 할 다른 목회 사역을 놓치게 된다."[22]

인정받기 위한 방편

내가 아는 목회자 중에는 지나치게 사람을 많이 만나는 이들이 있다. 자신의 정체성이 목양 역할을 중심으로 형성되어 있기 때문이다. 목회 은사 중에 어느 것이라도 우상이 될 수 있지만, 그중에서도 특히 목양의 은사를 우상화하기란 식은 죽 먹기다. 목양이 너무도 거룩하고 흠모할 만한 일로 여겨지기 때문이다. 다시 한 번 윌리엄 윌리몬의 이야기를 들어 보자.

"우리는 다양한 방식으로 남을 교묘히 조종할 수 있다. 때로는 겸손히 섬기는 리더가 남을 조용히 돕는 일이, 칭찬과 감사와 애정에 굶주린 자신의 필요를 채우려고 평신도를 조종하기 위한 위장술인 경우도 있다."[23] 우리는 이렇게 자문해야 한다. 내가 사람들과 이토록 많은 시간을 보내는 이유는 무엇인가? 내가 사람들을 목양하는 이유는 하나님의 영광을 위해서인가, 아니면 사람들에게 인정받기 위해서인가?

거룩한 목자가 되려면

어떻게 하면 목양 기술을 잘 다듬고 그리스도께서 우리에게 요청하신 긍휼히 여기는 마음을 개발할 수 있을까? 내가 지금까지 목회하면서 터득한 비결을 몇 가지 알려 주겠다.

    1. **문제가 있는 사람들을 만날 때 당신이 어떤 부분을 불편해 하는지 확인해 보라.** 상대방의 문제가 당신의 실패나 과거의 상처를 떠올리게 해서 불편해지는 것인지도 모른다. 그렇다면 그 상처들을 다루기 위해 성경적인 상담을 받는 편이 좋다. 자신의 상처를 해결하지 않은 채 주님의 치유만 받는다면 남을 긍휼히 여기는 마음을 갖기 힘들다. 주님께서 우리를 불쌍히 여겨 주신 것처럼, 우리도 그분의 긍휼을 주변 사람들에게 나타낼 수 있어야 한다.

    2. **사람들의 이야기에 귀 기울이는 법을 연습하라.** 늘 정답만 제시하려 하지 말고, 상처받은 사람들의 이야기를 말없이 경청하라. 치유는 성령께 맡겨라. 경청하는 것만으로도 (듣는 사람이나 말하는 사람 모두에게) 놀라운 결과가 나타난다.

3. **자신의 성품을 고려하라.** 예를 들어, 아주 내성적인 사람은 너무 많은 사람을 목양하려고 하는 것이 문제가 될 수 있다. 그런 경우라면, 자신의 한계를 깨닫고 다른 사람들에게 도움을 요청해야 한다.

4. **우상을 분별하라.** 사람들에게 인정받으려 하거나 사람을 사역 목표로 삼기 때문에 다른 사람들을 긍휼히 여기지 못하는 목회자들이 많다. 이런 경우는, 자신이 돌보는 사람들이 아니라 자기 자신에게 목회의 초점이 맞추어져 있는 것이다. 이런 우상화는 하나님과 사람 모두에게 심각한 문제를 초래한다.

5. **십자가를 바라보라.** 그리스도께서 당신을 향한 영원한 사랑으로 십자가에서 행하신 일을 생각해 보라. 이마의 가시관과 등의 채찍 자국, 손목과 발의 못 자국, 등에 느껴지는 거친 나뭇결, 군중의 조롱, 가까운 친구들의 배신, 십자가의 굴욕, 서서히 조여 오는 죽음, 그리고 그중에서도 가장 무시무시한 아버지의 분노를 떠올려 보라. 그 사랑의 결과로, 당신은 영원한 지옥 형벌에서 구원받아 그분과 영원히 함께 살 수 있게 되었다. 최고의 목양은 다른 사람들에게 가르치는 복음을 당신 마음에 새기는 것이다.

목자 되신 그리스도께서 당신을 위해 행하신 일을 더 깊이 깨달을수록 당신은 더욱 거룩하고 긍휼이 풍성한 목자가 될 것이다.

우리는 이 세상을 지탱하고 하나님의 저주로부터 이 세상을 구하며, 창조를 완성하고 그리스도께서 죽으신 목적을 이뤄 나가며, 우리 자신과 다른 이들을 지옥에서 건져 내며, 사탄을 물리치고 그의 왕국을 파괴하며, 그리스도의 왕국을 세우고 다른 사람들이 이 영광의 왕국에 이르도록 돕기 위해 노력한다. 그런데 부주의하거나 게으른 사람에 의해 이 모든 일들이 이루어질 수 있겠는가? 온 힘을 다해 매진해야만 이 모든 일을 성취할 수 있다.
_리처드 백스터[1]

이 사역을 이제 시작하려는 사람들은 이 사역이 지닌 엄청난 중요성을 진지하게 고려해야 한다. 그들에게 맡겨진 소중한 영혼들을 돌보는 일이 얼마나 큰일인지 생각해 보고, 그에 따르는 엄청난 어려움과 위험과 유혹을 곰곰이 생각해 보아야 한다. 사람들은 이 일을 전쟁터에 나가는 것에 비교하기까지 한다(고전 9:7, 딤전 1:18).
_조나단 에드워즈[2]

7장 결단력 있는 사람

사도 바울은 고린도 교회에 보내는 편지에 이렇게 썼다. "깨어 믿음에 굳게 서서 남자답게 강건하라"(고전 16:13). 바울은 그리스도인의 삶을 살려면 불굴의 결단력이 필요하다는 사실을 잘 알았다. 평범한 그리스도인들에게 결단력이 필요하다면, 그보다 더 높은 기준을 적용해야 할 교회 리더들에게는 얼마나 큰 결단력이 필요하겠는가?[3] 일개 군사에게 강인함이 필요하다면, 대장이나 장군에게는 더 큰 강인함이 필요하리라!

결단력 있는 사람이 되라

안타깝게도, 교회 개척자나 목회자들에게 강인함이나 결단력이 부족한 경우가 많다. 이혼하는 목회자나 목회를 시작한 지 5년 내에 사역을 그만두는 신학교 졸업생의 숫자는 그야말로 충격적이다. 목회자가 한 교회에 재직하는 기간은 평균적으로 3년이다(청소년 사역자의 경우는 2년 이하다).[4]

특별한 예외도 있기는 하지만, 대부분의 목회자가 한 교회에서 장기간 사역하지 못하는 것이 현실이다.

교회가 성장하고 있을 때, 결단력이 부족한 목회자가 사역을 그만두면 그 교회에 미치는 파장은 엄청나다. 유진 피터슨(Eugene Peterson)은 그런 경우를 교회 **약탈** 행위에 비교한다. "인내를 거부하는 성급함이 목회자의 성품에 미치는 영향은 노천 채굴이 땅에 미치는 영향과 같다. 그것은 최소한의 비용으로 무언가를 착취하고 또 다른 장소를 물색하는 탐욕스러운 약탈 행위다."[5] 한 교회에서 목회자가 오랜 기간 사역한 이후에야 비로소 영향력을 미치기 시작하는 경우가 많다. 목회자가 그 기간을 인내하지 못하면, 영향력을 충분히 발휘하지 못하게 된다. 여러 가지 면에서 하나님의 은혜로 얼마나 오랫동안 인내할 수 있느냐가 목회자가 사역에 미치는 영향력을 결정할 것이다.

목회자나 교회 개척자라면, 지금 당장이라도 항복을 선언하고 선한 싸움을 포기하고 싶은 순간을 여러 차례 만날 것이다. 이런 질문들이 떠오를 것이다. '어떻게 이 일을 끝낼 수 있을까? 이 일을 계속할 수 있는 힘을 어디서 찾을 수 있을까?' 당신이 장기간 사역을 신실하게 계속하고 있다면, 그것은 당신의 야망이나 강한 의지력, 사람들을 실망시키고 싶지 않은 마음 때문만은 아닐 것이다. 쉽지 않은 사역을 하다 보면, 그런 동기들은 쉬 사그라진다. 성령의 충만하신 능력으로 사역을 계속하겠다는 굳은 결단이 있어야만 사역의 풍랑을 헤쳐 나갈 수 있다. 목회의 실상을 들여다보면, 사실 매우 힘든 일이다. 어려운 일이 많고, 욕도 들어야 하고, 당신의 전인격을 고스란히 교회에 바쳐야 하니 말이다. 목회 사역을 감당하려면 굽히지 않는 강한 결단력이 필요한데, 그런 결단력은 하나님 말고는 어디서도 얻을 수 없다. 이번 장에서는 결단력 있는 목회자의 삶을 함께 살펴보자.

결단력 있는 사람의 동기

꾸준한 목회를 위한 결단력과 강인함은 어떻게 개발할 수 있을까? 고린도전서 15장 마지막 절에서 그 동기를 일부 발견할 수 있다. "그러므로 내 사랑하는 형제들아, 견실하며 흔들리지 말고 항상 주의 일에 더욱 힘쓰는 자들이 되라. 이는 너희 수고가 주 안에서 헛되지 않은 줄 앎이라"(58절).

하나님의 사랑과 약속을 기억하라

바울이 교인들에게 교회의 신분을 확인시키는 과정에서 그들에게 명령하는 내용이 많이 나온다는 점이 무척 흥미롭다. 다시 말해, 직설법(그리스도 안에 있는 우리에게 해당하는 내용)에서 명령형(그리스도를 위해 해야 할 내용)이 나오는 식이다. 예를 들어, 골로새서 3:1-3에서 바울은 골로새 교인들에게 위의 것을 생각하고 찾으라고 명령한다. 그가 그렇게 명령하는 까닭은 그들이 그리스도와 함께 살리심을 받았기 때문이다. 그리스도와 함께 하나님 안에 감추어졌기에 그리스도 안에 있는 그들의 신분이 하나님 앞에서 보장되었다는 뜻이다. 바울은 에베소서에서도 똑같은 방법을 사용한다. 그는 에베소서 1-3장에서 먼저 그리스도 안에 있는 그들이 어떤 존재인지 상기시키고, 4-6장에서는 복음을 실생활에서 적용하라고 도전한다.

고린도전서 15:58에서도 동일한 패턴이 나타난다. 본문을 다시 한 번

보자. "그러므로 내 사랑하는 형제들아, 견실하며 흔들리지 말고 항상 주의 일에 더욱 힘쓰는 자들이 되라. 이는 너희 수고가 주 안에서 헛되지 않은 줄 앎이라." 바울의 어투는 마치 후반전을 앞둔 휴식 시간에, 지고 있는 선수들을 격려하는 축구팀 감독 같다. 그는 "견실하며 흔들리지 말고" "힘쓰는 자들"이 되라고 교회에 명령한다. '견실하다'는 말은 '확고하다'는 말로 번역할 수도 있다. 이 단어를 생각하면, 밖에는 총알이 소나기처럼 퍼붓는데도 굳이 참호 밖으로 나가 싸우겠다는 군인의 모습이 떠오른다. 이것만 놓고 봐서는, 감정의 자극을 받아 잠깐 힘을 내거나 약간의 행동 변화가 일어날 수는 있겠지만 오래가지는 못할 것 같다. 그러나 바울은 여기서 싸구려 자기계발 전문가나 열성적인 축구 감독 노릇을 하려는 것이 아니다. 그는 두 가지 명백한 현실을 이 권면의 근거로 삼는다.

첫째, 바울은 그들을 "내 사랑하는 형제들"이라고 부른다. 데살로니가후서 2:13에서처럼, 여기서도 바울은 성부 하나님 앞에서 그리스도 안에 있는 교회의 신분을 확인해 주고 있다. 우리는 우리의 행동이나 윤리적 성취에 관계없이 사랑받는다. 오히려 그리스도께서 하신 행동과 성취 때문에 사랑받고 기뻐할 수 있다. 우리가 꾸준히 사역하기 위해서는 물론이고 그리스도인으로 성장하기 위해서도 이런 실재를 끊임없이 기억해야만 한다.

둘째, 바울은 "이는 너희 수고가 주 안에서 헛되지 않은 줄 앎이라"고 기록한다. 우리의 수고는 영원히 영향을 미칠 것이다(참고. 고후 4:17). 우리의 은사나 능력 때문이 아니라 우리가 "주 안에서" 수고하기 때문이다. 하나님이 우리를 사역으로 부르시고 우리가 그 부르심에 충실하려 애쓰면, 그분은 하나님 나라 사역에 우리를 사용하신다. 생각하는 것만으로도 큰 격려가 되는 말씀이다. 이것이야말로 우리가 확고하고 흔들림 없이 사역할 수 있는 유일한 방법이다.

부활을 기억하라

바울은 이 도전으로 예수 그리스도의 몸의 부활이라는 실재와 그 의미에 대한 주목할 만한 논문을 마무리한다. 사도 바울은 고린도전서 15장 전체에 걸쳐 부활이 그리스도인의 신앙과 희망의 토대임을 보여주었다. 우리가 끝까지 버틸 수 있는 능력은 바로 부활 때문인데, 그래서 58절은 "그러므로"라는 말로 시작한다. 성경해석학을 연구하는 내 멘토는 '그러므로'라는 단어를 보면, 앞뒤 문장을 자세히 살펴야 한다고 말했다. 신약성경에 '그러므로'라는 단어가 나오면, 앞부분과 문맥을 살펴야 그 절이나 단락을 이해할 수 있다는 뜻이다. 고린도전서 15장의 경우에는, 그리스도께서 죽은 자 가운데서 살아나셨다는 사실이 그 문맥이라고 할 수 있다. 그리스도께서 다시 살아나셨으니, 끝까지 인내하라.

어떻게 부활이 우리가 끝까지 인내할 수 있는 힘이 되는가? 로마서 8:11이 힌트를 준다. "예수를 죽은 자 가운데서 살리신 이의 영이 너희 안에 거하시면 그리스도 예수를 죽은 자 가운데서 살리신 이가 너희 안에 거하시는 그의 영으로 말미암아 너희 죽을 몸도 살리시리라." 이 구절은 물론 정욕과 탐심, 거짓말 같은 개인적인 죄를 극복하라는 말씀으로 적용할 수 있다. 하지만 사역에 지친 사람들에게 격려와 힘이 되는 말씀이기도 하다. 그리스도를 죽음에서 일으키신 능력이 우리의 삶과 사역에도 역사하고 계신다. 우리는 우리의 한계를 초월하는 무한정한 능력의 근원을 소유하고 있다. 그리스도를 다시 살리신 성령께서 우리 안에 내주하신다. "그러므로 우리가 낙심하지 아니하노니 우리의 겉사람은 낡아지나 우리의 속사람은 날로 새로워지도다"(고후 4:16). 그리스도의 부활의 빛 가운데 산다는 것은, 하나님이 우리 사역에서 기적을 행하심을 믿을 수 있고, 아무리 암울한 상황에서도 희망을 품을 수 있으며, 우리보다 훨씬 더 크신 능력을 구할 수 있다는 뜻이다. 부활로 인해 우리는 더 이상 우리 자신을 믿지 않고, "우리 가운데서 역사하시는 능력대로 우리가 구하거나 생각하는 모든 것에 더 넘치도록 능히 하실 이"(엡 3:20)를 신뢰할 수밖에 없다.

하늘의 보상을 바라며 일하라

사도 바울은 고린도전서 15:58에 앞서 이렇게 썼다. "만일 죽은 자들이 도무지 다시 살아나지 못하면…… 어찌하여 우리가 언제나 위험을 무릅쓰리요. 형제들아, 내가 그리스도 예수 우리 주 안에서 가진 바 너희에 대한 나의 자랑을 두고 단언하노니 나는 날마다 죽노라. 내가 사람의 방법으로 에베소에서 맹수와 더불어 싸웠다면 내게 무슨 유익이 있으리요. 죽은 자가 다시 살아나지 못한다면 내일 죽을 터이니 먹고 마시자 하리라"(29-32절). 바울은 현실주의자였다. 하늘에서 보상이 없다면, 다 그만두자는 논리다. 남들처럼 사역을 포기하자는 것이다. 이 본문은 **하늘을 생각하지 않으면 목회 사역은 전혀 가치가 없다**고 전제한다. 하늘나라가 없다면, 교회 따위는 잊어버리고 비디오 게임이나 하러 가자.

바울은 이처럼 바울서신 전체에서 하늘을 강조한다. 바울은 인생의 마지막을 앞두고 이런 글을 남긴다. "나는 선한 싸움을 싸우고 나의 달려갈 길을 마치고 믿음을 지켰으니 이제 후로는 나를 위하여 의의 면류관이 예비되었으므로 주 곧 의로우신 재판장이 그날에 내게 주실 것이며 내게

만 아니라 주의 나타나심을 사모하는 모든 자에게도니라"(딤후 4:7-8). 때로 그리스도인들은 하늘의 보상을 바라고 일하는 것은 잘못이거나 이기적이라고 본다. 그러나 존 파이퍼(John Piper)는 하늘에서 하나님 안에서 누릴 행복을 위해 수고하는 것은 허용할 만한 일 정도가 아니라 필수라는 사실을 보여준다.[6] 언젠가 하늘에서 그리스도의 얼굴을 본다는 생각으로 그리스도 안에서 기뻐하고 즐거워한다고 해서, 우리 영향력이 줄어들지도 않고 우리가 이기적인 사람이 되는 것도 아니다. 오히려 그 반대다. C. S. 루이스(Lewis)의 표현을 빌리면, "하늘나라를 목표로 하면, '그에 포함된' 땅을 얻을 것이다. 땅을 목표로 하면, 둘 다 얻지 못할 것이다."[7]

마르틴 루터는 이 진리를 자기 삶에 어떻게 적용했는지에 대해 솔직하고 유익한 말을 남겼다.

이곳 소작인과 주민, 귀족들에게 너무 화가 나고 짜증이 난 나머지 다시는 그들에게 설교하고 싶지 않을 때가 종종 있습니다. 그들의 삶이 어찌나 추잡한지 누구라도 넌더리가 날 정도입니다. 게다가 마귀는 안팎에서 나를 끊임없이 괴롭히니, 이런 말이 입 밖으로 튀어나오기 직전입니다. "누가 내 대신 설교 좀 하시오." 세상 돌아가는 대로 그냥 내버려 두려 합니다. 세상의 미움과 시기, 마귀가 만들어 내는 온갖 문제밖에는 내가 얻을 것이 없기 때문이다. 사람들은 반란을 일으키고, 인간 본성은 낙담하고 강퍅해집니다. 그런 상황에서는 하나님의 말씀에서 조언을 찾을 수밖에 없습니다……. "나로 말미암아 너희를 욕하고 박해하고 거짓으로 너희를 거슬러 모든 악한 말을 할 때에는 너희에게 복이 있나니 기뻐하고 즐거워하라. 하늘에서 너희의 상이 큼이라. 너희 전에 있던 선지자들도

이같이 박해하였느니라"(마 5:11-12). 나는 이 말씀만 꼭 붙듭니다.[8]

미래를 바라보며 부활의 능력 가운데 복음으로 동기 부여를 받을 때에만, 남들이 다 떠나는 힘든 시기에도 사역을 지속할 수 있다.

결단력 있는 사람이 되려면

좀 더 실제적으로 말하면, 장기적으로 사역을 유지하기 위해서는 다음과 같은 것들이 필요하다.

현실을 직면하라
수많은 목회자들이 동화 같은 세상에 살고 있다. 냉혹한 현실, 곧 사역 속으로 뛰어들기를 거부하고 대신에 안전한 플라스틱 세상을 택한다. 그곳에서는 힘겨운 대화, 철저한 결단이 필요 없다. 댄 알렌더(Dan Allender)는 이렇게 지적했다.

> 리더들은 매일 선택을 하면서 살지만, 그들의 어깨 위에 지워진 무거운 짐은 바로 결정을 해야 한다는 사실이다. 쉬운 결정은 없다. 뭔가를 결정한다는 것은 죽음을 요구한다. 딱 한 가지를 결정한다는 것은 다른 수천 가지 대안에 대해 죽는 것이요 엄청나게 많은 가능성을 포기하는 것이다. '결정하다'(de-cide), '살인하다'(homo-cide), '자살하다'(sui-cide), '존속 살해'(parti-cide) 같은 단어처럼 말이다. decide라는 단어가 파생된 어근 decidere는 '잘라 내다'라는 뜻이다. 단 하나의 길을 선택함으로써 우리는

거의 무한대의 대안으로부터 단절되고 분리된다. 그리고 우리가 어떤 결정을 내리든 그 결정을 좋아하는 사람과 싫어하는 사람이 있게 마련이다.[9]

많은 목회자들이 전선에서 가능한 한 멀찍이 떨어진 비현실 세계에서 살면서 일주일에 고작 몇 시간씩 리얼리티 TV 프로그램이나 시청할 뿐이다. 냉혹한 현실에 정면으로 맞서 하나님을 영예롭게 하는 방식으로 현실을 다루려면 대단한 용기가 필요하다. 수동적인 직원들에게는 동기 부여가 필요하다. 몸을 사리는 장로들과 집사들은 현실을 직면해야 한다. 분열된 교인들을 꾸짖어야 한다. 이런 일을 즐길 사람은 아무도 없지만(만약 그런 사람이 있다면, 분명 목회자는 아닐 것이다!), 오랫동안 건강한 교회를 유지하려면 꼭 필요한 일이다. 우리가 수동성, 게으름, 죄가 곪아 터지도록 방치한다면, 머지않아 우리는 우리가 목회하는 교회를 경멸하게 될 것이다.

시간을 지혜롭게 사용하라

"세월을 아끼라. 때가 악하니라"(엡 5:16). "아끼라"는 말은 '구속'을 뜻하는 그리스어에서 나왔다. 그 말을 직역하면 '시간을 되사라'는 뜻이다. 시간을 어떻게 살 수 있는가? 시간을 되살 수 있는 유일한 방법은 지혜로운 선택밖에 없다. 사역에서는 이것이 곧 시간을 낭비하지 않겠다는 헌신을 뜻한다. 18세기 위대한 목회자요 신학자인 조나단 에드워즈는 사역을 앞둔 각오를 밝히면서 하나님 앞에 여러 가지를 결심했다. 그의 다섯 번째 결심은 현명한 시간 사용과 관련이 있다. "절대로 한 순간도 낭비하지 않고 최대한 유익하게 활용하자."[10]

결단력 있는 사람은 시간을 진지하게 생각하고 시간 사용을 철저하게 계획한다. 그렇다고 해서 쉬지 않고 일만 한다는 뜻은 아니다. 오히려 정반대다! 언제 어떻게 휴식을 취할지 치밀하게 계획해야 한다. 예를 들어, 목회자라면 매일 밤 몇 시간씩 텔레비전을 보거나 인터넷 서핑을 하는 것이 시간을 아끼는 행동은 아닐 것이다. 그런 행동이 잠깐 동안은 휴식처럼 느껴질지 몰라도, 하나님과 사람들을 섬겨야 할 에너지와 능력을 모조리 앗아 가는 경우가 많다. 목회자들이 시간을 아낀다고 하면, 주중에 불필요한 시간 사용을 줄이려고 애쓰고, 이메일에 효과적으로 답하는 체계를 만들고, 사전에 주간 일정과 우선순위를 충분히 생각하는 것 등을 말할 것이다. 이와 같은 에드워즈식 훈련은 장기간에 걸쳐 사역에 막대한 힘과 활력을 가져다줄 것이다.

육신의 건강을 잘 돌보라

에드워즈의 스무 번째 결심은 "먹고 마시는 것은 엄격하게 절제하며 살자"였다.[11] 결단력 있는 사람은 몸도 건강하다. 내 말은 모든 목회자가 잡지 표지 모델처럼 생겨야 한다는 뜻이 아니다. 하지만 적당한 몸매를 유지해야 하는 것은 맞다. 왜 그런가? 날렵한 몸을 유지할수록 하나님이 당신에게 원하시는 일을 할 수 있는 에너지가 더 많아지기 때문이다. 하나님이 우리를 육신을 지닌 존재로 만드셨기에, 우리가 몸을 소홀히 하면 영적·정서적 생활에도 영향을 받을 수밖에 없다. 결단력 있는 사람들은 식습관과 운동에도 유의한다. 그것이 그들의 사역과 사역 기간에 지대한 영향을 미칠 수 있다는 사실을 잘 알기 때문이다.

현명한 조언에 귀를 기울이라

잠언 11:14은 "지략이 없으면 백성이 망하여도 지략이 많으면 평안을 누리느니라"고 말하고, 잠언 24:6은 "너는 전략으로 싸우라. 승리는 지략이 많음에 있느니라"고 덧붙인다. 또 잠언 12:15은 "미련한 자는 자기 행위를 바른 줄로 여기나 지혜로운 자는 권고를 듣느니라" 하고, 잠언 15:22은 "의논이 없으면 경영이 무너지고 지략이 많으면 경영이 성립하느니라"고 했다. 사역을 장기간 유지하기 위해서는 주변에 좋은 사람들을 두어야 한다. 당신을 위해 일하지 않고, 당신의 승인이 필요 없으며, 당신을 우상화하지 않으면서도, 사랑 안에서 진실을 말해 줄 사람들 말이다. 이런 조언자가 없는 목회자들이 많은데, 끝까지 살아남으려면 이 점은 필수다. 다른 사람들의 의견과 조언이 필요 없다고 생각하는 교만은 피해야 한다.

안식일에 휴식하라

안식일 휴식 역시 수많은 목회자들이 가볍게 여기는 성경 원칙이다. 오늘날의 그리스도인들이 구약 시대 이스라엘 백성과 똑같이 제4계명을 지킬 필요는 없지만, 최소한 이 원칙에서 우리가 배울 점이 많다. 주일에 일하는 목회자들은 일주일에 이레를 일하는 경우가 많은데, 이것이 화를 불러온다. 사람은 누구나 정기적으로 휴식하며 회복하는 시간이 꼭 필요하다.[12] 이런 질문을 하는 것이 도움이 될 것이다. 이제 막 사역을 시작하려는 후배 목회자에게 나의 생활방식을 권하는 데 거리낌이 없는가? 마르틴 루터는 "영혼을 보살피는 사람은 그 어떤 보살핌도 받을 자격이 있다"고 했다.[13] 당신은 자기 자신을 잘 돌보고 있는가?

가족과 함께하는 시간을 가지라

(결혼한 사람이라면) 아내와 자녀들은, 당신이 사역을 우상화하지 않도록 하나님이 주신 거룩한 방해물이다.

챈 킬고어(Chan Kilgore)의 다음 이야기는 하나님이 극적으로 개입하신 덕분에 가정에 다시 관심과 애정을 쏟게 된 어느 목회자의 사연이다.[14]

크로스포인트교회(Crosspointe Church) 개척을 준비하는 중에 하나님은 나의 잘못된 사역 습관과 가정에 대한 소홀함을 회개할 수 있는 결정적인 순간을 허락하셨다.

교회 개척을 위해 아내(그 당시 셋째 아이를 임신중이었다)와 두 딸까지 올랜도로 이사 온 지 얼마 되지 않아, 이제 막 시작한 핵심 그룹과 함께 중요한 회의를 열었다. 주일 저녁이었다. 그날 나는 크로스포인트교회를 규정할 복음의 핵심 가치를 열성적으로 설명하고 있었다.

이야기를 시작한 지 30분쯤 지났을 때 아내가 핵심 그룹 가운데 앉아 있는 모습이 보였다. 아내의 안색이 몹시 좋지 않았다. 갑작스런 통증으로 고통스러워하는 기색이 역력해서, 아내 쪽으로 자꾸 시선이 갔다. 내가 말하는 내용보다 아내에게 더 신경을 쓰느라 복음 선포는 점점 뒷전이 되었다.

여기서 내 아내에 대해 이야기해 둘 것이 있다. 아내는 매우 경건한 사람이어서 평소에 불평 한마디 하지 않았다. 하나님이 나를 통해 하시는 일을 '절대로 방해하지 않는 것'이야말로 나를 내조하는 최선의 방법이라고 입버릇처럼 말하던 아내였다. 회의 도중에 아내를 보았는데, 성령께서 아내 대신 내게 이렇게 똑똑히 말씀하셨다. "아내를 데리고 집으로

가라.…… 지금 당장!" 마치 자기 사정을 알리겠다고 복음 선포를 방해하고 싶지 않았던 아내 대신 성령께서 말씀하시는 것 같았다.

나는 망설였다. 마음속으로 성령께 이렇게 대답했다. "하지만 이 회의는 아주 중요한데요." 전능하신 하나님께 이보다 더 바보 같은 반응이 또 있을까. 곧바로 하나님의 대답이 들려왔다. "무엇보다 더 중요하다는 말이냐?"

나는 계속 머뭇거리다가, 잠시 후 갑자기 하던 말을 뚝 끊었다. 하나님이 개입하셨다. 나는 아내의 몸이 불편해서 집에 가야겠다고 거기 모인 사람들에게 고백했다. 바로 그 순간, 하나님이 내게 확실한 깨달음을 주셨다. 내가 하는 사역이 우상이 되어 아내를 소홀히 했던 것이다. 나는 그 순간을 기회 삼아, 내가 성도들을 목회하려면 먼저 우리 가정을 잘 돌봐야 하지 않겠느냐고 이야기했다.

그리고 나서 함께 교회를 개척할 다른 목사에게 모임을 넘겨주고 나는 아내를 데리고 집으로 갔다. 집으로 가는 길에 아내는 하나님이 자기 심정을 대변해 주셨다면서 감사의 눈물을 흘렸다.

내가 하고 싶은 말은, 목회자들이 자신의 영적·신체적·관계적·정서적 필요에 늘 주의해야 한다는 것이다. 목회자들은 스스로를 전인(全人)으로 보지 못하는 경향이 있다. 영적 생활에만 집중하고 가족은 나 몰라라 하는 목회자들이 있는가 하면, 가정생활은 잘 꾸리면서도 그들의 신체 건강은 돌보지 않는 목회자들도 있다. 우리에게는 전 존재의 건강을 지향하는, 온전하고 실제적이고 신학적으로 동기 부여된, 단호한 태도가 필요하다.[15]

질문들

모든 목회자가 면밀하게 고려해야 할 실제적인 질문 몇 가지로 이 장을 마무리하려 한다.

1. 나는 교회 내에서 발생한 문제들을 직접적으로 대담하게 언급하고 있는가, 아니면 문제와 역기능들이 더 심해지도록 방치하고 있는가?
2. 하나님이 내게 주신 시간을 지혜롭게 사용하고 있는가? 사역의 효율성을 높이기 위해 일정표에서 없애야 할 나쁜 취미나 습관은 없는가?
3. 내 몸을 어떻게 돌볼 것인지를 진지하게 고민하는가? 건전한 수면 습관과 식습관을 갖고 있는가? 안식일에 잘 쉬고 있는가?
4. 주님 앞에서 새롭게 해야 할 삶의 영역은 없는가?
5. 내가 장기간 사역을 유지할 수 있도록 선한 영향력을 미치는 사람들이 주변에 있는가? 어려운 일이 생기면 찾아갈 수 있는 현명한 조언자와 동성 친구들이 있는가? 경건한 결혼 생활과 가정생활을 유지하고 있는가?
6. 다른 사람들에게 설교하는 복음을 나 자신에게도 적용하고 있는가? 나는 하나님이 반대편이 아니라 내 편이시라는 사실을 믿는가?
7. 낙심할 때 누구를 찾아가는가? 그리스도께서 내 소망과 활력의 근원이신가?
8. 나는 성령의 능력을 알아 가고 있는가? 내 힘으로는 불가능한 일을 하나님은 하실 수 있다고 신뢰하는가?

이와 같은 결단력 훈련은 성령을 온전히 의지할 때만이 가능하다(엡 5:18). 결단력 있는 사람은 자기 의지를 발휘하는 사람이 아니라 성령의 능력을 의지하는 사람이다. 이번 장을 마무리하면서 잠시 시간을 내어 기도하라. 하나님이 주신 소명을 감당할 때 힘과 격려를 달라고 성령께 간구하라.

이 책의 제1부에서는 하나님 나라와 그분의 백성에게 온전히 삶을 바침으로 하나님께 영광을 돌리는 사람이 어떤 사람인지를 다각도로 살펴보았다. 목회자와 교회 리더의 주요한 자격 요건은, 구원의 필요성을 깨닫고 그리스도의 사역에 의지하여 구원을 받는 것이다. 그는 하나님의 교회를 섬기는 특별한 부담과 도전을 소명으로 받은 사람이어야 한다. 지역 교회 최고의 직분을 감당하려는 사람들에게 성경은 어떤 기준을 요구하는지도 살펴보았다. 교회와 목회자를 가장 잘 섬길 수 있는 기술도 살펴보았다. 마지막으로, 목회자에게 맡겨진 사람들에게 좋은 목자가 된다는 것이 무슨 뜻인지, 하나님을 기쁘시게 하고 그분의 백성을 향한 하나님의 사랑을 반영하는 삶을 살 때 필요한 결단력도 살펴보았다. 이런 요소를 한데 결합하면, 예수님의 메시지를 이 세상에 전하기에 적합한 사람이 탄생한다. 이제 그 메시지를 살펴볼 차례다.

제2부

메시지

당신이 기독교를 **진리**로 생각한다는 단순한 이유만으로 기독교를 전파하고 있다는 것을 오늘날의 청중이 깨닫기란 매우 어려운 일이다. 청중은 당신이 기독교를 선호하거나 기독교가 사회에 유익하기에, 혹은 그와 비슷한 이유로 기독교를 전파한다고 늘 가정하기 마련이다.
_C. S. 루이스[1]

그즈음에 현자(그를 사람이라고 부르는 것이 적절하다면) 예수가 있었다. 그는 놀라운 일들을 행했으며, 기쁨으로 진리를 받는 대단한 선생이었다. 그는 유대인이나 이방인 할 것 없이 수많은 사람들을 끌어모았다. 그는 (바로 그) 그리스도였다. 우리 가운데 있는 주요 인물들의 제안으로 빌라도가 그를 십자가형에 처했을 때, 처음에 그를 사랑했던 사람들은 그를 잃어버린 것이 아니었다. 그가 사흘 뒤에 다시 살아나 그들에게 나타났기 때문이다. 하나님의 선지자들은 그 사실과 함께 예수와 관련된 수많은 다른 기적을 예언했다. 그의 이름을 따라 그리스도인이라 불리우는 종족은 오늘날까지 그 명맥을 유지하고 있다.
_요세푸스(Josephus, 1세기 유대 역사학자)[2]

8장 역사적 메시지

복음은 역사적 사건에 기초한 실화다. 복음은 창조 세계를 구원하고자 망가지고 죄로 가득한 세상에 인간으로 오신 창조자-구속자를 이야기한다. 이 창조자-구속자는 냄새 나고 더러운 구유에 누운 핏덩어리 아기의 모습으로 이 세상에 오셨다. 아기는 건초더미와 동물의 배설물 냄새가 가득한 마구간에서 울음을 터뜨렸다. 인간 역사에서 가장 위대한 역설이었다. 영이신 하나님이 육신으로 오셨다. 무한한 능력의 소유자가 약함과 배고픔, 고통을 느끼게 되셨다. 머나먼 하늘에 계시던 하나님이 **지금 이곳** 땅의 주님으로 오셨다. 하나님은 그분의 백성을 향한 사랑의 이론을 피와 살과 뼈로 두르셨다.

사실들

신인(神人)이신 예수님은 성장하여 이 땅의 부모에게 온전히 순종하셨다.

그분은 아버지와 함께 목수 일을 하셨다. 강한 이두박근과 그보다 더 강한 노동 윤리로 무장한 채 작열하는 태양 아래서 육체노동을 하셨을 것이다.³ 그리고 서른 즈음에 세례를 받으시고 공생애 사역을 시작하셨다. 세례를 받으실 때 성부 하나님께서 그분의 아들 됨을 확증해 주셨고, 성령께서 하나님의 위대한 소명을 성취하실 수 있도록 능력을 부어 주셨다. 예수님은 병든 자를 고치고, 귀신을 몰아내고, 복음을 선포하고, 위선자들을 책망하고, 혁명을 시작하셨다. 성경은 예수님이 온전한 인간이셨다고 말한다. 그래서 그분은 인간이 겪는 모든 시험과 유혹을 당하셨다(히 2:17-18). 1세기 팔레스타인에 살던 다른 사람들과 똑같이 그분도 유혹과 외로움, 실망감, 괴로움, 고통을 경험하셨다. 하지만 그 모든 고통과 유혹 가운데서도 결코 죄를 짓지 않으셨다. 그분은 완벽한 삶을 사시면서 사역하셨다.

그분의 완벽한 윤리와 기적에도 불구하고, 당대의 종교 지도자와 정치 지도자들은 예수님을 인정하려 들지 않았다. 점잖게 표현한 것이 이 정도다. 유대 지도자들은 그분을 거짓으로 고소했다. 예수님은 가장 친한 친구들에게서 배신당하고 로마 군병들에게 체포되셨다. 제자들은 그분을 두고 도망갔고, 헤롯은 그분에게 모욕을 주었으며, 본디오 빌라도는 그분에게 십자가형을 언도했다(마 26:47-27:56, 막 15:1-41, 눅 23:1-56). 존 스토트(John Stott)는 예수님의 십자가형을 이렇게 묘사한다.

만약 오직 복음서에만 의존한다면, 우리는 거기서 일어난 사건을 알지 못했을 것이다. 하지만 그 시대의 다른 문헌들은 십자가형이 어떤 것이었는지 우리에게 이야기해 준다. 죄인은 발가벗겨져서 공개적인 수치를

당한다. 그러고 나서 죄수의 등이 땅으로 향하도록 눕히는데, 이때 그의 손은 수평 나무 기둥에 못으로 박혀서 고정되거나 줄로 묶이며, 그의 발은 수직 나무 기둥에 동일한 방식으로 고정된다. 그후에 십자가를 곧추세워 땅에 파 놓은 구덩이 속에 꽂는다. 대개의 경우, 작은 말뚝이나 받침대로 죄수의 몸을 떠받쳐서, 몸이 찢겨 떨어지는 것을 방지한다. 죄수는 거기에 매달려서 엄청난 육체적 고통, 대중의 비웃음, 낮의 열기와 밤의 냉기를 절망적으로 겪게 된다. 그 고통은 며칠 동안 계속되곤 했다.[4]

이 끔찍한 사건은 하나님의 예정과 인간의 사악한 행위가 결합한 결과였다. 역사 가운데 일어난 사건이지만, 하나님의 영원하신 경륜이 드러난 사건이기도 했다. 베드로는 오순절 설교에서 이 두 가지를 한꺼번에 강조하면서 유대인 청중에게 이렇게 선포했다. "이스라엘 사람들아, 이 말을 들으라. 너희도 아는 바와 같이 하나님께서 나사렛 예수로 큰 권능과 기사와 표적을 너희 가운데서 베푸사 너희 앞에서 그를 증언하셨느니라. 그가 하나님께서 정하신 뜻과 미리 아신 대로 내준 바 되었거늘 너희가 법 없는 자들의 손을 빌려 못 박아 죽였으나"(행 2:22-23).[5] 기독교는 **역사적인 종교**다. 초기와 현대 기독교 이단들의 비교(秘敎)와 현실 도피에 맞서, 신약성경은 예수님이 실제로 이 땅에 사시고 죽으셨다가 부활하셨다고 주장한다.[6]

이머징 교회 지도자의 한 사람인 스펜서 버크(Spencer Burke)와 점심 식사를 같이 한 적이 있다. 캘리포니아에서 대형교회를 목회한 경험이 있는 그는 교회의 조직은 물론 교회의 신학에까지 의문을 품기 시작했다. 그는 '더우즈'(*TheOoze*)라는 온라인 잡지를 창간하여 이머징 교회 초기

역사적 메시지

지지자들을 규합하고 격려했다. 저니교회 개척을 준비하는 동안 교회와 문화와 관련된 나의 의문들을 해결하는 데 큰 도움을 주었던 사람을 만나게 되어 무척 기뻤다. 여기서 공개적으로 밝히자면, 스펜서 버크는 내가 만난 사람 중에 최고로 유쾌한 사람으로, 나는 그를 진정한 친구로 생각한다.

스펜서는 최근 「영원을 여행하는 이단자를 위한 안내서」(*A Heretic's Guide to Eternity*)라는 책을 냈는데, 아직 그 책을 읽어 보지 못했던 나는 점심식사를 같이 하면서 간단히 책 소개를 받을 요량이었다.[7] 그런데 그가 책 이야기를 꺼내자마자, 나는 그만 입맛이 뚝 떨어졌다. 구구절절 자세한 사연을 다 이야기할 수는 없지만, 스펜서는 두 목사를 앞에 두고 이런 말을 내뱉었다. "예수님이 육체로 오셨는지 아닌지는 별로 중요하지 않습니다. 그분의 사상이 중요할 따름이지요." 그 순간, 내 마음속에는 여러 가지 감정과 생각과 성경 구절, 심지어 목을 조르는 격투기 기술까지 스쳐 지나갔다. 나는 그의 말을 재차 확인했다. 그가 실수로 그 말을 내뱉었거나 내가 그의 억센 남부 사투리를 잘못 알아들었기를 바라면서 말이다. 하지만 역사적 예수의 필요성을 그에게 확인하려 할수록, 그가 자기 책의 제목을 구체적으로 실현하는 쪽으로 이미 기울었다는 사실이 점점 더 분명해졌다. 신약성경에서 말씀한 대로다.[8] 나는 스펜서와 그 동료들이 이런 입장이 얼마나 위험한지를 깨닫고, 역사적·정통 기독교 신앙으로 되돌아오기를 진심으로 바란다. 우리는 "예수 그리스도께서 육체로 오신 것을" 믿는다(요일 4:2).

신약성경은 영원하신 하나님이 역사 속으로 들어와 행동하셨다고 주장한다. 하나님이 역사 가운데 행동하셨다. 영원이 시간 속으로 들어왔다.

무한하신 분이 유한하신 분이 되셨다. 우주를 창조하고 만물을 섭리하시는 분이 육신을 입고 이 땅에 태어나셨다.[9] 이런 역사적 사건들이 복음 이야기의 근본을 이룬다. 그레엄 골즈워디(Graeme Goldsworthy)가 다음과 같이 한 말은 결코 과장이 아니다. "예수 그리스도의 복음은 인류에게 하나님의 마음을 분명히 밝혀 주는 계시이자, 인간 역사를 밝혀 주는 사실이다. 예수님의 인격과 사역은 우리에게 현실을 이해하는 유일한 초점을 제공해 준다."[10]

바울은 고린도전서 15:3-6에서 십자가 사건을 역사에 근거한 사건으로 못 박는다. 예수님은 성경이 말씀한 대로 죽으시고 장사 지낸 바 되셨다.[11] 그는 계속해서 예수님이 "사흘 만에 다시 살아나사"라고 말한다. 여기서 바울은 단순한 영의 부활이 아니라 육체의 부활을 이야기하고 있다. 그는 계속해서 말하기를, 5백 명이나 되는 사람들이 부활하신 그리스도를 보았다고 한다. 고린도전서는 '팍스 로마나'(*Pax Romana*)[12] 시기의 공문서였고, 당시 사람들은 이 부활의 증인들을 실제로 만날 수 있었다. 그렇다면 바울은 1세기 회의주의자들에게 감히 부활을 입증하고 있는 셈이었다. 부활은 역사에 실제로 일어난 일이며, 그것을 목격한 사람들이 아직도 살아 있다고 말이다. 다시 말해, 부활의 타당성을 부인하려는 사람이 있다면, 죽음에서 일어난 사람을 목격한 사람들이 5백 명이라는 사실을 어떻게든 해결해야 할 것이다.

선포

복음 메시지는 역사에 뿌리를 두고 있지만, 그 메시지의 본질은 과연 무엇인가? '유앙겔리온'(*evangelion*, 복음) 또는 '유앙겔리조마이'(*evangelizdomai*, 복음을 선포하다)라는 단어는 신약성경에 매우 자주 등장한다. "복음이라는 용어는 신약성경 기자들에게 암호 같은 것인데, 초기 그리스도인들이 기독교 신앙을 기본적으로 어떻게 생각했는지를 요약해 주는 내용을 담고 있다."[13] 그리스어 '유앙겔리온'은 1세기에 만연한 수많은 종교사상 가운데서 기독교 메시지를 구별해 주었다. '천사'는 천상의 '유앙겔'(*evangel*), 전령 또는 메신저로서 역사에서 벌어진 실제 사건, 곧 그 메시지의 청중에게 구체적이고 직접적이며 극적인 의미를 담고 있는 사건들의 소식을 전해 주었다.

그리스 문학에서 가장 흔히 볼 수 있는 예로는, 새 왕의 즉위나 중요한 전쟁의 승전보를 전해 주는 '유앙겔'이 있다. 그리스도인들은 '깨달음'(*photismon*), '지식'(*gnosis*) 같은 그리스 종교 용어나 '교훈'이나 '가르침'(*borot*), '지혜'(*bokmab*) 같은 유대교 용어를 배제하고, '유앙겔리온'이라는 단어를 골라 자기 신앙의 핵심을 표현했다.[14] 물론 기독교 메시지를 소개하면서 위의 단어들도 사용하지만, 신약성경에서 단연 압도적으로 쓰이는 단어는 '유앙겔리온'이다. 성령께서 신약성경 기자들에게 영감을 주셔서, 개인의 무아지경 체험 이상을 의미하는 단어를 사용하게 하신 듯하다. 그런 것을 체험한 사람에게만 복음을 제한하지 않도록 말이다. '유앙겔리온'은 한 개인의 주관적인 체험은 물론, 하나님이 역사에서 객관적으로 하신 일을 선포하는 것이다. 그런 의미에서, 복음은 근본적으로 선포라고 할 수 있다. 복음은 하나님이 어떤 분이시며 무슨 일을 하실 수 있는지만 선포하는 것이 아니라, 하나님이 **역사에서 이미** 하신 일을 선포한다. 복음은 우리가 어떻게 하면 하나님께 이를 수 있는지를 알려 주는 친절한 조언이 아니라, 하나님이 우리에게 오시기 위해 **이미** 하신 일을 선언하는 것이다. 복음은 세상만사를 변화시킨 역사적 사건을 알리는 좋은 소식이다!

이 선언에는 반응이 뒤따른다. 예수님이 역사 가운데 오셨기에 복음은 온 우주에 적용된다. 그리스도는 길이요 진리요 생명이며, 인간이 용서받고 구원받을 수 있는 유일한 수단이다.[15] 복음은 말 그대로 시대와 장소를 불문하고 모든 인류를 위한 좋은 소식이다. 복음은 "기독교 신앙을 특정한 소수의 지식이나 통찰력으로 정의하지 않고, 모든 사람, 곧 전 세계에 의미 있는 소식으로 정의한다."[16] 팀 켈러가 쓴 것처럼, "복음은 하나님께 도달하는 방법을 알려 주는 조언이 아니라, 하나님이 우리를 구원하시려고 역사 가운데 행하신 일을 알려 주는 소식이다. 복음은 역사에 드러난 예수님의 삶과 죽음과 부활이 우리의 구원을 성취하셨음을 알려 주는 소식이다. 우리가 복음을 쟁취하는 것이 아니라, 우리에게 주시는 복음을 그저 받을 뿐이다. 예수님은 좋은 소식을 전해 주시는 분일 뿐 아니라, 그분이 곧 좋은 소식이다."[17]

어떻게 해야 이 메시지에 제대로 반응하는 것일까? 이 메시지를 곰곰이 생각하거나 그에 대해 토론하거나 대화하는 것으로는 부족하다. 복음은 하나님이 역사 가운데 하신 일을 계시한 것이기에, 반신반의나 추측이 아니라 온전한 믿음으로 반응해야 한다. 복음이 단순히 개인의 체험이 아니라 하나님이 역사에서 하신 일을 공적으로 선포한 것임을 깨달을 때, 우리는 예수님이 구주요 주님이심을 믿는 믿음으로 반응할 수 있다.[18] 복음은 전혀 다른 종류의 메시지이기에 전혀 다른 종류의 반응을 요구한다. 복음은 단순한 의사소통이라기보다는 오히려 부르심에 가깝다. 하나님은 복음을 통해 우리를 부르시며, 우리의 반응을 요구하신다.

불타는 역사

복음은 이 세상에서 가장 아름다운 이야기이다. 세상의 다른 이야기들이 아름다운 까닭은(우리가 구원이라는 주제를 담은 영화와 소설, 전기를 좋아하는 이유는) 그 이야기들에 복음 이야기가 드러나기 때문이다. 좋은 이야기들은 하나같이 복음의 기본 줄거리를 따른다. 선과 악이 싸우고 선이 악에 승리를 거둔다. 갈등 후에 화해한다. 구원, 희생, 배신, 사랑, 고통, 승리. 작가들은 복음 이야기를 스크린으로 끌어와서 수십억의 돈을 벌어들였다. 잠시만 생각해 보라. 복음 이야기를 그대로 가져다 쓴 영화가 어디한두 편이던가. 거기에는 다 그만한 이유가 있다. 구원 이야기는 우리보다 더 큰 이야기로 우리를 초청하고 도전하여, 인간의 마음을 사로잡는다. 이 이야기는 곧바로 영화로 만들어도 손색이 없고 신화와도 비슷하다. 아름다운 복음 이야기에 매료되어 무신론에서 기독교로 개종한 루이스는 복음을 '진정한 신화'라고 불렀다.[19]

복음을 뜻하는 단어 '가스펠'(gospel)이 고대 영어 '갓스펠'(godspell)에서 파생되었다는 점이 이목을 끈다. '갓스펠'은 '굿'(good)과 '스펠'(spell)의 합성어다. 옛날에는, 재미있는 이야기를 들었다는 것은 곧 이야기를 들려주는 사람이 풀어 놓은 마력에 빠졌다는 것을 의미했다. 복음 이야기도 이야기를 듣는 사람들에게 비슷한 작용을 하는데, 하나님이야말로 최고의 이야기꾼이자 마법사라고 할 수 있기 때문이다. 이처럼 복음은 냉랭하고 건조한 역사적 사실들만이 아니라, 하나님이 인간에게 반복해서 하시는 말씀이다.[20] 복음은 불타는 역사다. 복음은 역사적 사건에 확고히 뿌리를 두고 있으면서도, 성경 전체가 그렇듯 살아 있고 활력이 있어 인간의 뼛속까지 찔러 쪼갠다.[21]

복음은 불타는 역사라는 역설을 많은 사람들이 잘 다루지 못했다. 복음은 객관적이면서도 주관적이고 역사적이면서도 체험적이다. 복음은 과거 역사에 일어난 사건이지만, 지금도 날마다 온 세상에 계속해서 영향을 미치고 있다. 부활이 실제 사건이고, 예수님이 지금도 살아 계시기 때문이다. 기독교는 객관적인 종교이기에, 주관적이고 개인적이기만 한 종교들과 동류로 취급되기를 거부한다. 그런 종교들은 종교적 체험을 주관적인 것으로만 제한하여, 종교적 메시지의 보편적 적용을 약화시킨다. 그 결과, 모든 것을 순전히 개인적이고 상대적인 것으로 만들어 버린다. 하지만 복음은 현재에 아무런 영향을 미치지 못하는, 순전히 객관적이고 초연한 역사적 사건으로 남는 것도 거부한다. 복음 메시지는 객관적이고 인간의 체험 바깥에 존재하지만 동시에 주관적이기도 하다. 하나님이 스스로를 계시하셔서 우리가 복음의 실재를 체험하게 하심으로 그분을 인격적으로 알 수 있게 하셨기 때문이다.[22]

많은 사상가들이 기독교의 역사성을 놓고 엇갈리는 태도를 보였다. 예를 들어, 계몽주의 사상가들은 역사 세계와 신앙 세계 사이에서 의견이 갈렸다. 독일의 철학자 임마누엘 칸트(Immanuel Kant)는 우리가 관찰하는 세계(*phenomena*)와 세계 그 자체(*noumena*)를 구별하여 그 사이에 큰 간극을 만들었는데, 후대 사상가들은 그 벌어진 틈을 전혀 좁히지 못했다. 철학자이며 작가인 고트홀트 레싱(Gotthold Lessing)은 역사와 과학 사이에는 거대하고 지저분한 배수로가 놓여 있어서, 우연한 역사적 진리로는 필

연적인 이성의 진리를 절대 증명할 수 없다고 했다.[23]

계몽주의 이전에도 이미 초기 기독교 이단들은 예수님이 육체를 지닌 온전한 인간이라는 사실을 부인했다. 가현설은 물질은 악하다고 주장하는 세계관에 근거했다. 그렇기 때문에 온전히 거룩하신 하나님이 진짜 육신을 입고 변화에 굴복하며 세상의 영향을 받으시는 일은 불가능하다는 것이다. 그 결과, 가현설은 그리스도께서 인간의 몸을 가지신 것처럼 보일 뿐 실제로는 영이셨다고 주장했다. 아폴리나리우스주의(Appollinarianism)는 그리스도께서는 완벽한 인간 본성이 없으셨다고 주장했다. 인간의 육신은 갖고 계셨지만, 인간의 영혼이나 의지는 없으셨다는 것이다. 예수님의 신성이 그 존재의 여러 측면을 장악했기에 그분의 경험은 완벽한 인간의 경험과는 거리가 멀었다는 것이다. 이런 이단들(초대교회 공의회로부터 정죄를 받았다[24])과 다양한 형태의 영지주의들은, 물질이 악하다고 주장하며 복음의 역사성을 무력화하는 비성경적 관점 때문에 문제가 되었다.

그러나 우리는 기독교의 역사성과 예수님이 온전한 인간으로 오셨다는 사실을 잘 변호해야 한다. 역사에 뿌리내리지 않은 기독교는 더 이상 기독교가 아니기 때문이다. 하나님이 정말로 역사에서 행동하셨다면, 그것은 온 세상을 변화시키기에 충분하다. 영원하신 하나님, 모든 것의 이유요 궁극의 진리와 선이신 그분이 정말로 인간 세상으로 들어오셨다면, 우리는 그 사건의 관점에서 모든 것을 재고해야 마땅하다. 레슬리 뉴비긴(Lesslie Newbigin)은 이렇게 말했다. "선의 이데아(the Idea of the Good)가 실제로 이 공간에 들어와 말씀하신다면, 우리는 예전에 하던 토론을 그치고 귀 기울여 들어야 한다."[25]

이제 복음이 예수님의 완벽한 삶과 희생적인 죽음을 통해 우리 구원의 성취를 어떻게 드러내는지 '들어야' 할 차례다.

예수께서 당신이 살아야 할 삶을 대신 살아 주시고, 당신이 죽어야 할 죽음을 대신 죽어 주셨다는 것이 복음이다. 그래서 하나님은 당신의 전력(前歷)과 동기가 아니라, 예수의 전력과 동기를 보고 당신을 받아 주실 수 있다. _팀 켈러[1]

죄의 본질은 자기 자신으로 하나님을 대신한 인간에게 있으며, 구원의 본질은 인간을 위해 인간을 대신하신 하나님께 있다. 인간은 하나님께 대항하여 자기를 주장하면서, 오직 하나님께만 해당하는 자리에 자기를 올려놓는다. 그런데 하나님은 인간을 위하여 자신을 희생하시고, 오직 인간이 있어야 할 자리에 자신을 두신다. 인간은 오직 하나님께만 속한 특권을 주장하고, 하나님은 오직 인간에게만 속한 형벌을 받으신다.
_존 스토트[2]

피상적으로 보면 용서보다 더 간단한 것이 없지만, 만약 우리가 깊이 들여다보면, 그것보다 더 신비스럽고 어려운 것은 없다. _웨스트코트(B. F. Westcott)[3]

9장 구원을 성취하는 메시지

복음은 그저 영감이나 통찰력, 흥미만 불러일으키지 않는다(물론 이 세 가지를 모두 포함하기는 한다). 복음 메시지는 그 안에서 하나님이 구원을 성취하는 살아 있는 메시지다. 온 우주의 하나님이 복음 가운데 **행동하시기** 때문에 구원은 정말로 사람들을 **구원한다**. 하나님의 백성은 그분이 약속하신 구원 사역을 오랫동안 기다렸다. 이 구원 사역은 서문(첫 번째 복음 선포)과 함께 시작되었는데, 거기서 하나님은 인류의 타락 이후에 사탄에게 이렇게 말씀하신다. "내가 너로 여자와 원수가 되게 하고 네 후손도 여자의 후손과 원수가 되게 하리니 여자의 후손은 네 머리를 상하게 할 것이요 너는 그의 발꿈치를 상하게 할 것이니라."[4] 아담과 하와가 하나님께 죄를 지었을 때 인류 역사는 거기서 끝나야 했다. 하나님께서 동산에서 인류를 끝장내기로 마음먹으셨다면, 얼마든지 완전한 공의를 드러내셨을 수도 있다.

하지만 자비로우신 하나님은 인류가 계속해서 번영하면서 이 땅을 차지하게 하셨다. 뿐만 아니라 인류가 망하지 않고 종족을 보존하도록 도와주셨고,[5] 한 백성을 택하셔서 그들을 통해 온 세상에 복을 주겠다고 약속하셨다.[6] 그런 다음, 인류 역사의 제때에[7] 그리스도께서 이 땅에 오셔서 아버지께서 그 백성을 위해 예정하신 계획을 성취하셨다.[8] 하나님이 인간을 구원하시기 위해 몸소 우리의 공간에 침입하셨다. 우리 자신이 아닌 타자(他者)가 우리 질병의 해결책을 실행에 옮겼다. 하나님은 구약성경 전반에 걸쳐, 인류의 적인 두 가지 비인격체, 곧 죄와 죽음에 조치를 취하겠다고 약속하셨다.[9] 그리스도는 죽음과 부활로 인류의 적을 무찌르시고 자기 백성을 죄와 죽음에서 **구원하셨다**. 그레엄 골즈워디의 말대로, "복음은 예수 그리스도의 성육신과 이 땅에서의 삶으로 시작되어 그분의 죽음과 부활, 승천하여 아버지 오른편에 앉으심으로 종결되는 사건(또는 그 사건의 선포)이다. 하나님은 이 역사적 사건을 자신이 이 세상의 구원을 위해 미리 예정하신 프로그램으로 해석하신다."[10]

내가 이번 장에서 제기하려는 질문은 이것이다. 그리스도는 어떤 종류의 구원을 성취하셨는가? 그리스도의 구원 사역의 핵심은 그분이 우리 죄를 위해 십자가에서 죽으셔서 우리가 하나님과 화해할 수 있게 되었다는 것이다. 그렇지만 십자가의 죽으심이 어떻게 하나님과 우리 관계에 영향을 미칠 수 있는가? 그 답은 **속죄**라는 성경 개념에서 찾을 수 있다. "속죄는 하나님이 십자가의 그리스도 안에서 하신 사역이다. 이에 의해 하나님은 우리 죄값을 무효화하시고, 우리를 향한 거룩한 분노를 누그러뜨리시며, 우리에게 구원의 모든 혜택을 허락하신다."[11] 속죄는 죄인들에게 구원을 베푸시기 위해서는 물론이고 그분의 공의를 유지하기 위해서도 꼭 필요하다.

예수님은 누구를 위해 죽으셨는가

에베소서 5:2은 예수님의 죽음에는 수직적 차원과 수평적 차원이 모두 있다고 강조한다. 바울은 "그는 **우리를 위하여** 자신을 버리사 향기로운 제물과 희생 제물로 **하나님께** 드리셨느니라"고 쓴다. 수직적 차원에서 예수님은 하나님의 공의와 진노를 만족시켜 드리기 위해 죽으셨다. 하지만 그리스도는 그분과 인성을 공유한 이 땅의 사람들을 구원하시기 위해서도 죽으셨다. 예수님은 우리를 위해 하나님께 드려진 희생 제물이셨다. 그리스도는 하나님을 위해 죽으셨지만 죄인을 위해서도 죽으셨다. 이런 사실은 예수님이 신인으로 성육신하신 것과도 일맥상통한다. 사실, 신인이신 예수님만이 "흠 없고 점 없는 어린양"[12]으로 "우리를 위하여 목숨을"[13] 버릴 희생 제물이 되실 수 있었다.

여기서 분명히 해야 할 점이 있다. 성부, 성자, 성령은 성육하신 하나님 안에서 온전한 연합을 이루어 그분의 공의와 자비를 완벽하게 유지하기 위해 애쓰셨다. 예수님이 하나님께 희생 제물로 드려졌다고 해서 성부와 성자가 서로 의견이 달랐다는 뜻은 아니다. 예수님은 그저 성난 아버지를 달래기 위해 돌아가신 것이 아니었다. 요한복음을 보면, 아버지와 아들이 온전히 하나였음을 알 수 있다. 예수님이 직접 이렇게 말씀하신다. "아버지께서 아들을 사랑하사 자기가 행하시는 것을 다 아들에게 보이시고"(요 5:20). 또 몇 장 뒤에서는, 삼위일체 내의 불협화음을 조금이라도 암시하는 내용을 철저하게 차단하신다. "내가 내 목숨을 버리는 것은 그것을 내가 다시 얻기 위함이니 이로 말미암아 아버지께서 나를 사랑하시느니라"(요 10:17). 하나님의 의는 반드시 충족되어야 하는데, 성부와 성자의 분열 없이도 이 일은 가능하다.

    그리스도께서 누구를 위해 죽으셨느냐는 질문에 답하기 위해, 하나님께 드려진 희생 제물이신 예수님과 죄인의 구주이신 예수님을 차례대로 살펴보자.

예수님은 하나님을 위해 죽으셨다

삼위일체의 일위이신 분을 만족시키기 위해 삼위일체의 이위이신 분이 사람이 되어 죽으셨다는 사실은 참으로 충격적이다. 이 만족은 구약성경의 율법에 드러난 하나님의 의의 요구와 연관이 있었다. 율법의 핵심은, 피조물인 우리가 자비로우신 창조주를 마음과 뜻과 힘을 다하여(다시 말해, 우리의 전 존재로) 사랑해야 한다는 것이다.[14] 하지만 인간은 하나님의 요구대로 그분을 사랑하지 못하고, 하나님 대신 다른 신들을 만들어 숭배하기를 좋아한다.[15] 이것이 곧 죄인데, 우리는 바로 거기서 구원받아야 한다. 죄의 본질은 우상 숭배다. 하나님을 우리 마음의 제단에서 치우고 우리가 고른 다른 신들로 대체하는 것 말이다. 그러면 구원받는다는 것은 무슨 뜻인가? 예수님이 율법의 의로운 요구 조건을 충족시키셔서 죄인과 우상 숭배자들이 다시 하나님과 화해하고 교제하게 되는 것을 말한다.

    요즘 사람들은 예수님이 하나님의 의를 만족시키기 위해 죽으셨다는 사실을 불편하게 생각한다. 그 원인은 대개 죄의 심각성을 이해하지 못한 데서 비롯된다. 죄는 한여름 무더위에 쉽게 무시해 버릴 수 있는 성가신 모기와는 차원이 다르다. 죄는 사소한 잘못이 아니라 가장 심각한 잘못이다. 이 세상에서 가장 진지하고 영광스러운 존재에게 저지른 잘못이기 때문이다.

'영광'을 뜻하는 히브리어 단어는 '카보드'(*kavod*)인데, '무겁다'는 뜻의 '카베드'(*kaved*)에서 파생했다. 원래는 무거운 물건을 묘사할 때 이 단어를 사용했다. 예를 들어, 성경에서 엘리 제사장을 "무거웠다"(새번역)[16]고 묘사한 것은 뚱뚱한 사람을 공손하게 표현한 방식이라고 할 수 있다. 그런가 하면, 매우 중요한 것을 비유적으로 묘사할 때도 '카베드'를 사용했다. 그런 의미에서 성경은 아브람이 "풍부했다"고 말하는데, 이 말은 그에게 유산소 운동이 필요하다는 뜻이 아니라 그가 부자였다는 뜻이다. "아브람에게 가축과 은과 금이 '풍부'하였더라."[17]

따라서 '무겁다'는 뜻의 히브리어가 장군이나 왕, 판사 등 영향력과 힘이 있어 존경을 받는 유명인을 묘사하게 된 이유를 짐작하기는 어렵지 않다. 조직 폭력배나 범죄 조직이 나오는 영화를 보면, 두목이나 우두머리를 '거물'이라고 부르는 경우가 많다. 이들의 외모나 심리적 무게감이 아랫사람들의 존경을 불러오기 때문이다. 히브리어에서는 그런 사람들을 두고 '카보드', 곧 최고의 존경을 받아야 할 사람으로 칭했다.

신약성경에서 '영광'을 뜻하는 단어에도 비슷한 의미가 있다. 이 단어는 그리스어 '독사'(*doxa*)인데, 원래 의미는 '소견을 품다'는 뜻이다. 그러던 것이 나중에는 왕처럼 매우 중요한 인물을 존경한다는 의미가 되었다. 어떤 사람에게 영광을 준다는 것은 그의 명성에 걸맞은 존경을 표한다는 뜻이었다.

따라서 우리는 성경이 하나님을 묘사하면서 왜 이런 단어들('무겁다'는 뜻의 히브리어와 '존경'이라는 뜻의 그리스어)을 사용했는지 알 수 있다. 그분은 온 우주에서 가장 높은 지위와 가장 막강한 권력, 가장 묵직한 명성을 갖고 계시기 때문이다. 하나님은 무거우시다. 보통 무거운 분이 아니시다. 그분이야말로 세상에서 가장 영향력 있는 분이시다.

그렇기 때문에 하나님께 죄를 짓는 것은 무하마드 알리와 마이크 타이슨, 조지 포먼을 조합해서 무한정 복제한 대상에게 도전장을 내미는 것이나 마찬가지다. 다시 말해, 하나님께 죄를 짓는 것은 온 우주에서 가장 큰 범죄라서 영원한 형벌을 받아 마땅하다.

존 파이퍼가 탁월하게 설명했듯이, "죄란 결코 작은 것이 아니다. 여느 작은 나라의 군주에게 범한 것이 아니기 때문이다. 모욕의 심각성은 모욕을 당한 대상의 지위가 높으면 높을수록 상승하는 법이다. 우주를 지으신 창조주께서는 우리 인간들에게 다함없는 존경과 사모와 충성을 받으실 권리와 자격을 갖고 계시다. 그러므로 하나님을 사랑하지 않는 것은 경미한 죄가 아니다."[18] 우리가 죄인이라는 절박한 처지에 있다는 사실을 깨닫지 못하면, 그리스도의 죽음을 무용지물로 여길 것이다. 하지만 우리가 거룩하신 하나님 앞에 선 죄인이라는 현실을 깨닫는다면, 그분의 죽음을 고귀하고 아름다운 일로 여기게 될 것이다.

속죄와 그 속죄가 하나님의 공의와 의에 미치는 영향을 가장 명료하게 표현한 성경 본문은 로마서 3:25-26이다. 여기서 바울은 하나님이 그리스도를 "그의 피로써 믿음으로 말미암는 화목 제물로 세우셨으니 이는 하나님께서 길이 참으시는 중에 전에 지은 죄를 간과하심으로 자기의 의로우심을 나타내려 하심이니 곧 이때에 자기의 의로우심을 나타내사 자기도 의로우시며 또한 예수 믿는 자를 의롭다 하려 하심이라"고 말한다. 바울은 그리스도의 죽음이 하나님의 성품을 입증해 준다고 설명한다. 바울에 따르면, 하나님이 인류를 구속하시기 위해 우리 죄를 은근슬쩍 넘어가신다면 그것은 부당한 처사라는 것이다. 자기 아들을 가혹한 죽음으로 내모는 것 이외에, 우주의 윤리적 통치자로서의 지위를 유지할 방법은 없었다. 죄의 저주가 잉태되었다면, 죄의 빚을 마땅히 갚아야 했다.

사람들이 속죄와 관련하여 흔히 던지는 질문이 있다. 왜 예수님이 우리를 구원하시기 위해 굳이 **죽으셔야만** 했는가? 왜 하나님은 우리를 그냥 용서해 주실 수 없는가? 대가를 바라지 말고 서로 용서하라고 명령하신 분은 하나님이 아니시던가? 그렇다면, 누군가가 당신이나 당신 주변 사람에게 심각한 잘못을 저지른 경우를 한번 생각해 보자. 당신이나 당신과 가까운 그 사람은 아무 일도 없었다는 듯 무심하게 그 일을 넘길 수 있는가? 절대 안 될 말이다! 심각한 상처를 받았을 때는 두 가지 길이 있다. 잘못을 저지른 사람에게 그대로 되갚아 복수하거나, 아픈 상처를 받아들이고 상대방을 용서하거나 둘 중 하나다. 당신을 자유롭게 놓아주기 위해 스스로 고통을 자초할 수도 있고, 반대로 용서하는 아픔을 감수하고 다른 사람을 놓아줄 수도 있다. 용서가 전혀 고통스럽지 않다고 생각하는 사람은, 자신에게 깊이 상처 준 사람을 용서해 본 적이 없는 사람이다. 복수가 됐든 용서가 됐든, 누군가는 불의의 대가를 치러야 한다.

언젠가 우리 교회에 나오는 마약 중독자에게 돈을 '빌려' 준 적이 있다. 그 사람 이름을 밥이라고 해두자. 그가 나를 찾아와서 300달러가 없으면 아내와 자식들이 굶어 죽을 형편이라고 했다. 나는 그를 불쌍히 여겨 돈을 빌려 주었지만, 그는 돈을 갚을 생각이 없었다. 내가 취할 수 있는 행동은 두 가지다. 그 사람의 차를 박살 내든지 그를 덮치든지 해서(사실 억한 심정에 이 두 가지를 다 생각해 보기는 했다) 복수하거나, 그를 용서하고 300달러의 손실을 감수하는 것이다. 하지만 밥을 그냥 용서하고 없던 일로 할 수는 없었다. 300달러의 손실을 **감수**해야 했다. 밥을 용서하려면 그를 대신해 300달러 빚을 청산해야 했다. 즉, 그 빚을 내가 갚겠다는 의사가 있어야 했다.

흠 많고 죄인인 다른 사람들과의 관계도 이러할진대, 우리의 창조주요 심판자 되신 하나님이 어떻게 죄를 그냥 못 본 체하고 없던 일로 하실 수 있단 말인가! 하나님이 우리 죄를 보고 윙크 한 번 하시고 미소 지으셔야 한다는 논리는, 창조주요 윤리적 통치자이신 하나님과 피조물인 인간의 근본 차이점을 간과한 것이다. 존 스토트는 그 점을 이렇게 설명한다.

> "우리가 서로 무조건적으로 용서함으로 하나님도 우리에게 그 같이 하셔야 한다"고 말한다면, 이것은 우리의 궤변을 노출하는 것이 아니라 천단(淺短)함을 노출하는 것이다. 그런 주장은, 우리는 하나님이 아니라는 근본적인 사실을 간과하기 때문이다. 우리는 각자 개인이고, 다른 사람의 비행 역시 그 개인의 위법 행위다. 하지만 하나님은 그런 개인이 아니시다. 또한 죄라는 것은 단순히 개인적인 위법 행위가 아니다. 오히려 우리가 어긴 법은 하나님이 제정하신 것이며, 따라서 죄는 하나님께 대한 반항이다.[19]

아직도 잘 이해가 되지 않는다면, 이렇게 한번 생각해 보라. 성경은 하나님이 거룩하고 의로우신 분이기에 그 **어떤** 죄악도 용납하지 않으신다고 가르친다. 하나님은 우리의 창조자이시고, 도덕법은 그분의 선한 성품에 기초하기 때문에, 우리 죄는 하나님의 의로운 심판을 초래하게 되었다. 밥이 나에게 300달러를 빚지고 양해를 구했던 것처럼, 우리도 하나님께 빚을 졌다. 다른 점이 있다면, 우리가 진 빚은 밥과는 비교할 수 없을 정도로 커서 양해를 구하는 말 정도로는 해결이 안 된다는 것이다. 우리가 하나님께 진 빚은 갚으려야 갚을 방법이 없다. 그러나 자비가 풍성하신 하나님은 그리스도를 보내셔서 우리 빚을 떠안으시고 우리 죄값을 대신 갚으셨다. 하나님이 그리스도 안에서 우리를 위해 하신 일이 바로 이것이다. 그분은 그냥 용서하신 것이 아니다. 우리를 대신해 우리 빚을 떠안으셔야 했다. 채권자가 채무자가 되셨다. "또 범죄……로 죽었던 너희를 하나님이 그와 함께 살리시고 우리의 모든 죄를 사하시고 우리를 거스르고 불리하게 하는 법조문으로 쓴 증서를 지우시고 제하여 버리사 십자가에 못 박으시고"(골 2:13-14).

이렇게 속죄를 해석하는 관점을 **형벌 대속설**이라고 한다. 예수님이 우리 죄를 대신해 벌을 받으셨기에 **형벌**을, 우리를 대신해 죽으셨기에 **대속**이라는 표현을 쓴다. 교회사를 보면 속죄에 대한 관점이 다양했던 것을 알 수 있다. 초기 그리스도인들은 그리스도의 죽음이 사탄에 대한 지불금이라고 주장했다. 그리스도의 죽음을 신자들이 따라야 할 본보기로 생각하는 그리스도인들도 있었다. 또 그리스도의 죽음을 하나님이 세상에 영향을 미치기 위한 방편으로 보는 이들도 있다. 그분의 사랑과 인자를 드러내어 사람들을 회개로 이끌기 위해서라는 것이다. 그런가 하면, 그분의 죽음을 하나님이 죄로 망가진 우주에 조화를 회복하는 방법으로 여기는 사람들도 있다. 사탄을 무장해제하고 패배시키기 위해 그리스도께서 십자가에 돌아가셨다고 믿는 이들도 있다.[20]

이 중에는 성경과 전혀 무관한 관점이 있는가 하면, 일부 진실이 담긴 관점도 있다. 예를 들어, 성경은 그리스도께서 죽음과 부활을 통해 사탄과 그 졸개들을 정복하셨다고 확실하게 가르친다.[21] 또 그리스도의 죽음이 신자들의 본보기인 것은 당연하다.[22] 그러나 그리스도의 사역에 대한 성경의 핵심 주장은 형벌 대속이다.[23] 예를 들어, 골로새서 2:15에 나오는 그리스도의 사탄 정복은 골로새서 2:13-14에 나오는 그분의 형벌 죽음의 결과인 듯하다.[24] 리처드 러블레이스(Richard Lovelace)가 그 점을 잘 요약해 준다. "대속의 속죄가 복음의 핵심이다. 그것이 죄책감과 속박, 하나님께로부터의 소외에 해답을 제시해 주기 때문이다."[25]

예수님은 죄인들을 위해 죽으셨다

성경은 그리스도의 사랑을 남편과 아내의 관계로 묘사하기도 한다. 십자가에 달려 죽으신 그리스도는 자신이 신부 된 교회를 얼마나 사랑하는지를 몸소 보여주셨다.[26] 이 신랑과 신부 관계는 예수님이 그저 교회를 사랑해서가 아니라 그 교회를 보호하기 위해 죽으셨다는 사실을 강조한다. 신랑 예수님은 신부를 끔찍이 아끼고 사랑하신다. 남성 독자들 중에는 교회를 여성으로 묘사한 것을 불편하게 여길 사람들이 있을지도 모르겠다. 불편한 심기에 신경 쓰느라 이 메시지의 핵심을 놓치는 일이 없기를 바란다. 그것은 바로 예수님이 당신을 위해 죽으셨다는 사실이다! 그분은 마지못해 돌아가시지 않았다. 초연하게 죽음을 맞으신 것도 아니다.[27] 예수님은 극도로 고통스러운 죽음을 당하셨다. 당신을 보호하기 위해, 당신을 용서하고 당신을 향한 크나큰 사랑을 보여주시기 위해 고통스럽게 죽으셨다.

성경은 예수님과 백성의 관계를 목자와 양의 관계에 비유하기도 한다. 예수님은 자신을 "선한 목자"요, 백성을 "양들"이라고 하셨다. "도둑

이 오는 것은 도둑질하고 죽이고 멸망시키려는 것뿐이요, 내가 온 것은 양으로 생명을 얻게 하고 더 풍성히 얻게 하려는 것이라. 나는 선한 목자라. 선한 목자는 양들을 위하여 목숨을 버리거니와"(요 10:10-11). 그리스도께서 죽음을 통해 그분의 신부이자 양 떼인 교회의 구원을 이루셨다. 그들을 파괴와 죽음에서 구하시고 그들에게 풍성한 삶을 주셨다.

 그리스도께서 죽으시고 부활하심으로 우리에게 주신 축복은 헤아릴 수 없이 크다. 그리스도는 십자가에서 죽으심으로 하나님과의 화목,[28] 죄 사함,[29] 화목 제물,[30] 하나님을 위해 살 수 있는 능력,[31] 영생,[32] 의롭다 하심,[33] 하늘의 기업,[34] 의,[35] 치유,[36] 몸의 부활,[37] 약한 자를 위한 간구,[38] 평화,[39] 자유,[40] 신자의 연합,[41] 본보기,[42] 구속,[43] 변호,[44] 죽음의 두려움에서 해방,[45] 소망,[46] 지혜,[47] 거듭남,[48] 하나님의 임재로 나아감[49] 등 모든 것을 허락하셨다.[50] 간단히 말해, 그리스도의 죽으심은 우리에게 하나님을 가져다주셨다. 하나님 없이 영원한 고통 가운데 멸망당할 우리가 하나님과 함께 영생과 행복을 누리게 되었다. 그러므로 우리는 그리스도께서 하신 일을 마땅히 귀히 여기고 존중하고 연구하고 선포해야 한다. 특별히, 그리스도께서 하신 일을 둘러싸고 많은 혼란과 잡음이 있는 오늘날 우리는 복음 메시지의 핵심인 십자가를 외면하지 말아야 할 것이다. 그것은 이 메시지를 통해 받을 축복을 죄인들에게서 앗아 가고 복음의 아름다움을 가리는 일이다.

그리스도의 죽음은 어떤 의미가 있는가

우리는 예수님의 죽음에 담긴 두 가지 동기를 살펴보았다. 예수님은 하나님과 죄인들을 위해 죽으셨다. 예수님의 죽음은 하나님의 진노를 달래셨고, 우리는 그리스도의 완벽한 희생 제사의 수혜자가 되었다. 이제 이 희생 제사가 무엇을 의미하는지 살펴볼 차례다.

예수님이 우리의 죄를 가져가셨다

십자가에서는 이중 전가가 이루어진다. 우리는 그리스도의 의를 받고, 그리스도는 우리의 죄를 받으신다. "하나님이 죄를 알지도 못하신 이를 우리를 대신하여 죄로 삼으신 것은 우리로 하여금 그 안에서 하나님의 의가 되게 하려 하심이라"(고후 5:21). 마르틴 루터는 이것을 가리켜 '위대한 교환'이라고 했다. 그는 이렇게 기도했다. "주 예수님, 당신은 저의 의이시며, 저는 당신의 죄입니다. 주님께서 제 것을 짊어지시고, 당신 것을 제게 주셨습니다. 주님은 당신이 아닌 다른 존재가 되심으로 저를 제가 아닌 다른 존재로 만드셨습니다."[51] 그리스도께서 우리 죄를 떠안으신 것은 그분께 아주 끔찍한 일이었을 것이다. 십자가형의 물리적 고통은 우리가 상상하기 힘들 정도로 끔찍하지만(마지막 장에서 자세히 다룰 것이다), 죄가 되어 하나님의 진노를 견뎌야 하는 영적 고통에 비하면 아무것도 아니었다. 복음서를 보면 예수님이 십자가에 달리신 동안 어둠이 땅을 덮었다(마 27:45). 예수님은 이 어둠 속에서 "나의 하나님, 나의 하나님, 어찌하여 나를 버리셨나이까?"(마 27:46) 하고 부르짖으셨다. 시편 22:1에서 인용한 이 말씀은 예수님이 견디셔야 했던 고통이 어느 정도였는지를 잘 표현해 주었다. 하나님은 말 그대로 예수님을 십자가에 버리셨다. 두 분은 서로 영원히 사랑하는 관계였지만, 성부 하나님은 성자 하나님께 등을 돌리셨다. 십자가에서 하늘을 우러러본 예수님께는 어둠밖에 보이지 않았다. 예수님은 아버지께 울부짖으셨지만 침묵밖에 돌아오지 않았다. 오히려, 아버지는 죄에 대한 그분의 진노를 예수님께 한꺼번에 쏟아부으셨다. 하나님은 신자들이 거룩하고 의로우신 그분께 저지른 모든 악행에 대한 앙갚음으로 예수님을 처벌하셨다. 하나님은 자신의 진노를 조금이라도 덜거나 누그러뜨리지 않고 예수님께 그대로 쏟아부으셨다. 예수님은 우리의 죄가 **되어** 우리 대신 형벌을 받으셨다. "〔하나님이〕 죄로 말미암아 자기 아들을 죄 있는 육신의 모양으로 보내어 육신에 죄를 정하사"(롬 8:3).

예수님은 죄가 전혀 없으셨는데도 이런 일이 벌어졌다. 예수님은 이 땅에 사시는 동안 하나님께 완벽하게 순종하셨고 영원 전부터 아버지 하나님과 사랑의 관계를 누리고 계셨다. 예수님은 **영원하신 하나님**이신데도 이런 일이 벌어졌다. 무한한 찬양을 받으셔야 마땅한 분이 무한한 진노를 받으셨다. 귀한 보석으로 꾸민 왕관을 쓰셔야 마땅한 분이 뾰족한 가시관을 쓰셨다. 왕으로 칭송 받으셔야 마땅한 분이 수치스러운 죄인으로 처형을 당하셨다. 천군천사들에게 경배를 받던 분이 온 우주에서 가장 경멸스러운 존재가 되셨다.

예수님이 십자가에서 얼마나 큰 고통을 겪으셨는지를 감히 헤아릴 수는 없지만, 루터의 다음 말을 곰곰이 생각해 보자. "〔예수 그리스도께서〕 모든 인류를 대신하여 우리의 죄를 짊어지셨기에 죄에 대한 하나님의 끔찍한 진노를 견디시고 우리의 죄책을 속죄하실 수 있었다. 예수님은 하나님의 전적인 진노와 온 세상의 죄는 물론, 이후에는 이 죄로 인한 죽음의 고통까지 느끼셔야만 했다."⁵² 마크 드리스콜은 이 사실이 그토록 중요한 이유를 잘 요약해 준다. "성경의 처음부터(창 2:17) 끝까지(계 21:8), 죄에 대한 형벌은 죽음이다. 그러므로 우리는 죄를 지으면 죽어야 한다. 그러나 우리 대신 '우리의 죄를 위하여' 죽으신 분은 바로 죄 없으신 예수님이다. 복음의 좋은 소식은, 예수님이 우리의 죄에 대한 형벌을 감당하시기 위해 죽으셨다는 것이다."⁵³

예수님이 자신의 의를 우리에게 주셨다

십자가에서 그리스도와 신자 사이에 성사된 '위대한 교환'은 그리스도께 좋지 않은 영향을 끼친 만큼 우리에게는 유익이다. 예수님은 우리의 죄를 받으셨고, 우리는 그분의 의를 받았다. 그분의 손해는 우리의 유익이요 그분의 고통은 우리의 기쁨이었다. "부요하신 이로서 너희를 위하여 가난하게 되심은 그의 가난함으로 말미암아 너희를 부요하게 하려 하심이라"(고후 8:9). 우리의 죄가 십자가에서 그리스도께 전가된 것처럼, 그분의 의가 우리에게 전가되었다.⁵⁴ 이 말은 하나님이 정말로 신자들에게 그리스도의 온전한 의가 있다고 보신다는 뜻이다. 따라서 신자들은 그분 앞에서 그리스도의 지위와 권리를 주장할 수 있다. 한번은 마크 디바인(Mark Devine)이 티모시 조지(Timothy George)의 말을 인용해서 내게 이렇게 말한 적이 있다. "전가된 의란 무엇인가? 우리가 마치 그리스도와 동등한 지위를 소유한 것처럼 하나님 앞에 설 수 있다는 뜻입니다. 그러면 하나님은 그리스도께 말씀하시듯이 우리에게 말씀하시게 됩니다. '이는 내 사랑하는 아들이요 내 기뻐하는 자라.'"⁵⁵

그리스도의 죽음으로 우리는 화목 제물(우리 죄의 형벌을 지불함)과 속죄(그 죄의 흔적에서 깨끗해짐)를 얻었다.[56] 그런데 복음 메시지는 그 이상을 선포한다. 하나님께 저지른 부정적인 일들이 깨끗이 지워졌을 뿐 아니라 그분 앞에서 긍정적인 신분을 얻은 것이다. 그분의 죽음으로 우리는 그리스도의 의를 옷 입는다. 하나님이 우리를 그분의 아들만큼 확실하고 사랑스러운 존재로 보신다. 그리스도는 우리를 위해 "지혜와 의로움과 거룩함과 구원함"(고전 1:30)이 되신다. 예수 그리스도는 예레미야가 말했던 바로 그분이다. "그의 이름은 여호와 우리의 공의라"(렘 23:6).

우리가 그리스도께 받은 이 의는 **완전하다**. 하나님께로부터 온 의이기 때문이다. "그분은 하나님으로서 만족하신 동시에 사람으로서 순종하고 고통 받으셨다. 신인이신 그분은 그 의를 전가받을 사람들을 위해 온전하고 완벽하며 충분한 의를 발휘하셨다."[57]

부활은 어떻게 되는가

내가 이번 장에서 그리스도의 **죽음**과 **부활**을 함께 언급하려 애쓰고 있다는 점을 눈치 챈 독자들이 있을 것이다. 이 두 가지는 결코 분리될 수 없기 때문이다. 그리스도의 죽음이 그분 안에서 하나님이 성취하신 구원의 핵심이기는 하지만, 부활이 없다면 그 구원을 온전히 이루지 못할 것이다. "우리 주 예수 그리스도의 아버지 하나님을 찬송하리로다. 그의 많으신 긍휼대로 예수 그리스도를 죽은 자 가운데서 부활하게 하심으로 말미암아 우리를 거듭나게 하사 산 소망이 있게 하시며."[58]

부활은 죄의 빚을 청산하고 우리의 구원을 확보했다는 증거다. 예수님은 죄를 위해 죽으신 구주이실 뿐 아니라, 죄를 이기신 왕이시다. 그분은 죽음을 경험한 평범한 인간이 아니라 죽음을 무찌른 하나님이시다. 예수님은 사탄의 공격을 받은 하나님의 종이 아니라 인류에게 능력을 행사하는 사탄을 멸망시킨 주님이시다. 부활은 예수님의 모든 주장과 그분이 베푸신 구원을 입증해 준다. 부활은 우리 주님의 사역을 완성하고 그분이 주신 구원이 명백한 사실임을 확실히 보여준다.

저니교회에서는 최근 '의심을 의심하라'는 제목으로 변증학 강연 시리즈를 열었다. 나는 그리스도의 부활을 설교하면서, 로마서 8:11이 의심의 문제로 고민하는 우리 교인들에게 어떤 의미가 있는지를 설명했다. 바울은 이 구절에서 그리스도를 죽은 자들 가운데서 일으키신 영과 동일한 영이 신자들의 삶과 고민 가운데 여전히 역사하시며, 우리의 연약함 가운데 힘을 주시고, 우리의 혼란 가운데 목적을 주신다고 주장한다. 기독교를 가장 신랄하게 비판하는 사람들조차, 예수님의 부활이 사실이라면 그것은 인간 삶의 모든 측면에 구석구석 영향을 미칠 막대하고 중요한 사건이라고 고백한다. 부활에는 삶을 뒤바꾸는 능력이 있는데, 바울은 그리스도를 죽은 자들 가운데서 일으키신 바로 그 능력이 그리스도를 따르는 모든 이들에게 임한다고 말한다. 그 능력이 바로 하나님이 허락하신 구원의 일부다. 그리스도의 죽음으로 우리에게 가능해진 모든 것은, 그분의 부활 능력을 통해 우리 삶에 실제로 적용된다.

다음 단락에서 볼 수 있듯이, 부활은 이 물질세계가 새로워지는 것을 의미하기도 하지만, 그리스도의 죽음이 우리의 구원을 성취하셨다는 궁극적 증거다. 부활은 모든 의심과 회피와 논란을 종식시킨다. 죽음에서 살아 돌아온 사람과 논쟁할 수 있는 사람은 아무도 없다. 다시 사신 예수님이야말로 모든 논란의 승자이시다.

요약

복음은 '좋은 소식'이라는 뜻이다. 복음이 좋은 소식인 까닭은, 그리스도께서 죄인들을 구원하시기 때문이다. 하나님은 예수님을 주님으로 믿는 사람들로부터 죄에 대한 진노를 거두셨다. 예수 그리스도께서 우리 구원에 필요한 모든 것을 성취하셨다.

신약성경 기자들은 예수님의 순종하는 삶, 희생과 속죄의 죽음, 강력한 부활을 소식이라고 표현한다. 역사에 일어난 실제 사건, 우리를 끔찍한 죄의 올무에서 주관적·객관적으로 해방시킨 사건을 전하고 있기 때문이다. 우리 대신 십자가에서 돌아가신 예수님은 객관적으로 우리를 자유롭게 하신다. 고린도후서 5:21에 나오는 바울의 표현을 빌리면, 하나님이 "죄를 알지도 못하신 이를 우리를 대신하여 죄로 삼으신 것은 우리로 하여금 그 안에서 하나님의 의가 되게 하려 하심이라." 예수님의 구원 사역 덕분에 우리는 거룩하신 하나님 앞에 흠 없는 모습으로 당당히 설 수 있게 되었다.

예수님은 또 불완전하고 부적절한 사물의 본질을 폭로하셔서 우리를 주관적으로 죄에서 해방시키신다. 우리는 그리스도 안에서 양자가 되었다는 사실을 외면한 채 부적절한 기반에 근거해서 우리의 정체성을 형성하려 했다. 그러나 이제 더 이상 정체성이나 의를 찾아 헤맬 필요가 없다. 이미 그것들을 받았기 때문이다. 우리는 죄책과 수치심, 쓴 뿌리와 실망감에서 자유롭다. 우리의 정체성과 운명은 그리스도께서 이미 십자가에서 완수하신 일 가운데 공고히 자리하고 있기 때문이다.

그래서 우리는 복음을 이야기할 때 예수님을 말한다. 복음의 흥망성

쉬는 그리스도의 인격과 사역에 달려 있다. 그리스도가 없으면, 하나님 앞에서 우리 신분이 달라졌다는 소식도 없다. 그리스도가 없으면, '좋은' 소식도 없다. 죄의 종노릇에서 구원받을 길이 없기 때문이다. 그리스도가 없으면, 복음도 없다. 복음은 단순히 예수님에 대한 이야기가 아니라 그분이 곧 복음이시기 때문이다.

언제 어디서나 그리스도를 선포하라. 그분이 곧 온전한 복음이시다. 그분의 위격과 직분과 사역이, 모든 것을 아우르는 우리의 대주제가 되어야 한다. _찰스 스펄전[1]

그리스도를 배제하면 성경은 닫힌 책이다. 하지만 그리스도를 중심에 두고 읽으면, 지금까지 나온 이야기 중 가장 위대한 이야기다. _마이클 호튼[2]

구원이라는 정황에서 볼 때, 모든 성경 구절은 구원의 네 가지 초점 중에 적어도 한두 가지의 의미는 가지고 있다. 즉 모든 성경 본문은 그리스도의 사역을 예언하거나, 그리스도의 사역을 준비하거나, 그리스도의 사역을 반영하거나, 그리스도의 사역의 결과를 나타낸다.
_브라이언 채플(Bryan Chapell)[3]

10장 그리스도 중심의 메시지

복음 메시지의 중심에는 예수 그리스도의 인격과 사역이 있다.[4] 제2부의 첫 장인 8장에서는 하나님께서 그리스도를 통해 역사 가운데 성취하신 일과 복음 메시지가 어떤 연관이 있는지를 살펴보았다. 9장에서는 하나님이 복음 가운데 어떻게 그리스도를 통해 구원을 성취하셨는지를 살펴보았다. 이번 장에서는 창세기에서 요한계시록에 이르기까지 복음이 어떻게 예수 그리스도의 약속과 인격과 사역 가운데 뿌리내리고 있는지를 간단하게 살펴보려고 한다. 그리스도는 성경과 역사와 교회, 그리고 그리스도인의 삶 중심이시다. 그러므로 그분을 이처럼 선포해야 마땅하다.

그리스도는 성경의 중심이시다

그리스도 중심의 역사

인류 역사는 아주 순조롭게 출발했다. 영원 전부터 완벽한 교제 가운데 계셨던 삼위일체 하나님은 영원한 경륜 가운데 인류를 창조하기로 정하시고, 그분의 형상을 따라 인간을 창조하셨다. 인류는 하나님을 알고 그분과 교제하도록 지음 받았다. 아담과 하와는 하나님과의 관계에서, 상대방과의 관계에서 완벽한 교제를 누렸다. 아담과 하와가 벌거벗었다는 사실에서 그 점을 잘 알 수 있다. 성경은 두 사람 사이에 숨길 것이 없었다는 사실을 이런 식으로 보여준다. 두 사람 사이에도, 두 사람과 하나님 사이에도 아무 장벽이 없었다. 옷을 걸치지 않은 것은 죄가 없었기 때문이다. 다시 말해, 모든 것이 보시기에 좋았다.

그런데 얼마되지 않아 내리막길을 걷기 시작했다. 아담과 하와가 아버지 하나님 대신 스스로 신이 되려 하자, 인류 역사는 걷잡을 수 없게 되었다. 두 사람은 자기들만의 규칙을 세우고, 하나님이 금하신 열매를 먹으면서 자기 권리를 내세웠다. 인류의 선조는 하나님을 즐거워하고, 아무 열매나 마음껏 먹어도 된다는 그분의 명령을 누리는 대신, 하나님이 금하신 것만 골라내 반항을 시도했다. 그런 인류 역사는 이후로도 늘 반복되었다.[5] 하나님은 아담을 부르셔서(아담이 가장으로서 뱀에게 했어야 할 일이다) 하나님과 하와와의 관계가 틀어진 이유를 물으셨다.[6] 전형적인 남편의 모습에서 크게 벗어나지 않았던 아담은 즉시 하와를 비난했다. 하와가 사탄과 대화하고 금지된 열매를 먹는 동안, 본인은 가만히 서 있기만 했는데도 말이다.[7] 하와도 겁쟁이 남편과 똑같이, 자기를 유혹한 뱀을 비난했다.[8] 인간의 자기합리화를 꿰뚫어 보신 하나님은 우리 선조의 변명을 듣지 않으시고 심판을 명하셨다. 아담에게는, 그가 힘들게 일할 것이라고 말씀하셨다. 아담이 하나님께 반항한 것처럼, 땅도 그에게 반항하게 될 것이다. 하와에게는, 하나님을 배반하여 그분께 고통을 안겨 준 것처럼,

그녀에게도 출산의 고통이 있으리라고 말씀하셨다. 하나님은 뱀에게도 저주를 내리셨는데, 여기서 복음의 원형(*proto-evangelium*), 곧 복음의 첫 번째 선포를 볼 수 있다. 하나님은 이 말씀에서, 여자의 후손이 뱀의 머리를 상하게 할 것이라고 약속하셨다.

그 후손이 바로 그리스도이셨다. 그리스도는 제때에 역사 가운데 오셨다.[9] 예수님은 우리 가운데 육체로 오셔서 우리와 같이 되셨다.[10] 인간이 되셨다고 해서 그분이 하나님이시기를 포기하신 것은 아니다.[11] 인간이 되셨다고 해서 신성까지 내려놓으실 필요는 없었다. "예수님은 이전 상태 그대로 남아 계시면서, 이전과 다른 존재가 되셨다."[12] 두 번째 아담이신 예수님은 아담이 했어야 할 일을 대신 하셨다. 아버지께 완전히 복종하시고 그분의 임재를 온전히 누리셨다. 하나님이 인간에게 원래 기대하셨던 모습 그대로 말이다. 예수님은 이 땅에서 사시는 동안에 그분의 신적 속성을 모두 발휘하시지는 않았지만, 인간의 본이 되기에 충분하셨다. 전 존재로 하나님께 복종하시고 온전히 성령의 인도를 받으셨다.

성육신하신 예수님은 죄는 없으시지만 인간의 상태를 충분히 이해하실 수 있었다.[13] 신인이신 예수님은 하나님과 우리의 중재자로 자격을 갖추셨다. 우리 죄를 대신 지실 수 있고, 또 대신 지실 유일한 분이셨다.[14] 중재자 예수님이 십자가에 달려 아버지의 진노를 온몸으로 맞으셨기에, 아버지께서 우리를 받아 주실 수 있었다. 그분이 성금요일의 어둠을 견디셨기에, 우리가 부활절의 빛 가운데 걸을 수 있었다. 예수님은 잔인하게 죽임당하셨고, 우리의 죄와 하나님의 진노를 떠안으셨다. 사흘 후, 무덤에서 일어나신 그분은 죄와 죽음과 사탄을 정복하셨다. 이것이 인류 역사의 핵심 사건이다.

그리스도 중심의 성경

엠마오로 가는 제자들에게 나타나신 그리스도는 그들의 마음을 열어 성경의 진면목과 목적을 깨닫게 하시고, 성경의 모든 말씀이 그분과 어떻게 연관되는지를 보여주셨다.[15] 그리스도의 해석에 따르면, 구약성경 전체는 예수님의 삶과 죽음과 부활을 중심으로 구성되었다. 성육신하신 그리스도, 십자가에 달리신 그리스도, 부활하신 그리스도의 렌즈로 성경을 보지 않는다면, 성경은 전혀 앞뒤가 맞지 않는다.[16] 앤서니 티슬턴(Anthony Thiselton)의 말처럼, "신약성경 기자들은 그리스도를 구약성경을 해석하고 이해하는 해석의 열쇠로 보고, 구약성경을 그리스도를 이해하는 준거틀로 본다."[17] 시드니 그레이다누스(Sidney Greidanus)는 "그리스도는 성경 내의 태양이요 진리이시다"라고 말한다.[18]

성경의 그리스도 중심성을 가르쳐 주는 다른 본문으로는 고린도전서 2:2이 있다. 바울은 고린도 교인들과 함께 있을 때 그리스도와 그분이 십자가에 죽으신 사실 이외에는 아무것도 알지 않기로 작정했던 것을 그들에게 상기시켰다. 바울은 구원받는 방법만 강조하여, 고린도 교인들에게 '구원 계획'을 제시한 것이 그가 한 일의 전부라고 말한 것이 아니었다. 그리스도께서 우리의 죄를 위해 죽으셨다는 이 메시지가 자신의 모든 가르침의 핵심이라고 말하는 것이다. 바울은 그리스도께서 십자가에서 하신 일이 구원과 성화, 회심과 그리스도인의 성장을 비롯한 모든 일에서 근본이라고 보았다.[19]

바울은 그의 서신 전체에서, 삶의 여러 가지 문제와 그리스도와 그분의 구원 사역을 끊임없이 연결한다. 예를 들면, 그는 고린도후서 8장에서 아낌없이 베푸는 문제를 다루면서 그리스도의 구원 사역을 예로 든다.[20]

에베소서 5:25-33에서는 남편들에게 아내를 사랑하라고 명령하면서 그리스도와 교회의 관계를 논한다. 이와 비슷하게, 바울은 지식과 권력을 우상화하는 고린도 교인들에 맞서 그리스도를 하나님의 권세와 지혜로 내세운다.[21] 따라서 바울에게 돈과 사랑과 권력(인간 마음의 주요한 물리적·영적·정서적 동기 세 가지)은 그리스도 안에서 그 진정한 모습을 찾아볼 수 있다. 바울은 흠 많고 상처투성이 죄인들이 모인 교회의 일상 문제들을 그리스도께 연결하여 답을 내놓는다.

그리스도 중심 = 복음 중심

성경이 그리스도 중심이라고 말하는 까닭은, 성경이 **대체적으로** 예수님 이야기를 하고 있기 때문이 아니다. 처음부터 끝까지 성경의 **주된** 목적이 바로 죄인들을 구원하고 거룩하게 하시려고 이 땅에 오셔서 죽으시고 부활하신 예수님을 가리키고 있기 때문이다. 예수님은 자신의 생애와 죽음, 부활의 관점에서 성경 전체를 보셨다. 성경을 이해하는 핵심 진리이자 주요 실마리, 중요한 화두는 바로 예수님이다.

　때로 그리스도 중심이라는 말을, 그분을 윤리 생활의 모범으로 따라야 한다는 의미로 이해하기도 한다. 하지만 이런 관점은 근시안적이고 오류가 많아서, 그리스도께서 이 세상에 미치는 온전한 영향력을 제대로 표현하지 못하기에 매우 위험하다. 그리스도를 윤리 생활의 모범으로 여기는 사람들은 그분이 자기를 죄에서 구원하셨다는 사실을 간과하기 쉽다. 예수님이 엠마오로 가는 제자들에게 성경을 펼치셔서 그분의 고통을 하나하나 짚어 가며 말씀해 주셨다는 점은 주목할 만하다. 예수님은 자신이 구주라는 사실을 제자들(과 우리)에게 이해시키려고 애쓰고 계신 듯하다. 그분은 그들도 예수님처럼 고난을 당해야 한다고 설득하고 계신 것이 아니었다. 오히려 그들은 절대로 예수님처럼 고난을 당할 수 없다는 점, 그리고 그들이 스스로를 속죄할 수 없는 근본적인 무능력 때문에 예수님이 고난을 당하실 수밖에 없었다는 점을 설명하려 애쓰셨다. "미련〔한〕……자들이여, 그리스도가 이런 고난을 받고 자기의 영광에 들어가야 할 것이 아니냐?"[22] 예수님은 당신과 내가 스스로 죄에서 구원받을 수 없기 때문에 그분이 고난을 받으셔야 했다고 말씀하셨다. 예수님은 "어떻게 살아야 하는지 보여주겠다"고 말씀하시지 않고, 오히려 "내가 왜 죽었는지 보여주겠다"고 말씀하신다. 그레이다누스의 글을 보자.

> 그리스도를 당신의 모범으로 삼기 이전에, 먼저 그리스도를 하나님이 당신에게 주신 선물로 인정하고 그분을 받아들여야 합니다. 그렇게 함으로써, 곧 당신이 모든 형태의 그리스도의 사역과 고난 속에서 그분을 보고 들음으로써, 당신은 그리스도이신 그분이 그의 사역과 고난을 통해 진정으로 당신의 것이 되었고, 마치 당신이 그 사역과 고난을 담당한 것처럼 느껴질 정도로 그분에게 자신 있게 의지할 수 있다고 의심치 않고 믿을 수 있어야 합니다.[23]

예수님은 가장 먼저 구주이시고, 그 다음에 우리의 모범이 되신다. 이 말은 우리가 먼저 죄에서 구원받을 필요성을 깨달은 이후에야 그분의 본을 따를 수 있다는 뜻이다. 날마다 그분의 본을 따르기 위해서는 그분만이 구주요, 그분이 우리 죄를 가져가시고 그분의 의를 주셨다는 사실을 날마다 상기해야 한다.²⁴ 그런데 요즘 교회에서는 정반대의 메시지를 가르친다. 많은 목회자들이 무작정 예수님을 따르라고만 가르친다. 그러니 수많은 현대 설교가 청중에게 이런 질문을 던지도록 유도하고 있다는 것은 별로 놀랄 일도 아니다. "하나님은 내 안에서 무슨 일을 하고 계신가?"

내 요점은 이렇다. 하나님이 과거에 나를 위해 하신 일을 이해하면, 그분이 지금 내 안에서 무슨 일을 하고 계시느냐는 질문에 반응할 수 있는 힘이 생긴다. 성경도 그렇게 가르친다. 그레엄 골즈워디는 그 점을 다음과 같이 간결하게 설명한다. "신약의 메시지들을 살펴볼 때, 그리스도의 윤리적인 모범은 그리스도께서 우리를 위해 하신 우선적이고 유일무이하고 독특한 사역에 비해 부차적이며, 그 사역에 의존하고 있음이 분명하다."²⁵ 이 구원 사역의 핵심은 예수님의 윤리적 가르침이 아니라 그분의 순종하는 삶과 죽음, 영광스러운 부활과 승천이다.²⁶

1990년대에는 기독교 문화를 겨냥한 삼류 예수 문화가 주류로 급부상했다. WWJD(What Would Jesus Do, 예수님이라면 어떻게 하셨을까) 팔찌가 폭발적인 인기를 끌었다. 이 팔찌를 하고 다닌 유명인 중에 가수 저스틴 팀버레이크(Justin Timberlake)와 프로농구 선수 앨런 아이버슨(Allen Iverson, "지금 연습 말하는 거잖아요, 연습?"²⁷)이 있었다. 나는 기독교 문화 마케팅의 소산물을 대체로 경멸하는 편이지만,²⁸ WWJD는 나름 괜찮다고 생각했다.

당시에 나는 청소년 사역을 하고 있었는데, 아이들이 그리스도께 관심을 갖게 하는 데 WWJD만큼 유용한 것도 없었다. '예수님이라면 어떻게 하셨을까' 하는 가정은 우리 아이들을 비롯해서 수많은 사람들에게 그리스도에 대해 더 많이 생각할 기회를 제공했다. 솔직히 고백하면, 나도 그 팔찌를 착용했는데(물론 아이버슨처럼 세 개씩 차지는 않았다!) 예수님의 삶을 되새기는 데 큰 도움이 되었다.[29] 그러나 WWJD는 예수님을 본보기로만 부각할 뿐, 왜 그분이 그런 일을 하셔야 했는지를 생각하도록 이끌지는 못한다. 아마 WWJM(What Was Jesus' Motivation, 예수님은 왜 그런 일을 하셨을까) 팔찌 같은 것을 만들었어야 했는지도 모른다. 예수님의 동기를 깨달으면, 우리가 무슨 힘으로 (예수님이라면 하셨을) 그 일을 할 수 있는지 알 수 있다. 그리스도의 동기는 무엇이었을까? 예수님은 세례 받으실 때 아버지의 목소리를 들으셨다. "이는 내 사랑하는 아들이요 내 기뻐하는 자라"(마 3:17). 상처 난 몸에 손을 대시기 전에 상처 입은 영혼을 변화시키는 말씀을 하시기 전에, 그 모든 공생애 사역을 시작하시기 전에 예수님은 자기 존재의 가장 깊은 곳에서 아버지께 인정받았다는 사실을 알고 계셨다. 그 사실에서 우러난 감사가 예수님의 삶과 사역의 동기였다.

많은 사람들이 '행동'을 기독교의 특징으로 생각한다. 성경이나 그리스도의 삶을 보고 예수님처럼 살기 위해 무던히 애쓴다. 그러나 사실 기독교의 특징은 '이미 끝난 일', 곧 그리스도께서 하신 일이다. 그분이 이미 하신 일 덕분에 우리는 순종하는 삶을 살게 되었다.[30]

그런데 직설법(사실)과 명령형(해야 할 일)의 순서를 혼동하는 것이 문제다. 브라이언 채플이 자주 하는 말이 있다. "우리는 늘 우리의 '존재'보다 '행동'을 앞세운다."[31] 직설법의 내용은 그리스도 안에 있는 우리가 어떤 존재인지를 말한다. 그리스도께서 우리 대신 하신 일 때문에 우리는 사랑받고 인정받는 존재가 되었다. 명령형의 내용은 우리가 그리스도를 사랑하는 마음으로 그분께 순종하여 하는 일을 말한다. 우리의 진정한 정체성에 걸맞은 삶을 사는 것이 그리스도인의 삶의 핵심이다. 그렇게 하면 하나님이 성경에 명령하신 대로 살 수 있다.[32]

그리스도 중심의 설교

유사 은혜를 피하고 진정한 은혜의 복음을 설교하려면, 우리가 가진 복음의 정체성을 끊임없이 점검해야 한다. 그레이다누스는 "'그리스도를 설교한다는 것'은 신약에 계시된 예수 그리스도의 인격과 사역, 그리고 그분의 가르침 속에서 절정에 다다른 하나님의 계시를 본문의 메시지와 권위 있게 통합하여 전하는 설교라고 정의할 수 있다"고 썼다.[33] 이런 초점과 기준이 없는 설교자에게는 조각조각 나뉜 성경과, 자기 생각과 취향에 근거한 설교밖에 남지 않는다.[34]

이해를 돕기 위해, 그리스도 중심 설교의 유사품인 대중 사상 몇 가지를 함께 살펴보자. 도덕주의, 상대주의, 자조(自助)주의, 행동주의를 차례대로 볼 것이다.[35]

도덕주의

도덕주의는 죄에 대한 하나님의 진노를 인간의 선행으로 달래려는 시도로 정의할 수 있다. 이런 사상은 복음과는 원수라고 할 수 있는데, 잘해야 '구원=예수님+나의 윤리적 노력'이라는 등식을 주장하기 때문이다. 좀 더 심각한 경우에는, 예수님의 속죄 사역을 완전히 무시해 버린다. 도덕주의에 따르면, 우리는 하나님께 도덕적인 전력(前歷)을 드리고, 우리가 그분의 법을 잘 따랐으니 우리에게 복을 달라고 요구한다. 따라서 도덕주

의적 설교는 하나님의 진노와 거룩하심을 그분의 사랑과 은혜보다 더 중시하는 경향이 있다.[36]

도덕주의적 설교는 하나님의 율법을 잘 지키라고 사람들에게 압력을 넣는다. 이런 설교를 듣는 사람들은 지나치게 엄격하고 비판적으로 변한다. 리처드 러블레이스의 다음 글을 보라.

> 하나님이 예수 안에서 자신들을 사랑하고 용납하셨음을 확신하지 못하는 그리스도인들은 현재 자신의 영적 성취와 상관없이 무의식적으로 극도로 불안정하다. 오히려 비그리스도인들보다 더 불안해 한다. 거룩하신 하나님과 의로운 성도들에 대해 끊임없이 이야기하는 기독교 환경에서는 그들에게 빛이 너무 많아서, 늘 마음이 편치 못한 까닭이다. 그들이 느끼는 불안정감은 교만, 곧 자신의 의로움을 강력하게 주장하고 다른 사람들을 방어적으로 비판하는 태도에서 드러난다. 이들은 자신들의 안정감을 공고히 하고 억압된 분노를 방출하기 위해 자연스럽게 다른 문화나 종족을 혐오하게 된다. 이들은 율법적·형식적 의로움에 목숨을 걸지만, 죄의 나무에서 비롯된 시기와 질투 등의 여러 가지들이 그들의 근본적인 불안정감으로부터 자라난다.[37]

그리스도 중심의 설교는 하나님의 거룩하심을 무시하지 않는다. 오히려 도덕적 가르침보다 거룩하심을 앞세운다. 그리스도 중심의 설교는 우리가 온전히 거룩해질 수는 없다(그리스도만이 온전히 거룩하신 분이다)고 강조하기 때문이다.[38] 그리스도 중심의 설교는 우리로 하여금 그리스도 안에 있는 하나님의 값없는 은혜를 곰곰이 생각하고 누리게 만든다. 그러면서 우리는 거룩해지고자 하는 동기를 부여받는다.

상대주의

사람들은 상대주의를 도덕주의의 반대로 생각하지만, 사실 이 두 가지는 위조 동전의 양면과 같다. 도덕주의는 우리가 열심히 노력해서 엄격한 재판관이신 하나님께 나아가야 한다고 가르치는 반면, 상대주의는 진리는 스스로 결정하는 것이므로 자신에게 가장 최선의 것으로 하나님(그런 분이 있다면)께 나아가면 된다고 가르친다. 상대주의에서 우리는 스스로 신을 창조하고 스스로 만든 법에 순종한다. 따라서 상대주의적 설교는 하나님의 진노와 거룩하심보다 그분의 사랑과 은혜를 높인다. 이런 설교는 감정에 호소하여 사람들이 자기 마음의 소리에 귀를 기울이게 한다. 이런 설교를 듣는 사람들은 지나치게 감상적이고 우유부단해진다. 포스트모던 성향을 가진 어느 목회자와 대화를 나눈 적이 있다. 그는 자기 설교의 주목적은 성경의 진리를 선포하는 것이 아니라 공동체 사람들과 대화하는 것이고, 그렇게 해서 청중이 예수님의 진정한 길을 조금씩 깨닫는다고 말했다. 이상하게도 이 목사는 진리라는 것을 알 수 없다고 확신했다.

그리스도 중심의 설교는 하나님의 은혜와 사랑을 경시하지 않고, 오히려 그 중요성을 크게 부각한다. 하나님의 사랑과 은혜를 얻기 위해 예수님이 목숨을 버리셨다고 주장하기 때문이다. 그리스도 중심의 설교는 그리스도를 사랑하는 마음으로 하나님의 법을 지키려는 동기를 부여함으로써 우리 자신의 주관적인 '법'을 넘어서게 만든다. 우리가 사랑하는 그리스도는 율법을 완벽하게 준수하셨다.

자조주의

자조주의는 복음을 굳이 마음에 적용할 필요 없이 성경 원리만 가져다 쓰라고 하면서 인간의 의지에 호소한다. 자조주의는 구주 그리스도보다 인간의 모범이신 그리스도를 더 중요시한다. 따라서 자조주의적 설교는 구주 그리스도는 잊어버린 채 모범이신 그리스도께만 초점을 맞춘다. 자조주의적 설교는 죄의 침투성을 심각하게 생각하지 않는다. 인간은 하나님께 순종하기 원하고 순종할 능력이 있다고 믿기에, 순종하는 방법만 가르쳐 주면 된다고 생각하는 것이다.[39] 하나님께 반역하기 좋아하는 인간 본성을 완전히 무시한 이런 가르침은 성경의 가르침과는 거리가 멀다.[40]

자조주의적 설교는 성경 인물을 '우리처럼' 만드는 경우가 많다. 우리는 다윗이고, 우리의 문제들은 다윗과 같다는 식이다. 성경 인물들의 힘겨운 싸움이나 승리를 그리스도의 인격과 사역과는 무관하게, 직접 우리에게 적용한다.[41]

이런 설교를 듣는 사람들은 하나님과 직접 대면하지 않기 때문에 소비주의적이고 천박해진다. 에드먼드 클라우니(Edmund Clowney)는 다음과 같이 지적한다. "계시의 역사를 무시하는 설교는 계속해서 아브라함과 우리를 동일시하고, 모세의 갈등과 우리의 갈등을 동일시하고, 베드로의 부인과 우리의 비신실함을 동일시하고, 오직 예화로만 진행하고, 하나님의 말씀은 전하지 못하며, 교회가 하나님의 역사의 영광을 보지 못하도록 한다. 그것은 그저 사람, 죄악된 사람, 찾는 자, 구속된 자, 경건한 사람에 대해 설교하지만, 예수 그리스도에 대해서는 설교하지 않는다."[42] 시대에 뒤떨어지지 않으려고 애쓰다가 오히려 부적격한 설교자가 되기 십상이다. "시대에 뒤떨어지지 않는 설교자가 되고 싶은 욕심 때문에, 설교하면서 실생활과 문제에만 설교의 초점을 맞추다 보면, 성경 주제와 교리의 복잡한 연관성을 놓칠 때가 많다."[43]

그리스도 중심의 설교는, 청중이 복음에 확고히 뿌리내리지 않은 채 성급하게 적용으로 넘어가지 않도록 주의한다. 우리는 엄연한 죄인이지만, 그리스도 안에서 온전히 용납받았다. 우리는 죄로 가득 찬 존재이기에 스스로를 도울 수 없다. 혼자서는 아무것도 할 수 없다. 그러나 그리스도의 사역과 성령의 능력이 우리 삶 가운데 역사하시기에 우리에게도 희망은 있다.[44] 그리스도 중심의 설교는 그저 어떻게 살아야 하는지를 제시하는 데서 훨씬 더 나아간다. 삶의 근원과 지혜를 알려 주고, 왜 그분께 나아가야 하는지, 어떻게 그분께 나아갈 수 있는지를 설명해 준다. 우리가 느끼는 필요들이 복음의 맥락에 엮여 있기에, 기독교 메시지는 우리가 스스로를 좋게 느끼도록 만드는 데서 그치지 않는다.[45] 그리스도 중심의 설교는 성경 본문을 설교에 오용하지 않고, 본문의 뜻을 드러내어 그리스도께서 직접 말씀하시도록 한다. 존 스토트는 이렇게 말한다. "[본문] 길이와 상관없이, 성경 강해자의 책임은 말씀에 가감하지 않고 말씀을 왜곡하지 않으면서, 말씀이 스스로 그 메시지를 분명하고 알기 쉽고 정확하고 적실성 있게 말하도록 제시하는 것이다."[46]

행동주의

또 다른 유사품으로는 행동주의가 있다. 행동주의는 한때 개신교 자유주의 진영에서 열광하던 사회복음인데, 요즘 많은 도심 교회에서 가난과 불의의 문제를 다루면서 다시 불붙고 있다. 행동주의적 설교는 하나님 나라의 공동 사역을 지나치게 강조하고 왕의 개인 사역은 간과함으로써 그리스도의 구원 사역을 희생시키면서까지 그리스도의 공동체적 구원에 초점을 맞춘다. 이런 설교를 듣는 사람들은 그리스도 중심의 삶은 제쳐 둔 채 대의명분만을 쫓게 된다. 이런 접근법은 결국 진정한 사회 변화에 영향을 미칠 수 있는 능력을 약화시킨다. 진정한 사회 변화는 변화된 마음에서부터 시작되기 때문이다. 예를 들어, 가난한 사람들에 대한 관심은 매우 중요하지만,[47] 이런 관심은 예수 그리스도와 그분의 삶과 죽음, 부활과 연결된 그 구원 사역의 메시지와 반드시 함께 가야 한다. 도시의 유익을 위해 일하고, 가난한 사람들을 섬기고, 불의와 압제에 맞서 싸우는 것은 다가올 그 나라의 표지요 우리가 그 왕을 섬긴다는 표시다. 그러나 그리스도 중심의 설교는 복음의 **공동체적 측면**을 강조하느라 복음의 **개인적 본질**을 무시하지 않는다. 오히려 복음에서 우러나온 자비로 가난하고 압제받는 사람들을 섬겨야 한다는 궁극적 기초와 폭넓은 배경을 제공한다.[48]

개요

이 네 가지 유사품은 각기 나름의 매력을 갖고 있다. 도덕주의와 자조주의는 인간의 의지에, 상대주의는 가슴에, 행동주의는 손에 호소한다. 그러나 궁극적으로는 그리스도 중심의 설교만이 사람들로 하여금 전인(머리, 가슴, 손)으로 그리스도와 그분의 백성과 그분의 세상을 사랑하도록 동기를 부여한다.

    복음 설교의 비결이 곧 복음으로 사는 삶의 열쇠다. 설교자의 마음 중심에 복음이 있어야 강단에서도 복음이 중심을 잡을 수 있다. 복음이 중심일 때 복음의 능력이 나온다. 도덕주의나 자조주의에 안주하는 목회자는 성도들의 행동을 고치는 데 일조할 수 있을지 몰라도, 자기 의(나는 저 사람보다 훨씬 나아!)와 하나님 앞에서 불안정감(나는 충분히 신실한가?)을 낳기 쉽다. 그런 설교를 듣는 사람들에게 외적인 변화가 있을지는 몰라도 내면의 변화를 기대하기는 어렵다. 자유주의적·상대주의적 설교는 사람들의 자아상을 높여 줄 수 있을지 몰라도, 자아에 대해 죽어야 한다고 도전하지 못한다. 이들은 진정한 삶을 살 수 없다. 마찬가지로, 행동주의적 설교는 당신이 사는 곳의 문화적·사회적 구조를 개선할 수 있을지는 몰라도, 사람들은 거듭나지 못한 채로 그리스도 없는 영생을 살 수밖에 없다.

많은 사람들이 인식하지 못하지만, 예수님께는 성경이 있었다. 지금 우리가 구약성경이라고 부르는 것이다. 예수님은 복음 중심의 관점으로 성경을 읽으셨다. 누가복음 24:45-46에 따르면(다른 곳도 많지만), 예수님은 구약성경이 자신에 대한 이야기라고 말씀하셨다. 그분은 제대로 이해하고 계셨다. 우리는 신구약성경 모두가 하나님의 영감으로 된 것을 알기에, 성경 전체가 예수님과 그분의 삶, 죽음, 부활에 대한 책이라고 말할 수 있다.[49] 완벽한 순종의 삶과 잔인한 죽음, 강력한 부활을 보여주신 예수님은 성경의 영웅이시다. 성경은 우리에 대한 책이 아니라 예수님에 대한 책이다. 복음은 하나님이 우리를 위해 그리스도 안에서 하신 일을 선포한다.

복음은 우리가 하나님께 열납되기 위하여 해야 할 일을 도저히 할 수 없어서 하나님이 우리를 위하여 예수 그리스도 안에서 그 일을 행하셨다고 말하고 있습니다. 사실 우리가 하나님께 열납되려면, 하나님의 뜻에 완전하고 지속적으로 순종하는 삶을 살아야 합니다. 그러나 우리는 그렇게 할 수 없습니다. 하지만 복음은 선포하기를, 예수님이 우리를 위하여 그 일을 행하셨다고 합니다. 또 하나님은 의로우시므로 우리의 죄를 심판하셔야만 합니다. 그러나 죄의 대가를 지불하는 이 일도 그분께서 우리를 위하여 예수님 안에서 담당하셨습니다. 그리스도는 우리를 위하여 하나님의 거룩한 율법대로 완전한 삶을 사셨으며, 우리 죄의 대가를 완전하게 지불하셨습니다. 이와 같이 우리를 위한 그리스도의 삶과 죽음, 이것만이 우리가 온전히 하나님께 열납될 수 있는 근거입니다.[50]

팀 켈러의 강연 내용을 길게 인용하면서 이번 장을 마무리하려고 한다. 그는 우리가 어떻게 성경을 읽고, 구약성경을 보면서 그리스도를 어떻게 생각해야 하는지를 말해 준다.

> 예수님은 진정한 아담, 더 나은 아담이십니다. 그분은 동산의 시험을 통과하셨고, 그분의 순종이 우리에게 전가되었습니다.
> 예수님은 진정한 아벨, 더 나은 아벨이십니다. 죄 없이 죽임당하셨지만, 그 피는 우리를 정죄하지 않고 우리의 무고함을 부르짖습니다.
> 예수님은 진정한 아브라함, 더 나은 아브라함이십니다. 그분은 하나님의 부르심에 응답하여 편하고 익숙한 곳을 떠나, 갈 바를 알지 못하고 나아가서 하나님의 새로운 백성을 창조하셨습니다.
> 예수님은 진정한 이삭, 더 나은 이삭이십니다. 그분은 아버지께서 산 위에 올려놓으신 제물이 아니라, 우리를 위한 진정한 희생 제물이셨습니다. 하나님이 아브라함에게 "네가 네 아들 네 독자까지도 내게 아끼지

아니하였으니 내가 이제야 네가 하나님을 경외하는[사랑하는] 줄을 아노라" 하고 말씀하셨습니다. 이제 우리는 자기 아들을 산으로 데려가 희생 제물로 바치시는 하나님을 보며 이렇게 말할 수 있습니다. "당신이 당신의 아들 독자까지도 우리에게 아끼지 아니하였으니 우리가 이제야 당신이 우리를 사랑하시는 줄을 알겠습니다."

예수님은 진정한 야곱, 더 나은 야곱이십니다. 그분은 우리 대신 씨름하시고 우리가 받아야 할 정의의 공격을 받으셨습니다. 그래서 야곱처럼 우리를 깨워 연단시킬 은혜의 상처를 받게 하십니다.

예수님은 진정한 요셉, 더 나은 요셉이십니다. 왕의 오른편에 앉으신 그분은 자신을 배신하고 팔아넘긴 사람들을 용서하시고, 자신의 새로운 권력으로 그들을 구원하십니다.

예수님은 진정한 모세, 더 나은 모세이십니다. 그분은 그분의 백성과 주님 사이에 서서 새 언약을 중재하십니다.

예수님은 진정한 모세의 바위, 더 나은 모세의 바위이십니다. 하나님의 정의의 막대기가 그분을 내리쳐 광야에서 우리에게 물을 주십니다.

예수님은 진정한 욥, 더 나은 욥이십니다. 죄 없이 고난당하신 그분은 어리석은 친구들을 중보하고 구원하십니다.

예수님은 진정한 다윗, 더 나은 다윗이십니다. 백성은 스스로 승리를 쟁취하고자 돌멩이 하나 들어 올리지 않았지만, 그분의 승리가 곧 백성의 승리입니다.

예수님은 진정한 에스더, 더 나은 에스더이십니다. 그분은 이 땅의 왕궁뿐 아니라 하늘에 있는 진정한 왕국을 떠나는 위험을 감수하셨습니다. 그분은 자기 목숨을 위험에 내놓으셨을 뿐 아니라, 자기 백성을 구원하시기 위해 기꺼이 목숨을 버리셨습니다.

예수님은 진정한 요나, 더 나은 요나이십니다. 그분은 우리를 구원하시기 위해 폭풍우 가운데 던져지셨습니다.

예수님은 진정한 모세의 바위요, 죄 없고 흠 없이 무력하게 죽임당한 진정한 유월절 양이십니다. 그분 덕분에 죽음의 천사가 우리를 지나갈 것입니다. 그분은 진정한 성전이요 진정한 예언자, 진정한 제사장, 진정한 왕, 진정한 희생 제물, 진정한 어린양, 진정한 빛, 진정한 떡이십니다.

그러므로 성경은 여러분에 대한 책이 아니라, 바로 그분에 대한 책입니다.[51]

우리가 그리스도와 십자가에 못 박힌 그분을 전하지 못하면, 그 대신 인간성과 인간성의 발전을 전하게 된다.　　　　　　　　　　　　　　　　　　_윌리엄 윌리몬[1]

죄 문제를 축소하는 성직자는 우리 문화에서 정당한 역할을 유지하지 못한다.
　　　　　　　　　　　　　　　　　　　_칼 메닝거 박사(Dr. Karl Menninger)[2]

십자가는…… 십자가와 그것이 요구하는 진지하고 심각한 회개 이외에는 그 어떤 것도 인간의 끔찍하고 심각한 죄를 해결할 수 없음을 상징한다. 십자가를 기억하고 그 의미를 적절하게 사용할 때만이 우리 안에 그런 회개가 일어날 수 있다.
　　　　　　　　　　　　　　　　　　　　　　　　_존 녹스(John Knox)[3]

언젠가 런던 일링에서 마틴 로이드 존스(Martyn Lloyd-Jones)와 차를 마셨다. 나는 평소 고민하던 문제를 여쭤 보기로 했다. "로이드 존스 박사님, 제가 설교할 때 육신의 에너지로 설교하는지, 아니면 성령의 능력으로 설교하는지 어떻게 알 수 있습니까?" "쉬운 질문이구먼" 하고 말씀하시는 그분 앞에서 나는 한없이 작아지는 것을 느꼈다. "육신의 에너지로 설교하는 사람은 아주 기분이 좋고 득의만만할 테고, 성령의 에너지로 설교하는 사람은 경외감과 겸손을 느낄 걸세."　　　　　　　　　_에드먼드 클라우니[4]

11장 죄를 드러내는 메시지

죄의 교리는 나를 기독교 신앙으로 끌어당기기도 하고 밀어내기도 했다. 나는 성경을 연구하기 시작하면서, 기독교 메시지를 구성하는 주요 요소가 추악한 죄의 모습과, 죄가 하나님의 형상대로 창조된 사람들을 어떻게 망가뜨리는지 보여주는 것임을 깨달았다. 젊고 반항이 심했던 나는 기독교가 진리라면, 하나님이 내 죄 때문에 큰 골칫거리를 앓고 계시다는 사실을 깨달았다. 하나님이 큰 골칫거리를 떠안고 계시다면, 그것은 내게도 보통 문제가 아니었다. 하나님의 진노 말이다.

진노란 무엇인가

로마서 1장에서, 바울은 죄의 근원과 함께 죄에 대한 하나님의 태도를 구체적으로 지적한다. 바울은 인간의 불의와 불신과 죄에 대한 하나님의 반응을 진노로 묘사한다. 바울의 주장에 따르면, 하나님은 인류에게 그들이 원하는 것(결국에는 그들을 파괴할 정욕과 욕망을 추구할 수 있는 자유)을 주심으로써 그분의 진노를 집행하신다.[5] 그러나 진노는 우리의 죄의 단순한 결과에 불과한 것이 아니다.[6] 그것은 죄에 대한 하나님의 적극적인 심판을 가리킨다. 하나님의 진노는 "그분이 악의 모든 형태와 악의 모든 드러남에 대하여 갖는 지속적이고 가차 없고 끈질기고 타협 없는 적대감이다."[7] 전적으로 거룩하신 하나님은 모든 악을 반대하시기에 인간의 죄와 반역에 진노하신다. 성경은 하나님의 자비를 받지 못한 사람은 누구든 그분의 진노의 대상이라고 가르친다.[8]

하나님의 진노를 영화에 등장할 법한 시적 정의나 복수 이야기와 비교해서는 안 된다. 또 이것은 사람들이 가끔씩 하나님께 쏟아붓는 보복성 화풀이와도 다르다. 존 스토트가 설명하듯이, "하나님은 사적인 원한이나 앙갚음 같은 것을 전혀 갖지 않으신다. 실로 하나님은 그 적대자에 대해 감소되지 않은 사랑을 동시에 유지하신다.…… 하나님의 거룩은 죄를 폭로한다. 그리고 하나님의 진노는 죄를 대적한다."[9] 진노가 존재하는 까닭은 악과 죄가 존재하기 때문이다. 죄는 피조물과 창조주를 분리했고, 죄 때문에 그리스도께서 죽으실 수밖에 없었다. 죄는 하나님께 너무나 심각한 문제라서, 그분은 죄에 대해 진노하신다.[10] 잭 밀러(Jack Miller)가 말했듯이, "인간의 전 존재는 수치스럽다. 하나님의 형상대로 창조된 인간은 하나님의 영광을 드러내도록 지음 받았다. 그러나 지금은 자기 자신과, 자기 머리와 손으로 만든 우상들을 찬양하고 찬미하며 산다. 이 정죄에서 예외인 사람은 아무도 없다."[11]

죄란 무엇인가

사람들이 복음 메시지를 외면하는 이유는 헤아릴 수 없이 많다. 그중에서도 가장 결정적인 이유는, 마치 야구 심판이 볼과 스트라이크를 가려내듯 성경이 선과 악을 반복해서 정의하고 있다는 괴로운 현실 때문이다. 예를 들어, 잠언 기자는 특정한 죄를 저지른 사람들을 지적하면서 "음녀", "게으른 자", "미련한 자" 등 차별적인 명칭을 사용한다.[12] 성경에는 성과 돈, 권력을 비롯한 생활 전 영역에서 적법 행동과 불법 행동을 알려 주는 예시가 가득하다. 하나님은 자기 백성을 열렬히 사랑하시지만, 그 사랑 때문에 우리 죄를 무시하시지 않는다.

이 모든 상황은 우리를 한 가지 질문으로 이끈다. '그렇다면 죄란 과연 무엇인가?' 이 세상이 뭔가 크게 잘못되었다는 것은 삼척동자도 다 아는 사실이다. 현 상태를 초래한 범인으로 지목되는 용의자들은 많다. 가정의 붕괴, 교육 부재, 전쟁, 정부의 리더십 부족 같은 구조적 문제들이 이 세상을 '엉망진창'으로 만드는 데 다양하게 기여했다. 하지만 태양으로부터 세 번째 행성인 이곳 지구에서 벌어지는 문제들의 뿌리는 과연 무엇인가? 바로 죄다.

개인이 저지른 죄의 본질을 묘사해 주는 단어가 신약성경에 나오는데, 바로 **육신**이다. 육신은 단순히 우리 몸을 가리키지 않고, 그중에서 하나님의 법에 아직 굴복하지 않은 부분을 가리킨다.[13] 신약성경은 죄의 공동체적 성격을 **세상**이라는 말로 표현하기도 한다. 요한일서 2:16이 세상이라는 단어를 가장 잘 묘사해 주는 것 같다. "이는 세상에 있는 모든 것이 육신의 정욕과 안목의 정욕과 이생의 자랑이니 다 아버지께로부터 온 것이 아니요 세상으로부터 온 것이라." 세상은 하나님께 순종하지 않고 육신 가운데 살아가는 수많은 개인들의 소산이다. 우리는 '육신'과 '세상' 가운데서 죄의 영향력과 그 결과를 본다. 이렇게 해서, 죄는 개인적(사적)이고 공동체적(공적)이라는 점을 알게 되었다. 그러면 이제 하나님께 지은 죄가 무엇을 의미하는지 좀 더 확실하게 알아보자.

죄는 하나님을 떠나 홀로 사는 것이다

사람들은 왜 아담과 하와가 완전한 상태에서 불완전한 상태가 되었는지, 왜 하나님의 친구에서 적이 되었는지를 두고 여러 가지 추측을 했다. 금지된 열매를 따 먹은 불순종의 행위에 그들의 반역이 드러났다는 것에 대부분 동의하지만, 그런 행동의 이면에 있는 궁극적 동기가 무엇이었는지를 놓고는 의견이 분분하다. 이들의 행동을 판단하는 한 가지 방법으로 독립에 대한 욕구를 들 수 있다. 그들은 하나님과 상관없이 홀로 살아가겠다고 선택한 이후에 그 열매를 먹고 하나님께 불순종하기로 했을 것이다. 그 이후로, 하나님을 떠나 홀로 살고자 하는 열망과 시도는 인류의 근본적인 문제가 되었다. 존 스토트의 표현대로, "우리는 우리의 피조성에 필연적으로 수반되는 의존적 위치를 거절하고 도리어 독립을 얻고자 노력했다."[14] 모든 인류가 사실상 이렇게 말한 셈이었다. "하나님, 저를 창조하시고 명령을 주셔서 당신을 누리며 살게 해주시니 고맙습니다. 이 정도면 됐으니 이제 제 힘으로 살아 보렵니다. 제가 직접 기준을 세우고, 제가 세운 규칙에 따라, 제 자신의 신이 되려 합니다." 죄의 핵심에는, 하나님의 명령이 우리가 순종해야 할 축복이라기보다는 거부하고 싶은 무거운 짐

이라는 느낌이 자리 잡고 있다.[15]

하나님을 떠나 독립하고 싶은 마음을 설명해 주는 또 다른 방법은 교만이다. 우리는 에덴동산에서 교만의 기원을 볼 수 있다. 아담과 하와는 하나님과 그분의 말씀만으로는 부족하다고 생각했다. 그래서 사탄의 말을 듣고, 선악을 정의하고 진리의 최종 결정권자가 되고 싶어 하는 자신들의 본능과 욕구를 믿었다. 교만은 하나님을 인정하고 그분께 순종하기를 끊임없이 거부하는 자족감이다.[16]

죄를 지은 아담과 하와는 순수함을 잃어버렸다. 죄를 지은 즉시 그들이 무화과나무 잎으로 옷을 지어 입었다는 사실에서 그 점이 드러난다. 죄를 회개하고 하나님의 용서와 도우심을 구하기는커녕, 자신들의 죄를 가리고 스스로의 힘으로 죄를 씻어 보려고 애썼다. 아담과 하와는 스스로 죄에서 구원받을 수 있으리라 생각하고 하나님에게서 달아났다. 이것이 바로 하나님을 제쳐 두고 인간 스스로 의를 추구하는 '자기 의'다. 교만은 이런 자기 의에서 본색을 드러낼 때가 많다.[17]

죄는 자기방어다

무화과나무 잎은 아담과 하와가 하나님을 피해 숨도록 도와주었을 뿐 아니라 서로를 피해 숨는 데도 도움이 되었다. 무화과나무 잎은 두 사람 사이에 있어서는 안 될 장벽을 만들었다. 그들은 죄를 은폐하려고 자기 몸을 가렸지만, 그 때문에 상대방과도 멀어졌다. 죄는 자기방어다. 자기방어는 죄가 인간 공동체에 미친 결과다. 우리는 자신의 전 존재(욕망과 상처, 걱정 등)를 자유로이 드러내지 못하고 숨기게 되었다. 상대방의 거절과 판단, 오해가 두려워서다. 이것은 하나님이 진정한 인간 공동체에 의도하신 것을 훼손하는 심각한 죄다. 신약성경에서도 서로 짐을 지라고 명령하지 않던가![18]

하나님이 아담의 죄를 지적하시자 그는 자신을 유혹한 아내를 비난했는데, 이것은 결국 하와를 자신에게 데려오신 하나님을 비난한 셈이었다.[19] 이제 막 인류 최초의 사랑 노래를 작곡하여 하와를 칭송하고, 아내를 선물로 주신 하나님께 감사했던 아담이 어찌된 일인가![20] 하와는 하나님의 지적을 받고 사탄을 비난했다.[21] 인류 시초부터, 우리는 죄가 자기기만이라는 것을 보게 된다. 그래서 우리는 스스로를 속여 자신을 희생자로 여기고, 자신이 잘못한 일인데도 남을 비난한다.

죄는 하나님의 법을 위반하는 것이다

죄의 핵심에는 하나님의 명령을 고의로 위반하려는 마음이 자리하고 있다. 로버트 피터슨(Robert Peterson)은 "현대인들은 종교에서 법률 용어를 사용하는 것을 몹시 싫어하지만, 성경은 하나님을 재판관으로, 죄를 그분의 법을 위반한 행위로 묘사한다"고 썼다.[22] "죄는 하나님의 법을 순종함에 부족하거나 그 법을 어기는 행위다."[23] 죄는 그분의 법을 의도적으로 무시함으로써 하나님께 대적하는 행위다. 「웹스터 사전」(*Webster's Dictionary*)도 죄를 다음과 같이 정의한 점이 무척 흥미롭다. "자진해서 하나님의 법을 위반하거나 그분의 명령을 어김. 악한 행위. 부당함."

신약성경은 다양한 단어를 사용하여 죄의 실상을 묘사한다. 그중 한 가지가 '하마르티아'(*hamartia*)인데, '과녁을 벗어나다'라는 뜻이다. 야고보는 다음 본문에서 죄를 묘사하면서 이 단어를 사용한다. "그러므로 사람이 선을 행할 줄 알고도 행하지 아니하면 죄니라"(약 4:17).[24] '아디키아'(adikia)도 자주 쓰이는 단어인데, '불의'라는 뜻이다. 사도 바울이 로마서 1:18에서 이 단어를 사용한다. "하나님의 진노가 불의로 진리를 막는 사람들의 모든 경건하지 않음과 불의에 대하여 하늘로부터 나타나나니."[25] '파랍토마'(paraptoma)라는 단어도 있다. '무단 침입하다, 경계를 넘다'라는 뜻이다. 사도 바울은 다음 본문에서 아담의 죄를 설명하기 위해 이 단어를 사용한다. "곧 한 사람의 범죄를 인하여 많은 사람이 죽었은 즉"(롬 5:15).[26] 마지막 단어 '아노미아'(anomia)는 '무법, 법 위반'을 뜻한다. 바울은 다음 질문에서 이 단어를 사용한다. "의와 불법이 어찌 함께 하며"(고후 6:14).[27] 하나님의 의로운 법을 위반하는 것이 곧 죄다.

죄는 잘못된 길로 빠진 열정이다

한번은 당대의 극렬 근본주의자들이 십계명에 나타난 하나님의 율법의 본질을 가지고 예수님을 시험하는 질문을 던졌다. 예수님은 처음 네 계명을 요약해서 마음과 뜻과 정성을 다해 하나님을 사랑하라고 하셨고, 나머지 여섯 계명을 요약해서 이웃을 자기 몸처럼 사랑하라고 말씀하셨다. 이 두 명령에서 예수님은 죄의 본성에 대해 중요한 말씀을 해주신다. 우리가 하나님과 다른 사람들보다 누군가나 무엇을 더 사랑하면, 그것이 죄다. 하나님보다 무언가에 더 열정을 쏟으면, 그것이 죄다. 하나님의 명령대로 그분을 사랑하지 못하고, 하나님의 형상대로 지음 받아 마땅히 사랑해야 할 사람들을 사랑하지 못하면, 그것이 죄다.

열정이 잘못된 길로 빠지면 하나님을 사랑하지 않는 데서 그치지 않고 그분 대신 다른 것들을 사랑하게 된다. 쇠렌 키르케고르(Søren Kierkegaard)가 아주 읽기 고약한 책 「죽음에 이르는 병」(*The Sickness unto Death*)에서 주장한 내용이 바로 이것이다. 자세한 내용은 다음 장에서 살펴보겠지만, 우선 우리가 자신의 의미와 안정감의 근거로 예수 그리스도 이외에 다른 누군가나 무엇을 찾는다면 그것이 죄라는 점만 염두에 두라. 인간은 자신의 중요성을 느끼고, 다른 사람들과 정서적으로 연결되어 있고, 사회적으로 만족스럽다고 느끼기 위해 어떤 사람이나 물건, 생활방식이나 취미를 찾는 성향을 갖고 있다. 성 아우구스티누스(Saint Augustine)가 지적했듯이, 우리가 사랑하는 대상들은 무질서해지기 시작한다. 잘못된 열정은 우리를 하나님께로부터 멀어지게 하고, 하나님을 대신하여 우리에게 안정감을 줄 만한 사람이나 사물로 인도한다.[28] 이 내용도 다음 장에서 자세히 살펴볼 것이기에, 여기서는 교회의 복음 선포가 사람들을 그들의 원래 사랑으로 인도해야 한다는 점만 당부해 두고 싶다. 이런 설교는 하나님의 은혜와 자비를 온전히 드러낼 뿐 아니라 큰 계명을 지킬 수 없는 인간의 실패와 무능력도 함께 드러내야 한다.

죄를 드러내는 메시지를 전하려면

성경에는 하나님이 좋아하시는 것과 싫어하시는 것이 분명히 나와 있다. 그래서 사람들은 성경을 불쾌하게 생각한다. 예수님은, 때로 이런 불쾌감이 너무 강해서 메시지를 들은 사람들이 우리를 박해할 것이라고 경고하신다.[29] 복음을 전한다는 이유로 정부에서 사람을 죽이거나 상해를 입히는 나라는 별로 없지만, 현실에서는 어떤 식으로든 박해를 받기 마련이다. 서구 세계에서 죄 이야기를 꺼내면, 사람들에게 조롱과 웃음거리가 되고 비방을 당하기 십상이다. 사실, 어떤 행위를 죄로 규정하는 것이야말로 서구에서 지적하는 유일한 '죄'가 아닌가 싶다.

그러나 성경을 가르치려면, 교회와 우리 문화의 죄를 드러낼 수밖에 없다. 죄로 가득한 마음을 지적하지 않고서는 복음 선포도 없다. 죄를 용서받고 놀라워하지 않고서는 복음 선포도 없다. 그리스도께서 죄를 물리치고 승리하신 것을 기뻐하지 않고서는 복음 선포도 없다. 현대의 설교는 복음의 불쾌한 부분을 누그러뜨려서 요즘 사람들의 구미에 맞게 전하는 경향이 있다.[30] 불쾌감을 줄이려고 죄 문제를 축소한다. 하지만 그러는 사이, 우리는 하나님의 말씀을 인간의 말로 뒤집고, 우상 숭배의 죄를 범하며, 복음에 나타난 죄 용서의 기쁨을 사람들에게서 빼앗는다.

하나님의 법을 설교하라는 말은 율법주의를 가르쳐야 한다는 뜻이 아니다. 율법[31]에는 여러 가지 기능이 있다. 하나님의 율법은 이스라엘을 이방 국가들과 윤리적으로 구분하고 그들을 증인으로 세워 이스라엘 국가를 보호했다.[32] 율법은 행악자들이 죄를 짓지 못하게 막고 이스라엘 사회에서 악을 제지했다. 율법은 인간의 반역을 드러내고 마음의 타락을 노출시켜[33] 우리 죄를 밝혀 준다.[34] 마치 이제 막 걸음마를 시작한 우리 아들이 욕실에서 놀지 말라는 '내 법칙'을 똑똑히 듣고 나서도 3분이 채 못 되어 장난감을 가지고 거기서 노는 것처럼 말이다. 율법은 하나님의 마음과 신자들의 삶의 기준을 드러내기도 한다. 마지막으로, 율법은 우리를 예수님께로 이끌어 준다.[35]

결국 율법은 우리가 하나님의 기준에 맞추어 살 수 없다는 사실을 보여줌으로써 우리에게 절망만 안겨 준다.³⁶ 율법은 하나님의 마음을 가르쳐 주고, 타락한 세상에서 어떻게 현명하고 의롭게 살 수 있는지를 가르쳐 주지만, 우리는 죄 때문에 하나님의 법을 충실히 따를 수가 없다. 이런 현실은, 우리에게 율법을 주신 하나님이 율법에 순종하지 못하는 우리를 위해 희생 제사 제도를 마련하셨다는 사실에서 잘 나타난다. 따라서 율법에 대한 설교는 구주의 필요성을 언급할 수밖에 없다.³⁷

자신이 얼마나 더러운지 모르는 사람은 목욕을 왜 해야 하나 싶다. 자신이 얼마나 큰 죄인인지 모르는 사람은 구원받을 필요를 느끼지 못한다. "진노가 얼마나 큰지 아는 사람만이 자비의 위대함에 압도될 것이다."³⁸ 죄를 드러내는 설교는 사람들이 자기 죄를 직면하고 구주의 필요성을 절실하게 느낄 수 있도록 돕는다.

죄를 드러내는 설교는 성령과 함께 청중의 삶에 역사하여 죄를 선고하고 회개를 유도한다. 개인이 율법에 직면할 때 내면에서 일어나는 세 가지 상태를 염두에 두는 것이 중요하다. 먼저, 단순히 죄책감만 느끼는 사람들이 있다. 기분은 나쁘지만, 상처를 받지는 않는다. 그런가 하면 정죄감을 느끼는 사람들도 있다. 크게 상심하지만, 희망은 없다. 마지막으로, 죄의 선고에 진정으로 뉘우치며 그리스도를 받아들이고 죄를 버린 기쁨을 구하는 사람들이 있다.³⁹

복음 메시지는 죄를 드러내지만, 거기서 끝나지 않는다. 키르케고르는 어떤 설교를 듣고, 마치 굶주린 사람에게 요리책을 읽어 주는 것 같다며 불평한 적이 있다.⁴⁰ 우리가 죄를 드러내는 설교만 한다면, 키르케고르의 비판을 받아 마땅하다. 우리는 사람들에게 그리스도와 그분의 용서와 치유를 함께 가르쳐야 한다. 그리스도를 강조하지 않고 죄만 지적한다면 실패할 것이다. "우리의 죄의식은, 그것이 우리를 집으로 돌아오게 해줄 때만 크나큰 축복이다."[41] 죄를 드러내는 설교의 목표는 사람들이 죄에서 돌이켜 복음만이 줄 수 있는 기쁨과 용서를 만나도록 돕는 것이다.

복음의 반대는 우상 숭배다.   _마크 드리스콜[1]

하나님을 우리의 인생 드라마에 구겨 넣으려고 하면, 줄거리가 잘못되어 버린다. 그저 빗나가는 정도가 아니라 아주 사소해지고 만다. 우리 자신의 드라마에서 나와서 하나님이 연출하시는 드라마의 배역을 맡을 때, 우리는 역사상 가장 위대한 이야기의 일부가 된다.   _마이클 호튼[2]

인간의 마음은 우상 공장이다.   _장 칼뱅[3]

12장 우상을 부서뜨리는 메시지

앞 장에서 살펴본 것처럼, 성경은 죄가 무엇인지 분명히 하고 죄를 맹렬히 비난한다. 이 부분을 좀 더 파고들어 가 보자. 성경이 비난하는 죄는 특히 어떤 종류의 죄인가? 사람들은 성경에서 성 범죄나 불의, 살인 등을 가장 심하게 비판할 것이라고 예상한다. 성경이 그런 죄들을 자주 언급하고 비판하기는 하지만, 가장 강력하게 자주 비판하는 죄는 다름 아닌 우상 숭배다.[4]

우상의 위험과 우상을 만들려는 인간의 성향을 경고하는 내용이 성경 전체에 등장한다. 그중에서 몇 가지만 예를 들어 보겠다.

- 레위기 19:4 너희는 헛된 것들에게로 향하지 말며 너희를 위하여 신상들을 부어 만들지 말라. 나는 너희의 하나님 여호와이니라.
- 이사야 42:8 나는 여호와이니 이는 내 이름이라. 나는 내 영광을 다른 자에게, 내 찬송을 우상에게 주지 아니하리라.

- 요나 2:8 거짓되고 헛된 것을 숭상하는 모든 자는 자기에게 베푸신 은혜를 버렸사오나.
- 하박국 2:18 새긴 우상은 그 새겨 만든 자에게 무엇이 유익하겠느냐? 부어 만든 우상은 거짓 스승이라. 만든 자가 이 말하지 못하는 우상을 의지하니 무엇이 유익하겠느냐!
- 고린도전서 10:14 그런즉 내 사랑하는 자들아, 우상 숭배하는 일을 피하라.

우상 숭배의 뿌리는 태초로까지 거슬러 올라간다. 아담과 하와는 하나님만 예배하고 섬기도록 창조되었다. 하나님이 외로우시거나 하나님께 사람이 필요해서 창조하신 것이 아니다. 그들은 하나님을 사랑하고 즐거워하도록 창조되었다. 인간은 수직적으로 하나님께 예배하는 삶만 살도록 창조되지 않았다. 하나님의 권위 아래서 그분의 창조 세계를 다스리면서 수평적으로 그분을 예배할 책임도 있었다.[5]

아담과 하와가 하나님을 사랑하고 즐거워하면서 살아가던 어느 날, 속이는 자 사탄이 우리 선조에게 접근해서 이런 말을 던졌다. "너희들은 하나님을 진짜로 믿어서는 안 돼. 그분은 이것저것 제한이 심해서. 너희들에게 늘 이래라 저래라 하시지. 그분은 자기밖에 모르신다니까. 그러니 나를 믿고 네 인생은 네가 챙기도록 해. 그래야 네 행복을 지킬 수 있다고."[6] 안타깝게도, 우리 선조는 자신의 행복과 안전을 하나님께 맡길 수 없다고 믿고, 자기 삶을 스스로 통제하기로 결심했다. "빛들의 아버지"[7]보다 "거짓의 아비"[8]를 믿기로 한 것이다.

신학자들은 흔히 이 최초의 반역을 '타락'이라고 말한다.[9] 이 용어에

딱히 반대하지는 않지만, 죄의 본질을 파악하기에는 너무 단순하지 않나 싶다. 아담과 하와는 무슨 도랑에 빠지듯이 죄에 빠진 것이 아니었다. 또 신종 인플루엔자에 걸리듯이 죄에 사로잡힌 것도 아니었다. 두 사람은 결정적인 선택을 했고, 그 선택이 하나님과의 관계를 깨뜨리는 결과를 낳았다. 그 선택이 바로 인류 최초의 우상 숭배였다. 아담과 하와는 하나님이 아닌 다른 것에 그들의 신뢰와 의미, 정체성, 안정감과 미래를 의도적으로 의탁했다. 바울은 인류 반역의 뿌리를 묘사하면서, 죄를 단순한 규칙 위반이 아니라 예배 대상의 교환으로 본다. "[그들은] 썩어지지 아니하는 하나님의 영광을…… 우상으로 바꾸었느니라."[10]

우상 숭배는 올바른 예배 대상을 교환하고 대체하는 행위다

십계명에는 자기 백성을 향한 하나님의 바람과 기대가 잘 표현되어 있다. 인간의 도덕성에 관한 이 규칙들은 하나님의 율법, 곧 하나님과의 언약 관계를 성장시켜 주는 행동 수칙이다. 십계명 중에 세 계명이 우상 숭배를 언급하는 점이 흥미롭다. 첫 번째 계명은 하나님이 온 땅의 주인이시기에 그분만 섬기라고 말한다. 신들이 특정 국가나 지역을 섬긴다고 한, 고대 근동 지역에 만연했던 지식과는 정반대의 내용을 담고 있다. 야웨는 "나는 모든 신의 신이니 다른 신들을 예배하지 말라"고 말씀하신다.[11] 두 번째 계명은 진정한 하나님을 그분 모습대로 예배하지 않고, 우리가 원하는 신을 만들어 예배하는 행위를 경고한다.[12] 또 마지막 열 번째 계명은 사실상 하나님보다 다른 것을 더 탐내지 말라는 명령이다. 즉 하나님보다 네 이웃의 집을, 네 이웃의 물건을, 네 이웃의 아내를, 네 이웃의 그 어떤 것을 더 탐내서는 안 된다는 말씀이다.[13] 신약성경은 탐심과 우상 숭배가 분명히 연관이 있다고 말한다.[14] 따라서 이 세 계명은 모두 '거짓 신들'(사람이나 물건 등의 거짓 신)을 취하여 하나님 대신 예배하려는 유혹을 지적한다.

우리가 하나님 대신 섬기는 것들이 우리의 마음과 상상력을 사로잡으면, 우리는 곧 우리가 예배하는 대상의 종으로 전락한다. 예배(worship)라는 단어는 '가치'를 뜻하는 worth와 '모양'을 뜻하는 shape가 결합된 고대 영어 worth shape에서 비롯되었는데, 우리가 예배하는 대상이 매우 포괄적으로 우리(의 가치)를 형성할 수밖에 없다는 뜻을 내포한다. 예배 대상은 늘 우리의 생각과 감정과 행동은 물론, 우리의 삶에 주요한 영향력을 미치는 요인이다. 그렇기 때문에 하나님과 우상을 동시에 섬길 수 없고, 결국에는 하나님을 예배하거나 우상을 예배하거나 둘 중 하나를 택해야 한다. 시편 기자가 말했듯이, "여호와의 산에 오를 자가 누구며 그의 거룩한 곳에 설 자가 누구인가. 곧 손이 깨끗하며 마음이 청결하며 뜻을 허탄한 데에 두지 아니하며 거짓 맹세하지 아니하는 자로다."[15] 즉, 그는 우상에 마음을 두지 않는 사람이다.

시편 기자는 여러 곳에서 예배와 영광을 연결한다.[16] 예배란 어떤 대상에게 영광을 돌리는 행위다. 앞에서 '카보드'(영광)라는 히브리어 단어를 언급했다. 이 단어는 중량감, 중요성, 최고 우선순위 등을 뜻한다. 우리가 지나치게 집중하는 물질이나 사람을 우상이라고 한다. 우상은 우리가 하나님보다 더 찬미하는 대상이다. 우리가 보기에 하나님보다 더 큰 영광과 무게감과 중요성을 얻는 대상이 바로 우상이다. 하나님을 향한 (그리고 그분이 주시는) 사랑을 희생하면서까지 거짓 연인들을 따라다니며 품에 안으려고 용쓰는 것이 바로 죄의 핵심이다.[17]

교회 개척자

성경은 여러 구절에서 우상을 요부로 묘사한다. 우상은 우리를 유혹하여 술 취함과 노예, 의존 상태로 몰고 간다.[18] 우상은 하나님께만 합당한 사랑을 훔쳐간다. 하지만 그렇다고 해서 우리의 잘못된 선택을 책임지지 않아도 된다는 것은 아니다. 우리는 우상 숭배 행위를 통해, 우리가 사랑해야 할 대상을 싸구려 창녀로 바꾸어 버린다. 우리가 예배하는 대상이 우리 마음과 상상력을 지배하므로, 우리는 예배 대상을 사랑할 수밖에 없다. 하나님이 우리의 마음과 상상력을 장악하시면, 우리는 그분을 예배하고 사랑한다. 하나님 이외의 다른 것이 우리의 마음과 상상력을 장악하면, 우리는 그것을 예배하고 사랑할 수밖에 없다.

우상 숭배는 하나님 대신 피조물을 예배하는 행위다

바울은 로마서 1장에서 창조주 대신 피조물을 예배하는 것이 우상 숭배라고 말한다.[19] 우리는 우상 숭배 행위를 통해 "무언가를 부풀려 하나님의 대체 역할을 하게 한다."[20] 이런 식으로, 우상 숭배는 창조 세계를 향한 하나님의 의도를 뒤집어 버린다. 하나님을 예배하고 창조 세계를 다스려야 할 우리가 오히려 창조 세계를 예배하고 창조 세계의 지배를 받는다. 신실한 청지기로 섬겨야 할 곳에서 불의한 관리자가 되어 버렸다. 주인이 되어야 할 곳에서 종이 되어 버렸다. 우리는 우리가 예배하는 대상의 지배를 받을 수밖에 없기 때문이다. 우리의 마음 중심에 무엇을 놓든지, 그것이 우리의 가치관을 형성하고 삶에 주요한 영향력을 미치게 된다.[21]

바울이 로마서 1장에서 제시한 추론에 따르면, 예배는 인간에게 필연적인 행위다. 우리가 더 이상 하나님을 예배하지 않는다고 해서, 그것으로 모든 예배가 끝난 것이 아니다. 오히려 우리는 하나님의 대체물을 찾아 그것을 예배한다. 모든 인간은 마음속 깊은 곳에서부터 예배자다. 우리는 자신의 외부에 있는 무언가를 각자의 마음 중심에 가져다 놓도록 창조되었다. 마크 드리스콜이 쓴 대로, "우리는 하나님으로 말미암아 예배하도록 창조되었고 스스로 자신을 도울 수 없다는 단순한 이유 때문에, 모든 사람은 예배자이다."[22] 우리가 예배한다는 사실에는 변함이 없다. 단지 예배하는 대상이 변할 뿐이다.

이 땅의 모든 인간은 예배한다. 이것이 근본적인 현실이다. 인간은 지식, 권력, 명성, 음악, 돈, 성관계, 운동, 취미, 일, 장난감 등을 자신의 예배 대상이자 궁극적인 관심사, 핵심 정체성으로 삼는다. 사람은 하나님이든 그분을 대신하는 어떤 사람이나 물건이든, 늘 무언가를 예배하고 있다. 마틴 로이드 존스는 우상을 이렇게 정의한다. "우상이란 우리 삶에서 오직 하나님만이 차지하셔야 하는 자리를 대신 차지하는 모든 것을 가리킨다. 우상이란 내가 의지하며 살아가는 모든 것을 가리킨다. 나를 움직이고 고무시키며 매료시키고 자극하는 것은 무엇이나 우상이며, 그것은 내가 대부분의 시간과 관심과 정력과 재물을 쉽게 바치는 모든 것을 가리킨다."[23]

인간의 마음은 외부의 어떤 존재를 예배하도록 지어졌기에 끊임없이 **안식할** 곳을 찾아 헤맨다. 인간의 마음은 희망을 걸 대상을 찾는다. 사람은 마음의 위안을 얻으려고 어떤 사람이나 물건을 찾기 마련이다. 성경은 인류가 결국에는 하나님이나 다른 무언가 중에서 하나를 찾게 된다고 가르친다. 하나님 이외의 그 무언가는 성취가 될 수도, 관계가 될 수도, 가족이나 지위, 인기, 취미가 될 수도 있는데, 모두 사회적 관계나 개인적 의미, 정서적 안정감을 가져다주는 것들이다.

무엇을 바라보고 추구하며 무엇에 충실하든지 간에, 그것이 우리 삶을 좌우한다. 성경이 우상 숭배를 탐욕이나 정욕, 거짓말 같은 죄와 근본적으로 다르게 보는 이유가 그 때문이다. 성경은 우상 숭배를 **한분 참 하나님을 예배하고 사랑하는 것을 대체할 유일한 대안**으로 취급한다. 우리는 하나님보다 우상을 더 아끼고 사랑하기 때문에 죄를 짓는다. 하나님을 적극적으로 사랑하지 않으면, 다른 무언가를 적극적으로 사랑하게 된다. 하나님이 우리 삶의 중심이 아닐 때, 다른 무언가가 그 자리를 대신 차지한다.

우상 숭배는 다른 죄들의 배후에 있는 죄다

최근 몇 년간 팀 켈러의 설교를 수백 편 들어 왔는데, 그중 한 편에서 '죄의 배후에 있는 죄'라는 개념을 듣게 되었다.[24] 초대교회 교부 테르툴리아누스(Tertullian)는 모든 죄는 우상 숭배에서 비롯되었다고 이야기할 만큼 대담했다. 십계명에 대한 마르틴 루터의 통찰에서 테르툴리아누스의 주장이 반복되는 것을 볼 수 있다.[25] 루터의 논리는 이렇다. 계명이 모두 열 개밖에 되지 않는데 그중 처음 두 계명이 우상 숭배(다른 신을 두지 말라, 새긴 우상을 만들지 말라)를 다룬다. 하나님이 분명히 무언가를 암시하고 계신 것이다. 나머지 계명도 모두 우상 숭배와 관련이 있는 듯하다. 우리가 3-10계명을 어긴 것은(즉 도둑질을 하고, 부모를 공경하지 않고, 결혼 서약을 벗어나 성관계를 맺은 것은), 1-2계명을 어겼기 때문이다. 이 문제들의 배후에 있는 진짜 문제는 우상 숭배다. 우리가 하나님보다 다른 것을 더 가치 있게 여길 때, 모든 죄는 거기서부터 비롯된다.

데이비드 포울리슨(David Powlison)은 '허영의 시장과 마음의 우상들'(Idols of the Heart and Vanity Fair)이라는 글에서, 요한이 요한일서의 마지막 구절(105절 중 105절)을 "너희 자신을 지켜 우상에게서 멀리하라"는 말씀으로 맺은 사실을 내게 처음으로 일깨워 주었다.[26] 흥미롭게도, 그 절을 제외한 104구절에서는 단 한 번도 우상을 언급한 적이 없었다! 다시 말해, 요한은 요한일서 전체에서 우상 숭배를 (직접적으로) 언급한 적이 없었다. 그가 마지막 절에 단 한 번 우상 숭배를 언급한 이유로는 두 가지 가능성을 생각해 볼 수 있다. (1)요한은 서신서 마지막 부분에서 주제를 바꾸려는 참이다. (2)요한은 전체 서신서의 주제를 요약하고 있다. 그가 주제를 바꾸려고 했다는 것은 좀 이상해 보인다. 생각 있는 저자라면 으레 그렇듯, 요한도 자신이 한 이야기를 독자들이 이해하기를 바라는 심정으로 이 서신서를 마무리하고 있을 것이다.

그렇다면, 요한은 이 서신서에서 무슨 이야기를 했는가?

요한일서 1:5-7 하나님의 빛이 그분의 지식과 순수함을 상징하는 사례를 들어 보인 후, 요한은 예수님을 따르는 사람들에게 "빛 가운데 행하라"고 권면한다.[27] 빛 가운데 행하는 것은, 하나님과의 관계를 통해 그분의 지식을 좇으며, 다른 신자들과의 관계를 통해 거룩한 삶을 추구한다는 의미다.

요한일서 2:3-6 다음으로 요한은 거룩한 삶이란 하나님을 알면 자연스럽게 따라오는 부산물이라고 설명한다. 하나님을 안다고 주장하면서 그분의 명령에 불순종하는 것은 거짓말하는 것이다.

요한일서 3:16-18 요한은 그리스도인의 삶을 그리스도의 삶, 특히 그분의 죽음과 직접 비교함으로써 그리스도인의 삶을 요약해 준다. 요한에 따르면, 그리스도처럼 사는 것은 그리스도처럼 희생하는 것이다. 자기 목숨을 버림으로써 하나님의 사랑과 능력이 실재함을 다른 사람들에게 알리는 것이다.

이 서신서의 마지막 절을 서신서 전체의 요약으로 본다면, 빛 가운데 행하고 하나님의 명령을 지키며 형제를 사랑하라는 요한의 명령은 결국 우리 자신을 지켜 우상에게서 멀리하라는 경고다. 우상 숭배에서 벗어나면 순종으로 나아가게 된다. 따라서 "빛 가운데 행하는" 데 문제가 있거나 "형제를 위해 목숨을 버리는" 데 문제가 있다면, 당신에게 "우상" 문제가 있다는 뜻이다. 요한서신이 주는 막대한 부담감은 단순하다. 십계명의 요약판인 예수님의 두 계명을 따라 하나님을 사랑하고 사람들을 사랑하라.[28] 이것이 곧 기독교의 정수다. 요한이 말하려는 바는, 모든 문제의 근원인 우상이 그리스도인들을 방해하여 하나님과 사람들을 사랑하지 못하게 한다는 것이다. 우상은 죄를 키우는 비옥한 토양이다. 우상 때문에 사람들은 하나님께 순종하지 못한다. 우상 숭배는 죄의 행위를 키우는 뿌리요 그 동력을 제공하는 연료다.

우상을 드러내는 질문들

우리가 궁극적으로 신뢰하는 대상이 무엇인지를 보여주는 다음 질문들이 우리의 우상을 드러내 준다.[29]

- 나의 가장 큰 걱정거리는 무엇인가?

- 내가 무언가에 실패했거나 무언가를 잃어버렸을 경우, 심지어 살 의욕마저 떨어뜨리게 만들어 버리는 그 대상은 무엇인가?
- 주변 상황이 좋지 않거나 어려워질 때 나 자신을 위로하려고 무엇을 사용하는가?
- 나는 어떤 식으로 그런 상황에 대처하는가? 무엇이 내 숨통을 틔우는가? 어떻게 하면 기분이 좋아지는가?
- 내 머릿속을 늘 차지하고 있는 것은 무엇인가? 나는 어떤 백일몽을 꾸는가?
- 내 자부심을 한껏 세워 주는 것은 무엇인가? 나는 무엇을 가장 자랑스러워하는가? 나는 어떤 사람으로 알려지고 싶은가?
- 나는 대화할 때 어떤 문제를 가장 먼저 꺼내는가?
- 처음 만난 사람에게 나의 어떤 점을 확실히 알리고 싶은가?
- 응답받지 못한 기도 제목 중에, 하나님을 떠나는 것을 진지하게 고려해 보게 만든 문제는 무엇이었는가?
- 인생에서 가장 바라고 기대하는 것은 무엇인가? 나를 진심으로 행복하게 만드는 것은 무엇인가?
- 미래에 대한 나의 바람은 무엇인가?

이 질문들에 대한 대답은 (겉으로 드러나는 고백과 상관없이) 그 사람이 진심으로 신뢰하는 것이 무엇인지 드러내 준다. 이 질문들에 대한 대답은 한 사람이 자기 인생에서 하나님의 자리까지 끌어올린 것, 곧 그 사람의 실제 주인이 무엇인지 알려 준다.

우상의 정체를 드러내는 정의들

여러 작가들이 다양한 분류에 따라 우상을 구분해 놓았다.[30] 몇 해 전에 액츠 29 집회에서 딕 카우프먼(Dick Kaufman)의 강연을 들었다. 카우프먼은 우상을 '먼 우상'과 '가까운 우상'으로 구분하면서, 딕 카이즈(Dick Keyes)에게서 이 개념을 빌려 왔다고 밝혔다. 그 후로 카이즈를 비롯한 다른 사람들의 저서를 읽으면서, 내 머리로 이해하기에는 이 범주가 너무 복잡하다는 생각이 들었다. 그래서 카우프먼의 분류법을 이해하려고 애쓰다가, 그 두 부류에 내 나름대로 다시 이름을 붙여 보았다. 바로 '근본 우상'과 '표피 우상'이다.

표피 우상

두 부류 중에 표피 우상[31]을 가려내기가 더 쉬운데, 이 우상이 표피에 가깝기 때문이다. 그래서 많은 사람들이 표피 우상을, 하나님과의 관계나 사람들과의 관계에서 발생하는 많은 문제의 원인으로 지적한다. 잭 밀러는 이런 종류의 우상을 '곁가지 죄'라고 명명한다. 사람들 눈에 덜 띄는 뿌리 죄에서 솟아 나온 죄이기 때문이다.[32] 표피 우상에는 이런 것들이 있다.

이미지 우상 "내가 원하는 특정한 외모나 몸매를 가져야 인생이 의미가 있고, 내가 가치 있어."

돕는 우상 "사람들이 나를 의지하고 필요로 해야 인생이 의미가 있고, 내가 가치 있어."

의존 우상 "누군가가 나를 안전하게 보호해 줘야만 인생이 의미가 있고, 내가 가치 있어."

독립 우상 "남을 보살피는 책임이나 의무에서 온전히 자유로워져야만 인생이 의미가 있고, 내가 가치 있어."

일 우상 "매우 생산적이고 업무를 많이 처리할 수 있어야 인생이 의미가 있고, 내가 가치 있어."

성취 우상 "사람들이 내 업적을 알아주고, 내 분야에서 뛰어나야만 인생이 의미가 있고, 내가 가치 있어."

물질주의 우상 "적당히 돈도 있고 재정이 자유롭고 재산이 있어야 인생이 의미가 있고, 내가 가치 있어."

종교 우상 "내 종교의 윤리 규정을 충실히 지키고, 거기서 권장하는 행동을 할 수 있어야 인생이 의미가 있고, 내가 가치 있어."

개인 우상 "내 인생에 한 사람이 있고 그가 나와 함께(혹은 홀로) 행복해야 인생이 의미가 있고, 내가 가치 있어."

무종교 우상 "제도권 종교에서 완전히 독립하여 스스로 윤리를 세울 수 있어야 인생이 의미가 있고, 내가 가치 있어."

인종/문화적 우상 "내 인종과 문화가 우월하고 우세한 것으로 인식되어야 인생이 의미가 있고, 내가 가치 있어."

내부 집단 우상 "특정 사회 집단이나 전문 집단을 비롯한 어느 집단에 소속되어야 인생이 의미가 있고, 내가 가치 있어."

가족 우상 "내 자녀들과 부모가 행복해야 인생이 의미가 있고, 내가 가치 있어."

관계 우상 "이상형을 만나 사랑을 해야 인생이 의미가 있고, 내가 가치 있어."

고난 우상 "상처 입고 문제를 겪어야만 인생이 의미가 있고, 내가 가치 있어. 비로소 내가 고상하거나 사랑받을 가치가 있다고 느껴지고 죄책감 문제를 해결할 수 있으니까."

이념 우상 "나의 정치적·사회적 대의나 내가 지지하는 당이 발전하고 영향력이나 권력을 확장해야 인생이 의미가 있고, 내가 가치 있어."

근본 우상

표피 우상이 비교적 이해하고 알아차리기 쉬운 반면, 근본 우상은 본질상 좀 더 미묘하다. 카우프먼에 따르면, 근본 우상에는 안락함, 인정, 통제, 권력 등이 포함된다.[33] 이 근본 우상들이 우리 인생의 다른 모든 우상을 조종한다. 이 우상들은 예수님의 가르침[34]과 알프레드 애들러(Alfred Addler)의 인성이론 연구[35]와도 일치한다.

카우프먼의 분류는 다음과 같다. (1)우리가 추구하는 것(근본 우상), (2)우리가 그 우상을 얻기 위해 기꺼이 지불하려는 대가, (3)우리의 최악의 가정과, 우리가 그 우상을 가동할 때 남들이 느끼는 감정, (4)우리의 우상을 드러내는 문제 정서. "인생이 의미가 있고, 내가 가치 있어"라는 문구는 과장이 심하지만, 덕분에 독자들이 자신의 마음 상태를 점검하게 되었다면 제 역할은 다한 셈이다.

이 근본 우상들을 자세히 살피기 위해, 모든 사람에게 익숙한 일관된 은유로 각각을 살펴보려고 한다. 그것은 바로 돈이다. 다음에 나열한 각각의 근본 우상을 가지고, 이 우상을 통해 궁극적으로 찾으려는 것, 이 우상을 숭배하기 위해 지불해야 할 대가, 이 우상을 유지시키는 최악의 두려움들, 그것이 우리와 가장 가까운 사람들에게 미치는 영향, 그것과 관련된 정서적 문제 등 특히 돈이라는 맥락에서 이 우상이 어떤 역할을 하는지 살펴보자.

안락함의 우상 "이런 쾌락을 경험하면, 이런 삶의 질을 유지하면 인생이 의미가 있고, 내가 가치 있어."

- 우리가 추구하는 대상: 안락함(사생활, 스트레스 없는 생활, 자유)
- 우리가 기꺼이 치르려는 대가: 생산성 저하
- 최악의 가정: 스트레스, 요구 사항
- 다른 사람들의 감정: 상처
- 문제 정서: 지루함
- 돈 문제에서: 안락함의 우상을 섬기는 사람들은 다른 사람들의 필요와 일상의 요구에서 자신을 보호하기 위해 돈을 벌고 쓴다. 이들은 무슨 수를 써서라도 지루함을 피하고 싶어 한다. 그래서 끊임없이 새로운 전자제품과 장난감을 구입하고, 취미를 비롯하여 일상을 잊게 해주는 것들에 큰돈을 투자한다. 안락함을 숭배하는 사람들은 아주 가까운 사람들을 포함하여 모든 타인을 자신의 안락함을 방해하는 잠재적인 요소로 본다. 진정한 관계를 맺으려면, 당연히 노력이 필요하다. 그래서 이들은 번거로움을 피할 수 있는 적절한 벽이 있을 때에만 관계에 투자한다.

인정의 우상 "_____가 나를 사랑하고 존중해 주어야만 인생이 의미가 있고, 내가 가치 있어."

- 우리가 추구하는 대상: 인정(확인, 사랑, 관계)
- 우리가 기꺼이 치르려는 대가: 독립
- 최악의 가정: 거절
- 다른 사람들의 감정: 질식
- 문제 정서: 소심함

• 돈 문제에서: 사람은 누구나 사랑받고 싶은 욕구를 가지고 태어난다. 이 욕구는 건전하고 자연스러운 것이다. 그러나 인정의 우상을 가진 사람들의 문제점은 하나님의 사랑에 만족할 줄 모르고, 자신이 중요하다고 여기는 사람들을 찾아다니며 사랑과 확인을 얻으려 한다는 것이다. 그래서 인정을 숭배하는 사람들은 사랑하는 사람을 행복하게 해주기 위해서라면 물불을 가리지 않는다. 큰돈을 써서 상대방의 인정을 (말 그대로) 사려는 행위도 서슴지 않는다. 그들은 자신에게 중요한 사람들이 그들의 성취를 자랑스러워하도록 만들기 위해 자신의 잠재 소득을 사용하기도 한다. 인정 숭배자들은 상대방의 인정을 받으려고 지나치게 돈을 낭비하고 약속을 남발하며 심하게 과장할 때가 많다. 그들은 그리스도 안에 있는 자신의 정체성이 불안정하기 때문에 죄를 미워하시는 하나님보다 사람들의 거절을 더 두려워한다. 그래서 남들이 자신을 어떻게 생각할지를 늘 걱정한다. 인정 우상을 섬기는 사람의 주변 사람들은 끊임없는 그의 필요에 질식당하는 느낌이 들 때가 많다. 사랑받고 싶은 욕구가 너무 커서 한낱 사람은 도무지 그 욕구를 만족시켜 줄 수 없기 때문이다.

통제의 우상 "_____ 분야에서 내 삶을 완벽하게 지배할 수 있어야 인생이 의미가 있고, 내가 가치 있어."

- 우리가 추구하는 대상: 통제(자기 절제, 확실성, 기준)
- 우리가 기꺼이 치르려는 대가: 외로움, 즉흥성
- 최악의 가정: 불확실성
- 다른 사람들의 감정: 정죄감
- 문제 정서: 걱정
- 돈 문제에서: 통제를 숭배하는 이들은 잠시도 여유 부릴 틈 없이 계

획한 대로 일이 진행되어야 성이 차고, 뿌리 깊은 근심 걱정으로 그에 대한 대가를 치를 때가 많다. 통제 숭배자들은 "내가 하자는 대로 하거나 아니면 관두자"라는 말도 자주 하지만, "이 일이 필요하다면, 내 스스로 해결해야 해"라는 말을 늘 입에 달고 산다. 돈에 대한 관점에서 그 점이 잘 드러난다. 통제 우상을 가진 사람들은 십 원짜리 하나의 지출 내역까지 훤히 꿰뚫고 있으며, 자기보다 재정 문제에 덜 꼼꼼한 사람들을 얕잡아 보는 성향이 있다. 이들은 돈이 많든 적든, 근심을 몰고 다닌다. "돈을 충분히 벌 수 있을까?", "저축은 충분히 하고 있는 걸까?" 같은 질문이 흔한 예다. 통제 우상 숭배자들의 특징은 불경기 같은 변화나 예상치 못한 사건이 자신의 계획을 망치려는 순간에 확연히 드러난다.

권력의 우상 "남에게 권력과 영향력을 행사할 수 있어야 인생이 의미가 있고, 내가 가치 있어."

- 우리가 추구하는 대상: 권력(성공, 승리, 영향력)
- 우리가 기꺼이 치르려는 대가: 부담, 책임
- 최악의 가정: 굴욕
- 다른 사람들의 감정: 이용당하는 느낌
- 문제 정서: 분노
- 돈 문제에서: 권력의 우상을 섬기는 사람은 경쟁에서 자기 정체성을 확인한다. 도전이 거세면 거셀수록 더 만족한다. 물론 경쟁 자체는 잘못된 것이 아니다. 경쟁은 특히 남성들의 세계에서 긍정적으로 작용할 수 있다. 하지만 모든 우상 숭배자는 하나님이 선물로 주신 좋은 것을 취해서 그것을 정체성의 궁극적 근원으로 만들어 버린다는 사실을 잊지 마라. 이 경우에는, 도전이나 경쟁, 좀 더 정확히 말해서 승리가 그 좋은 것에 해

당한다. 권력 숭배자들을 설명해 주는 또 하나의 방식이 있다. 이들의 주요 동기는 이기는 것이 아니라 지는 것을 피하는 것이다. 돈과 관련해서, 권력의 우상을 가진 사람은 늘 남보다 많이 벌고 많이 써야 직성이 풀린다. 그런 사람들은 도박에 중독되기 쉬운데, 선택 게임에 내재된 도전을 즐기기 때문이다. 권력 숭배자들은 자신이 이기기만 한다면 아무 문제가 없다. 하지만 남에게 지면, 그들의 심각한 불안정감이 드러난다. 다른 사람에게 지면 격분해서 언어적·신체적 폭력도 마다하지 않는다. 패배는 자신에 대한 증오와 함께, 승리를 '박탈해 간' 사람들에 대한 경멸을 낳는다. 권력 숭배자들의 주변인들은 승리와 패배 사이를 왔다 갔다 하면서 이용당하는 느낌, 경멸당하는 느낌, 진이 빠지는 느낌을 갖곤 한다.

사람은 누구나 어느 때라도 여러 근본 우상들의 영향을 한꺼번에 받는다. 그러나 그중에서도 핵심 우상, 한 사람의 삶에 많은 죄와 우상 숭배를 불러오는 한 가지 우상이 있게 마련이다. 근본 우상들은 뿌리요, 표피 우상들은 열매다.

우상 회개하기

이 땅에 오셔서 하나님 나라를 선포하기 시작하신 예수님은 갈릴리에서 그분의 말씀을 듣는 모든 사람에게 이렇게 선포하셨다. "때가 찼고 하나님의 나라가 가까이 왔으니 회개하고 복음을 믿으라."[36] 회개하고 복음을 믿는 것, 이것이 바로 그리스도를 따르는 삶의 핵심 의미다. 이것이 바로 당신의 인생에서 우상을 제거하고 당신의 존재 중심에 그리스도를 모시는 열쇠다. 우리의 삶에서 우상을 끌어내리고 그리스도를 높은 곳에 모실

방법을 이해하는 데 도움이 될 만한 시각 자료를 하나 제시해 본다.[37]

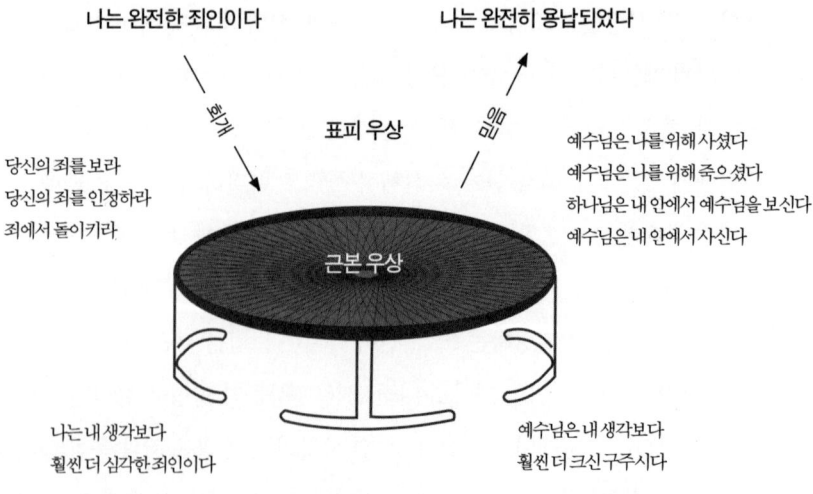

이 트램펄린 모델 맨 위에는 복음의 두 축이 있다. 우리는 완전한 죄인이라서 우리의 상태를 해결할 수 없다. 하지만 하나님은 그리스도께서 하신 일을 보시고 우리를 완전히 용납하신다.[38] 두 화살표는 우리의 삶에 복음을 적용할 수 있는 방법을 표시한다. 죄를 회개하고 그리스도를 믿으면 된다.

회개를 통해 우리는 죄와 관계된 세 가지 행동을 해야 한다. 죄를 보고, 인정하고, 죄에서 돌이켜야 한다. 우리의 죄를 구체적으로 본다는 것은, 죄가 하나님께 고통을 안겨 주고 그분의 율법을 거부한다는 사실을 이해하는 것이다.[39] 우리의 특정한 죄를 인정한다는 것은, 죄를 그저 일반적인 잘못으로만 보지 않고, 구체적이고 의도적으로 죄를 저질렀다는 사실을 인정하는 것이다. 법을 어겼다는 사실에 책임질 뿐 아니라 우리가 법을 어긴 존재라는 사실을 인정하는 것이다. 마지막으로, 우리가 죄에서 돌이킨다는 것은, 곧 죄 짓기를 그만둔다는 것이다.[40] 우리가 하나님께 등을 돌려 우리의 전 존재가 죄를 향할 때 우상 숭배가 일어난다. 우상에게 등을 돌려 우리의 전 존재가 하나님을 향할 때 회개가 일어난다.[41]

이 트램펄린 도표에 따르면, 회개는 당신과 함께 트램펄린 위에 있는 사람이 두 배로 뛰어오를 수 있게 애쓰는 것과 매우 흡사하다. 상대방이 하늘 높이 솟아오르거나 응급실에 실려 가기 원한다면, 아주 세게 뛰어야 한다. 회개도 마찬가지다. 표피 우상과 죄는 물론, 우리가 저지른 모든 죄와 우상 숭배의 원흉인 근본 우상들에서 벗어나기 원한다면, 아주 세게 뛰어야 한다. 회개의 한 가지 척도는, 자신을 생각보다 훨씬 심각한 죄인으로 보기 시작하는 것이다. 우리가 실제로 우리의 생각보다 훨씬 더 심각한 상태라는 것은 좋지 않은 소식이다.

하지만 좋은 소식도 우리의 생각보다 훨씬 더 좋다. 우리는 회개하면서 우리가 생각보다 훨씬 더 심각한 죄인임을 깨닫지만, 우리는 믿음으로 예수님이 생각보다 훨씬 더 크신 구주이심을 복음에서 볼 수 있다. "악을 행한 사람이 하나님의 자비가 자신에게도 미친다는 사실을 볼 수 있을 때에야 비로소 진정한 회개, 지속적인 회개가 가능하다."[42]

그리스도 안에서 용납되었다는 사실을 받아들이기 시작하면서 우리는 이 세상에서 완벽하지 않아도 된다는 사실을 깨닫는다. 그리스도께서 우리 대신 완벽하게 사셨기 때문이다. 사탄의 정죄를 참고 견디거나 하나님이 죄 때문에 우리를 벌주신다고 생각할 필요도 없다. 그리스도께서 죽으심으로 하나님의 모든 진노와 우리에 대한 형벌을 가져가셨기 때문이다. 우리는 **그리스도 안에** 있기에,[43] 그분의 완벽한 삶과 속죄의 죽음이 우리의 불완전한 삶과 우리가 받아 마땅한 형벌을 끊임없이 대신해 주신다. 그 덕분에 하나님은 우리 안에서 그분의 아들을 보신다. 우리의 생명이 "그리스도와 함께 하나님 안에 감추어졌고",[44] 그리스도께서 우리를 통해 그분의 삶을 사시듯이, 우리도 믿음으로 하나님과 함께하는 삶을 살기 때문이다.[45]

회개하고 복음을 믿으면 죄와 우상 숭배를 해결할 수 있다.[46] 사탄은 우리가 실제로는 반쪽만 죄인이라고 설득하여 그 말을 믿고 그리스도의 용서도 반쪽만 소유하도록 만들려고 유혹한다.[47] 바울은 데살로니가전서에서 "우상을 버리고 하나님께로 돌아와서 살아 계시고 참되신 하나님을 섬"긴다며[48] 데살로니가 교회를 칭찬한다. 회개하고 복음을 믿는 우리 자신과 우리의 교회에도 이런 칭찬이 있기를 바란다.[49] 고(故) 잭 밀러의 말로 이번 장과 제2부를 마치려 한다. "당신이 뼛속까지 이기적인 충동으로 가득하다는 사실을 더 많이 깨달을수록, 주님의 뜻에 얼마나 저항했는지를 더 많이 볼수록, 깊은 정결을 찾는 목마른 죄인의 심정으로 그리스도께 더 많이 나아갈수록 성령을 통해 더 큰 생명과 기쁨이 찾아올 것이다."[50]

제3부

사명

예수님이 세상을 치유하시기 위해 이 엉망진창인 곳으로 오셨다는 것이, 우리가 유일하게 확인할 수 있는 '엉망진창의 유익한 점'이라고 하겠다. 예수님은 자신을 통해 이 세상을 구원하시기 위해 하늘을 떠나 자궁 속으로, 마구간으로, 광야로, 십자가로 오셨다. 예수님이 이 엉망진창인 사람들을 먼저 사랑하셨기에 우리도 그런 사람들을 사랑하고 치유할 수 있다. 예수님은 세리와 죄인, 포주와 매춘부를 친구 삼으셨고, 그들 중 많은 수는 사도가 되었다!

_스캇 사울스(Scott Sauls)[1]

13장 사명의 핵심: 긍휼

내가 처음 다녔던 교회의 목사가 하나님과 멀어진 사람들에게 다가가야 한다는 메시지를 전하던 때를 잊을 수가 없다. "천국에서는 할 수 없지만 이 땅에서는 할 수 있는 순종 행위는 무엇일까요?" 목사는 이렇게 질문을 던지고 나서 그 질문에 스스로 답했다. "우리는 천국에서 예배를 드릴 수 있고, 하나님과 대화를 나눌 수도 있고, 성경을 읽을 수도 있습니다. 하지만 천국에서는 믿지 않는 친구들에게 복음을 전하는 일은 불가능하죠." 그 사실은 나의 전 존재를 뒤흔들었다. 나도 불과 몇 개월 전에는 잃어버린 처지가 아니었던가! 하지만 두 친구의 우정으로 예수님을 만나게 되었다.

액츠 29는 구원의 본질을 개혁주의의 관점으로 이해하지만, 모든 사람에게 복음을 전하여 그들이 구원받게 하려는 바람만큼은 절실하다.[2]

복음 메시지로 자격을 갖추고 부름을 받아 무장한 사람들은, 잃어버린 자를 찾아 구원하러 오신 예수님과 함께 사명에 나선다.[3] 예수님의 사명에 관심을 집중시키는 것도 중요하지만, 그 사명의 동기를 언급하는 것도 중요하다. 다음 성경 구절들에 나오는 사명의 배후에 있는 동기를 분별할 수 있는지 살펴보라.

- 마태복음 9:20-22 열두 해 동안이나 혈루증으로 앓는 여자가 예수의 뒤로 와서 그 겉옷 가를 만지니 이는 제 마음에 그 겉옷만 만져도 구원을 받겠다 함이라. 예수께서 돌이켜 그를 보시며 이르시되 딸아, 안심하라. 네 믿음이 너를 구원하였다 하시니 여자가 그 즉시 구원을 받으니라.

- 마태복음 9:35-36 예수께서 모든 도시와 마을에 두루 다니사 그들의 회당에서 가르치시며 천국 복음을 전파하시며 모든 병과 모든 약한 것을 고치시니라. 무리를 보시고 불쌍히 여기시니 이는 그들이 목자 없는 양과 같이 고생하며 기진함이라.

- 마태복음 14:14 예수께서 나오사 큰 무리를 보시고 불쌍히 여기사 그 중에 있는 병자를 고쳐 주시니라.

- 마태복음 15:30 큰 무리가 다리 저는 사람과 장애인과 맹인과 말 못하는 사람과 기타 여럿을 데리고 와서 예수의 발 앞에 앉히매 고쳐 주시니.

- 마태복음 15:32 예수께서 제자들을 불러 이르시되 내가 무리를 불쌍히 여기노라. 그들이 나와 함께 있은 지 이미 사흘이매 먹을 것이 없도다. 길에서 기진할까 하여 굶겨 보내지 못하겠노라.

- 마가복음 1:40-41 한 나병환자가 예수께 와서 꿇어 엎드려 간구하여 이르되 원하시면 저를 깨끗하게 하실 수 있나이다. 예수께서 불쌍히 여기사 손을 내밀어 그에게 대시며 이르시되 내가 원하노니 깨끗함을 받

- 마가복음 10:20-21 그가 여짜오되 선생님이여, 이것은 내가 어려서부터 다 지켰나이다. 예수께서 그를 보시고 사랑하사 이르시되 네게 아직도 한 가지 부족한 것이 있으니 가서 네게 있는 것을 다 팔아 가난한 자들에게 주라. 그리하면 하늘에서 보화가 네게 있으리라. 그리고 와서 나를 따르라 하시니.

이 본문들을 보면 예수님은 불쌍히 여기는 마음 때문에 사역을 베푸신 것이 분명하다. 폴 밀러(Paul Miller)는 「우리 사이를 거닐던 사랑」(Love Walked Among Us)에서, 복음서 기자들이 긍휼을 예수님의 지배적인 정서로 보았다고 지적한다.[4]

예수님이 나인 성 과부의 외아들을 죽음에서 일으키신 사건에서 그분의 긍휼이 잘 드러난다.[5] 예수님은 젊은이를 살리셨을 뿐 아니라 여인을 위로하셨다. 아들을 기적으로 치유하는 데만 정신이 팔려 어머니의 상처 입은 마음을 간과하지 않으셨다.[6] 사명감이란 사람들을 온전히 불쌍히 여기는 마음이다. 예수님처럼 그들을 바라보는 것이다.[7]

나는 광고 방송을 좋아하지 않아서 내 마음대로 광고를 건너뛰고 본방송만 볼 수 있는 디지털비디오녹화 서비스 티보(TiVo)의 발명에 환호했다. 그런데 당신은 '아프리카 아이들에게 식량을' 같은 광고를 보면서 얼마나 마음이 불편해지는지를 깨달은 적이 있는가? 나는 마음이 무겁고 힘들어서 그런 광고를 처음부터 끝까지 다 본 적이 거의 없다. 티보의 훌륭한 기능을 활용하는 차원 때문만은 아니다. 영양실조로 배가 툭 튀어나온 아이들의 기아 상태를 강조하는 이런 광고들을 내가 싫어하는 진짜 이유는 따로 있다. 현실 세계를 애써 도피하려고 할 때는 그런 인간의 절실할 필요들을 보고 싶지 않기 때문이다. 굶주린 아이들을 보면 소비자 모드에서 긍휼 모드로의 전환이 필요하다. 그리스도인들은 상처받은 사람들을 보면 불쌍히 여기는 마음이 들게 마련이다. 일부러 고개를 돌리고 마음을 강퍅하게 하지 않는 한에는 말이다. 복음서에는 예수님이 사람들을 불쌍히 여기셨다는 표현이 40회 가까이 등장한다. 예수님께는 그것이 일상이었다는 뜻일 것이다.[8]

우리는 선한 사마리아인의 비유에서, 종교인들이 타인의 고통을 회피하기가 얼마나 쉬운지 볼 수 있다. 불쌍히 여기는 마음이 바닥난 레위인과 제사장은 강도 만난 사람을 그냥 피해 버렸다. 반대로, 강도 만난 사람을 가엾게 여긴 사마리아인은 그 사람을 보고 눈길을 돌리지 않았다.

우리는 볼 때(흘끗 보는 것이 아니라 관심 있게 볼 때) 문제가 아니라 사람을 본다. 사람을 보면, 그가 하나님께 귀한 존재일 뿐 아니라 우리에게도 중요한 존재라는 사실을 보게 된다. 우리가 눈을 고정하면, 처리할 문제가 아니라 사랑해야 할 사람이 눈에 들어온다. 우리가 볼 수 있을 때만이 긍휼을 체험할 수 있다.

사명을 따르는 것은 열린 눈으로 상처 입은 사람들을 바라보는 것이다. 불임 문제로 힘들어 하는 이웃집 부부, "원래 대학이 그런 곳이잖아요"라는 말로 알코올중독을 애써 숨기려는 대학생, 식당에서 일하며 남편 없이 혼자 아이를 키우는 엄마. 그녀는 오늘 일당으로 저녁거리를 사고 나면 내일은 무엇을 먹어야 할지 대책이 없다.

열린 눈으로 산다는 것은 목숨을 잃을지도 모르는 위험을 감수하고, 잃어버린 자들을 위해 상한 마음으로 살아가는 것이다. C. S. 루이스가 일깨워 주듯이, 불쌍히 여기는 마음의 대안은 죽은 마음밖에 없다.

> 무엇이든 사랑해 보십시오. 여러분의 마음은 분명 아픔을 느낄 것이며, 어쩌면 부서져 버릴 수도 있습니다. 마음을 아무 손상 없이 고스란히 간직하고 싶다면, 누구에게도, 심지어 동물에게도 마음을 주어서는 안 됩니다. 그것을 취미와 작은 사치로 조심스럽게 감싸 두십시오. 또 모든 얽히는 관계를 피하십시오. 당신의 마음을 이기심이라는 작은 상자 안에 넣어 안전하게 잠가 두십시오. 그러나 (안전하고 어두우며, 움직임도 공기도 없는) 그 작은 상자 안에서도 그것은 변하고 말 것입니다. 부서지지는 않을 것입니다. 깨뜨릴 수 없고, 뚫고 들어갈 수도 없을 것입니다. 그러나 구원받을 수 없는 상태가 되고 말 것입니다.[9]

사명의 동기는 긍휼이다. 교회 성장을 바라거나 회의주의자들에게 변증법을 제시하기 위해 예수님의 사명에 동참하는 것이 아니다. 불신자들과 어울리는 것이 좋아서도 아니다. 우리가 구주의 사명을 따르는 이유는, 사람들을 목자 없는 양처럼 여기시는 그분의 긍휼한 마음에 우리도 공감하기 때문이다.

긍휼의 적

분주함

전임 사역을 처음 시작했을 때, 나는 난생처음 충만히 살아 있다는 벅찬 감정을 느꼈다. 설교와 목양, 인도, 상담 등에 온몸을 불사르면서 사역에 대한 욕심으로 다른 책임은 소홀히 하는 지경에까지 이르렀다. 사역을 즐기지 않는 것은 상상조차 할 수 없었다. 시간이 흐르면서, 바쁜 사역 일정 때문에 사역의 즐거움이 밀려나고 있다는 사실을 깨달았다. 정신없이 일을 처리하는 동안에 진정한 사역의 기쁨을 잃어버릴 수도 있다는 것을 발견한 것이다.

분주함 때문에 기쁨이 사라지는 현상의 첫 번째 조짐은, 하나님이 목회자에게 돌보라고 맡기신 사람들을 불쌍히 여기는 마음이 사라지는 것이다. 나도 사역하면서 똑같은 경험을 했다. 책상이나 저녁 식탁 맞은편에 한 사람이나 커플이 앉아 있다. 자기 죄나 다른 사람이 지은 죄의 영향을 받아 삶이 피폐해진 이들이다. 그런데 나는 '영적인 귀'로 그들의 이야기를 경청하면서 성령의 인도하심을 기다리기는커녕, 상대방의 이야기는 아랑곳하지 않고 이 사람들 때문에 뒤로 미룬 스물다섯 가지 업무 걱정만 하고 있다. 더 심각한 문제는 내가 해야 할 일들만 걱정하는 것이 아니라 내 앞에 앉아 있는 사람들에게 분노하고 있다는 사실이었다! 이런 상황이라면, 내 마음은 불쌍히 여기는 마음이 아니라 자만심만 가득하다. 내 문제와 내 걱정거리, 내 필요들, 내가 원하는 것, 내 평안, 내……, 내……, 내……, 내……, 내……. 온통 나뿐이다.

물론 목회자(또는 그 문제와 관련해서 어느 영적 지도자)라고 해서 자기 양 무리가 겪는 모든 문제에 '개입해야' 할 의무는 없다. 하지만 사람들의 필요가 끊임없이 당신을 화나게 만들 때, 교인들이 당신에게 무언가를 원할까 봐 두려운 마음에 사람들을 피할 때, 상담중에 딴 생각을 자주 할 때 당신이 더 이상은 사람들에게 관심이 없다는 사실을 명심해야 한다. 우리는 변명을 늘어놓을지도 모르겠다. 그러나 양을 돌보는 목자가

양 떼를 돌보지 않으면서 늘어놓을 변명은 없다. 분주함의 악영향은 하나님이 목회자들에게 주신 가장 큰 축복을 놓치게 된다는 것이다. 큰 위기에 빠진 누군가에게 당신이 구주의 손과 발이 될 수 있다는 사실을 아는 기쁨 말이다.

서두름

바쁜 것과 서두르는 것은 다르다. 분주한 것은 단지 해야 할 일이 많아서이지만, 서두르는 것은 할 일을 처리하기 위해 애쓰는 동안의 영적·정신적·정서적 상태를 가리킨다. 서두르지 않고도 얼마든지 분주할 수 있다. 목회 초년병이던 내게 다음과 같은 일기는 딴 세상 이야기만 같았다.

> 주님, 피곤합니다. 뼛속 깊은 곳부터 지쳤습니다. 늘 어수선한 책상과 꽉 찬 일정표에 지쳤습니다. 제가 해결할 수 없는 문제들과 제가 치유할 수 없는 상처들에 넌덜머리가 납니다. 마감과 결정, 즐거움이라고는 전혀 찾아볼 수 없는 온갖 의무에 지쳤습니다. 맨발로 산책을 하거나 비가 갠 뒤의 공기 냄새를 맡은 때가 언제였는지 기억나지 않습니다. 여유롭게 커피 향을 즐겼던 때가 언제였는지 생각나지 않습니다. 저는 느끼고 싶습니다. 웃고 싶습니다. 울고 싶습니다. 인생을 충만하게 즐기고 싶습니다. 사랑하고 사랑받고 싶습니다.[10]

하지만 참호 속에서 몇 년을 보내고 나니, 나도 똑같은 일기를 쓰고 있었다. 서두름은 마음의 물결에 휘몰아치는 강풍과 같다. 물결이 너무 높으면 남들은 잊어버리고 자기 목숨 건지기에 급급하다. 그런 상황에서 다른 사람을 불쌍히 여기는 마음을 갖기란 불가능하다.

자기 의

자기 의에는 수직적 측면(그리스도께서 하신 일 대신에 나의 선행으로 하나님 앞에 바로 서려고 애쓰는 것)과 수평적 측면(다른 사람들의 죄와 나의 죄를 비교하기 때문에 하나님 앞에 올바르게 하려고 애쓰는 것)이 있다.

수평적 형태의 자기 의 때문에 우리는 자기와 친하지 않은 사람들을 불쌍히 여기기는커녕 가까운 사람들조차 용서하지 않으려 할 때가 많다. 1990년대 발칸 전쟁에서 가족과 친구들이 살해당하고 강간당한 것을 목격한 미로슬라브 볼프(Miroslav Volf)는 다음과 같이 날카로운 통찰을 남겼다. "내가 원수를 인류 공동체에서 제외하고, 나 자신을 죄인 공동체에서 제외하기 때문에 용서가 수렁으로 빠져든다."[11]

여기서 볼프는 사람들로 하여금 긍휼을 베풀지 못하게 만드는 두 가지 중요한 이유를 제시하는 것 같다.

1. 다른 사람들이 인간보다 못하다고 믿는 것(내 마음속에서 그들은 인류 공동체에서 제외된다).
2. 내가 인간보다 낫다고 믿는 것(내 마음속에서 나는 죄인 공동체에서 제외된다).

다른 사람들도 하나님의 형상대로 지음 받은 인간이며, 우리 역시 하나님 앞에 선 죄인임을 깨달을 때 우리 마음에서 긍휼이 피어나 다른 사람들에게 전해진다.

자기방어

상처받은 사람들을 사랑할 때 가장 극복하기 어려운 부분은, 상대방의 상처와 거절, 수치심을 받아들이면서도 정서적으로 위축되지 않는 것이다. '긍휼'(compassion)이라는 단어의 어원은 '다른 사람의 고통(passion)을 함께한다'(com)는 뜻이다.[12] 그러므로 상대방에게 긍휼을 베푸는 것은, 그 순간 그들의 고통 속으로 들어가 그들의 현실(희망, 꿈, 죄, 반역 등)에 동참하기로 결단하는 것이다. 자신을 보호하는 데만 정신이 팔린 사람은 다른 사람을 사랑할 수 없다. 자신의 고통을 피하는 데만 모든 에너지를 쏟기 때문이다. 그런데 자기 안위에만 신경 쓰지 않게 해주는 유일한 방법이 긍휼이다. 긍휼은 하나님이 주신 감정이다. 우리는 긍휼 때문에 자신의 문제에서 눈을 돌려 다른 사람들의 필요를 바라볼 수 있다.

히브리어 단어 '라함'(*racham*)에는 흥미로운 뜻이 있다. 구약성경은 이 단어를 대개 '사랑하다' 또는 '긍휼히 여기다'라고 번역한다.[13] 재미있는 점은, 흔히 '자궁'으로 번역하는 단어가 '라함'의 파생어라는 것이다. 나는 '긍휼'이라는 단어가 어머니의 자궁을 뜻하는 단어에서 나왔다는 사실이 단순한 우연이 아니라고 생각한다. 어머니의 가장 깊숙한 곳에서 자식 사랑이 나오듯이, 긍휼은 예수님을 따르는 종들의 마음 깊숙한 곳에서 우러나온다. 자녀를 불쌍히 여기는 어머니의 마음은 아버지의 마음을 능가하는 특별한 사랑이다. 그리스도를 따르는 이들의 삶에서 그런 특별한 긍휼을 쉽게 볼 수 있어야 한다.

장담하건대, 그리스도를 따르는 우리의 마음속 깊은 곳에 긍휼이 있다. 예수님께 그 마음을 주신 동일한 영이 우리 안에 살고 계시며, 설교자와 리더를 감동시켜 설교하고 이끌게 하시는 성령이 우리를 긍휼로 감동시키기 원하시기에, 우리는 그 사실을 알 수 있다. 성경의 진리를 밝히 깨닫기 위해서는 성령의 인도하심이 필요하듯이, 우리 안에 끊임없이 긍휼의 마음을 품기 위해서는 성령의 인도하심이 필요하다. 하나님은 모세에게 자신을 계시하시면서 스스로를 "자비"로운 자로 소개하셨다.[14] 결국, 우리가 이 긍휼의 우물을 이용하지 못하는 것은 주님으로 충만하지 못하기 때문이다. 아빌라의 성 테레사(Saint Theresa of Avila)가 쓴 다음 글을 곰곰이 생각해 보라.

그리스도는 당신의 몸 이외에는
이 땅에서 아무 몸도 취하지 않으시고
당신의 손 이외에는 아무 손도,
당신의 발 이외에는 아무 발도 취하지 않으신다.
그리스도께서 이 세상을 불쌍히 여기시는 마음으로
내다보는 눈은 바로 당신의 눈이요,
그분이 선행을 위해 옮기시는 발은 바로 당신의 발이며,
그분이 지금 우리를 축복하려고 사용하시는 손은 바로 당신의 손이다.

교회는 이 세상을 위한 교회다.
　　　　　　　　　　　　　　　　　_한스 큉(Hans Küng)[1]

불이 계속해서 타올라야 꺼지지 않듯이, 교회는 사명이 있어야 유지된다.
　　　　　　　　　　　　　　　　　_에밀 브루너(Emil Brunner)[2]

우리는 선교의 성경적 기초뿐 아니라 성경의 선교적 기초를 밝히는 의미 있는 작업 또한 할 수 있다.
　　　　　　　　　　　　　　　_크리스토퍼 라이트(Christopher Wright)[3]

14장 사명의 집: 교회

- 마태복음 16:18 또 내가 네게 이르노니 너는 베드로라. 내가 이 반석 위에 내 교회를 세우리니 음부의 권세가 이기지 못하리라.
- 에베소서 3:10 이는 이제 교회로 말미암아 하늘에 있는 통치자들과 권세들에게 하나님의 각종 지혜를 알게 하려 하심이니.

그 당시 나는 대학생 선교단체에서 캠퍼스 사역자로 일하던 중이었다. 학생들을 가르치고, 제자 훈련과 상담하는 일로 바빴다. 사역은 더없이 만족스러웠지만, 교회는 단념한 지 오래였다. 교회에서 경험한 활력 없는 믿음, 율법주의, 리더십 개발 부재에 진저리가 났기 때문이다. 교회에 가도 아무런 도전과 영감을 받을 수 없었다. 목회자들과 교제할 때면 분노와 절망감만 쌓였다. 지금 생각해 보면, 참 교만하고 자기 의로 똘똘 뭉쳐 있었다. 마땅히 지역 교회에 순복하고 조용히 섬겨야 했건만. 윌로우크릭 교회를 알게 되고, 교회에 다시금 희망을 품기 시작한 것이 이 무렵이었을 것이다.

처음에는 「크리스채너티 투데이」(Christianity Today)라는 잡지에서 '크릭'(The Creek)이라는 제목의 기사를 읽었다. 표지에 '하나님의 집을 팔아넘기다?'⁴라는 제목과 함께 빌 하이벨스(Bill Hybels) 목사의 사진이 실려 있었다. 지금은 그 제목이 언어유희였다는 사실을 안다(당시 윌로우 크릭교회는 폭발적으로 성장하고 있었지만, 복음을 타협하고 있다는 의심의 눈초리를 받기도 했다).⁵ 그 인터뷰에서 하이벨스 목사는 신자들을 세우고 비신자들에게 다가가는 교회에 대해 이야기했다. 그의 이야기는 한순간에 내 마음을 사로잡아 버렸다. '바로 이거야. 내가 이 일을 위해 부름 받았었지.' 교회를 세워 하나님의 백성이 예수님을 사랑하도록 훈련하고, 잃어버린 자들 가운데 살면서 그분의 진리를 전하는 것 말이다. 그 이후로 나는 교회의 영광스러운 비전을 품게 되었다. 온 세상에 하나님의 축복의 통로가 되는 비전 말이다. 세상을 구원하시려는 하나님의 계획이 바로 교회다. 교회 이외에 다른 대안은 없다.

대학에서 내가 사역했던 학생들은 언뜻 보기에 매우 특이한 조합이었다. 운동선수들(내가 운동선수였기 때문이다)과 예술 전공생들(당시 내 여자친구이자 나중에 내 아내가 된 그녀가 예술을 전공했다)이라니. 나는 특정 직업군이나 연령층이 아니라 다양한 부류의 사람들과 함께 교회를 개척하고 싶었다. 운동광과 예술가가 한데 어울려 예배할 수 있는 교회를 원했다. 교회는 예수님을 사랑하고 그분의 사명을 따르기 원하는 다양한 사람들의 공동체가 되어야 한다고 믿었기 때문이다.

교회가 하나님의 사명을 실천하는 주요 도구라는 사실을 이해하기 시작하면서 나는 교회의 본질을 더 깊이 연구하기 시작했다. 이런 연구를 전문 용어로 교회학, 곧 교회를 연구하는 학문이라고 한다. 교회학에서는 교회란 무엇이며 교회가 어떤 모습이어야 하는지, 교회가 이 세상에서 어떤 역할을 해야 하는지, 교회가 그 사명을 어떻게 수행하는지를 연구한다. 교회를 정의하는 것은 미묘하고 복잡한 일이다. 교회가 정확히 무엇인지를 두고 의견이 분분하기 때문이다.[6] 안타깝게도, 교회에 대한 견고한 정의를 바탕으로 사역하는 교회 지도자들은 보기 드물다.[7] 교회를 개척하고 이끌며 섬기기 이전에 성경적 교회를 정의하고 이해하는 일은 매우 중요하다. 우리가 누구를 섬기고 이끄는지, 무슨 일을 시작하려는지 잘 모른다면, 교회 개척에 성공하기는커녕 성공이 무엇인지조차 알지 못할 것이다.

교회는 어떤 모습인가

성경은 여러 이미지를 사용하여 교회의 본질을 알려 준다.[8] 교회는 살아 계신 하나님의 성전으로 불린다(고전 3:16-17).[9] 하지만 교회는 실제로 어떤 모습을 하고 있는가? 교회와 다른 집단을 구분하는 특징은 무엇인가?

마크 드리스콜과 게리 브리시어스(Gerry Breshears)는 그들이 공저한 「빈티지 교회」(*Vintage Church*)에서 신약성경에 나오는 교회의 정의와 본질을 철저히 토론한다.

지역 교회는 예수님을 주로 고백하는 거듭난 신자들의 공동체다. 그들은 성경에 순종하여 적격한 리더십 아래 조직을 만들고, 정기적으로 모여 설교를 듣고 예배를 드리며, 세례와 성만찬을 지킨다. 또 성령 안에서 연합하고, 거룩함을 훈련하며, 하나님의 영광과 자신들의 기쁨을 위해 세상의 선교사로 흩어져 대계명과 지상 대명령을 성취한다.[10]

이 정의에서 지역 교회의 여덟 가지 자격 요건이 나온다.

거듭난 교인

스스로 구원하기를 포기하고 그리스도를 구주와 주님으로 모시는 사람들이 교회의 구성원이다.[11] 물론 그리스도인이 아닌 사람들 중에서도 예배와 기타 행사에 참석하는 이들도 있고, 복음을 듣고 그리스도를 신뢰하며 교회 생활에 참석하기를 기대하는 마음으로 교회에 오는 이들도 있다. 간단히 말해, 거듭난 교인이란 성령으로 다시 태어난 사람들을 뜻하는데, 이들은 구원하는 믿음과 인내하는 믿음을 드러낸다.

적격한 교회 리더십[12]

교회는 예언자와 사도들 위에 세워졌다.[13] 그런 다음, 사도들이 장로[14]와 집사들을 임명했다.[15]

교회의 두 직분은 장로와 집사다.[16] 장로들은 교회에서 가장 높은 직분이고 교회를 이끄는 것으로 교회를 섬길 책임이 있다.[17] 집사들은 섬기는 것으로 교회를 이끈다.[18] 평신도 지도자들은 특별한 직분 없이 교회를 섬긴다. 개인적으로는 '간사'라는 말을 별로 좋아하지 않는다. 장로나 집사 직분과는 동떨어진 느낌이라서 말이다. 성경에는 '간사'라는 말이 나오지 않고, 간사의 자격 요건도 여러 교회에서 섬기는 장로나 집사의 성경적 요건과는 많이 다른 것 같다. 현대 교회에서 요구하는 간사의 조건은, 목회

서신에 분명히 명시되어 있는 장로나 집사 요건과 꼭 맞아떨어지지는 않는다.

설교와 예배

예루살렘 새 교회의 첫 신도 3천 명은 복음 설교를 듣고 그리스도인이 되었다.[19] 그것은 일회성 체험이 아니었다. 이 첫 회심자들은 계속해서 하나님의 말씀을 듣는 훈련을 하고 예배를 드렸다. 초대교회 그리스도인들은 계속해서 모여서 예배하고 가르치며 서로 권면했다.[20]

올바르게 집전하는 성례전

교회는 세례와 주의 만찬을 베풀 책임이 있다.[21] 이 성례전에서 예수님의 임재가 그분의 백성에게 전해진다.

영적 연합

예수 그리스도의 교회는 예수님이 성부 아버지께 올린 기도를 반영한다. "아버지여, 아버지께서 내 안에, 내가 아버지 안에 있는 것같이 그들도 다 하나가 되어 우리 안에 있게 하사 세상으로 아버지께서 나를 보내신 것을 믿게 하옵소서."[22] 이 말은, 거룩한 그리스도인이라면 교리나 방법론에 대한 특정 문제에 늘 의견이 일치해야 한다는 뜻이 아니다. 정통 그리스도인이라면 누구나 자신의 궁극적 정체성과 사명에서 근본적인 연합을 공유해야 한다는 뜻이다.

거룩함

교회는 거룩하게 지음 받았으므로,[23] 성경에 대한 순종의 표시로 죄를 회개하고 복음의 약속을 믿음으로써 거룩함을 유지하기 위해 노력한다. 교회는 죄에 사로잡힌 사람들을 책망하고[24] 죄를 부끄러워하지 않는 사람들을 훈계한다.[25] 교회는 거룩하기에 세상과는 구별되어야 한다.[26]

사랑하라는 대계명

예수님은 두 번째 대계명에서 우리가 다른 사람들을 어떻게 대하기 바라시는지, 하나님의 바람을 요약해 주셨다. "네 이웃을 네 자신같이 사랑하라."[27] 신약성경 서신서들은 손대접에 힘쓰라는 명령으로 이 계명에 좀 더 살을 붙인다(롬 12:13).[28] 이런 일들이 있는 곳에는 교회가 있고, 이런 일들이 없는 곳에는 교회가 없다.

전도하고 교회를 훈련하라는 지상 대명령

하나님이 복음 선포를 통해 잃어버린 자들을 찾으시는 장소가 바로 교회다. 교회는 회심자들만 만들어 내지 않고, 예수님이 명령하신 모든 것을 지키도록 가르쳐서 제자들을 만들어 낸다.[29]

교회는 어디에서 왔는가

이 질문에 답하려면, 영원 전으로 돌아가야 한다. 하나님은 늘 한분 하나님을 구성하는 세 위격(성부, 성자, 성령)의 공동체로 존재하셨다. 이 신적 공동체는 사명을 띠고 계셨다. 이 삼위일체 하나님은 태초 이전에 예수 그리스도를 통해 사람들을 입양하는 교회를 계획하셨다.[30] 창조 때에 삼위일체 하나님은 그분의 형상대로 아담과 하와를 만드시고, 그분의 이름으로 창조 세계를 다스리라고 명령하셨다.[31] 다시 말해, 역사상 최초의 가족은 사명을 띤 공동체였다.

그 후로 일이 한참 뒤틀어지자,[32] 하나님은 홍수로 이 세상을 심판하시고,[33] 인간의 자랑을 꺾으시고,[34] 아브라함과 그의 후손으로 새로운 가족을 다시 시작하기로 결정하셨다.[35] 이 가족 역시 사명을 띤 또 다른 공동체를 형성했다.[36] 신약성경으로 가면, 마태복음 16:18에서 최초로 교회를 거론한다. 여기서 예수님은 지옥의 문을 급습할 사명을 띤 '부름 받은 사람들'을 묘사하셨다. 교회는 영원 전부터 하나님의 계획의 일부요, 창조 때부터 하나님의 사명과 연결되었다. 크리스토퍼 라이트가 쓴 것처럼, "교회를 위해 선교가 존재하는 것이 아니라, 선교, 곧 하나님의 선교를 위해 교회가 존재한다."[37] 스스로가 사명을 띤 공동체이셨던 하나님은 자기 백성에게 능력을 주셔서 사명을 따르는 공동체가 되게 하셨다.

교회는 무엇을 하는가

윌로우크릭교회에 대한 글들을 읽으면서 운동선수와 예술가들을 위한 교회의 필요성을 확인하던 그 시기에, 나는 사도행전을 읽기 시작했다. 그 중에서도 특히 2:41-47이 내 마음을 사로잡았다.

> 그 말을 받은 사람들은 세례를 받으매 이 날에 신도의 수가 삼천이나 더하더라. 그들이 사도의 가르침을 받아 서로 교제하고 떡을 떼며 오로지

기도하기를 힘쓰니라. 사람마다 두려워하는데 사도들로 말미암아 기사와 표적이 많이 나타나니 믿는 사람이 다 함께 있어 모든 물건을 서로 통용하고 또 재산과 소유를 팔아 각 사람의 필요를 따라 나눠 주며 날마다 마음을 같이하여 성전에 모이기를 힘쓰고 집에서 떡을 떼며 기쁨과 순전한 마음으로 음식을 먹고 하나님을 찬미하며 또 온 백성에게 칭송을 받으니 주께서 구원 받는 사람을 날마다 더하게 하시니라.

이 본문이 내 인생을 산산조각 냈다 해도 과언이 아니다. 나는 교회 병행 단체(parachurch)는 교회의 역할을 제대로 하지 못하는 교회에 대한 반작용이었다는 사실을 깨닫기 시작했다. 왜 지역 교회가 자기 백성을 가르치고 복음을 전파하기 위해 하나님이 마련하신 영원한 계획인지를 제대로 보기 시작했다. 위의 본문에서 나는 진정한 교회상을 보기 시작했다.

- 분명한 성경의 가르침으로 세움 받은 신자들(42절)
- 함께 모여 기도하기를 힘쓰는 신자들(42절)
- 성령의 초자연적 능력을 두려워하는 신자들(43절)
- 그들을 가르는 계급 차별을 허용하지 않는 신자들(44절)
- 필요한 사람들과 자신의 소유를 나누는 신자들(45절)
- 공동체에서 함께 사는 신자들(46절)
- 그 공동체에 이끌려 그리스도께 회심한 불신자들(47절)

안타깝게도, 과거의 교회들은 이 기능들 가운데 한 가지에만 집중하고 나머지 요소들은 축소하거나 무시해 버렸다. 다시 말해, 예수 그리스도의 교회는 그분의 명령과 풍성한 정체성에 미치지 못하는 상태로도 잘 살아왔다. 이제는 다양한 현대 교회의 모델을 몇 가지 살펴보려고 한다.

교회의 모델에는 어떤 것들이 있는가[38]

가르치는 교회(교리 중심 교회)

가르치는 교회는 "사도의 가르침"(행 2:42)에 오롯이 헌신한다. 이 교회의 목회자는 신학교 학위를 소지한 훌륭한 교사다. 이런 교회들은 교리 선포를 매우 기뻐하며, 하나님 말씀의 온전한 경륜을 가르치는 책임을 진다. 여러 신학 강좌를 열고, 사람들과 관계 맺기보다는 신학 훈련 차원에서 소그룹을 운영한다.

　이 모델의 강점은 성도들에게 건전한 교리를 가르치고, 성도들이 스스로 성경을 공부하고 신학적 성찰을 통해 깊이 있는 진리들을 생각해 보도록 권면하는 것이다. 이 모델의 약점은 자신의 신학 지식을 자랑하기만 하고 외부인들에게 긍휼을 베풀지 않는 바리새인들을 낳을 수 있다는 것이다. 또 가르치는 교회들은 한 시대에 고착되는 성향이 있어서[39] 새로운 문화에 접근하기 위해 자신들의 사역을 수정하는 데 거부감을 느낀다. 그렇기 때문에 이들 교회의 유일한 성장 요인은 다른 교회에서 수평 이동한 교인들이라고밖에 볼 수 없다.[40]

헌신하는 교회(예배 중심 교회)

헌신하는 교회는 기도와 예배, 성령의 능력을 드러내는 데 헌신한다. 이 교회의 목회자는 에너지가 넘치고, 공동 예배와 기도회를 자주 인도한다.

공동 예배와 기도는 이 교회의 핵심이다. 이런 교회들은 족히 세 시간에 달하는 예배를 음악과 기도, 예언의 말씀으로 채우면서 하나님의 임재를 만끽한다.[41]

이 교회의 체험적 성격 때문에 이 모델의 강점은 자신의 성화를 위해 하나님을 찾도록 교인들을 권면하는 것이다.[42] 또 다른 강점으로는, 다른 교회들보다 훨씬 다양한 인종으로 구성된다는 것이다. 이 모델의 약점은 하나님과의 신비로운 관계를 강조하다 보니 건전한 교리에 뿌리내리지 못하는 경우가 많다는 것이다. 그 결과, 예언의 말씀과 초자연적 체험을 성경보다 우위에 두기 쉽다.

공동체 교회(공동체 중심 교회)

공동체 교회는 종종 사회경제적 경계를 초월하는 밀접한 관계를 통해 그리스도의 몸 안에서 교제하는 일에 헌신한다. 공동체 교회의 목회자들은 말씀 선포보다 권한을 위임하는 사역에 더 능숙한 것 같다. 교인들은 사례를 받고 사역하는 목회자만 의지하지 않고, 모두 "교회의 일원이 되라"는 초청을 받는다.[43]

이런 교회들의 강점은 사역과 관계가 중앙에 집중되지 않고 각 소그룹으로 나뉘어서 역동적인 '교회 생활'이 가능하다는 것이다. 이와 비슷하게, 교인들의 필요도 쉽게 노출되고 교회 내에서 충분히 해결된다. 이런 교회들의 약점은 외부인, 특히 불신자들이 공동체에 들어오기가 쉽지 않다는 것이다. 의사 결정과 관련해서 목회자 혼자 공동체 교회를 이끄는 것은 거의 불가능하다. 모든 교인이 대부분의 의사 결정에 '관여하도록' 권한을 위임받았다고 느끼기 때문이다.

구도자 교회(복음전도 중심 교회)

구도자 교회는 개인적·공동체적으로 잃어버린 자들에게 복음을 전해 주께서 구원받는 자들을 날마다 교회에 더하게 하시도록 힘쓴다. 구도자 교회는 최신 기술을 예배에 활용하여 불신자들이 복음의 기본 교리를 이해할 수 있게 돕는다. 구도자 교회의 목회자들은 복음 전도에 열정적인데, 그 열정이 교회의 모든 프로그램에 스며들어 있다.

구도자 교회의 강점은 교회에 다니지 않거나 예전에 교회에 다녔지만 지금은 다니지 않는 사람들에게 다가가기 쉽다는 것이다.[44] 끊임없이 변하는 문화에 반응할 수 있도록 교회를 얼마든지 쇄신할 의사가 있다. 이런 모델의 약점은 실용적이고 주제 중심의 '노하우'를 전하는 설교를 강조하기에 교회가 폭넓지만 깊이는 얕다는 것이다. 교인들이 느끼는 실제 필요에 부응하기 위해 '냉혹한 진실'은 외면당하는 경우가 많다.

사회정의 교회(사회적 관심 중심 교회)

사회정의 교회는 소외된 사람들을 섬기는 일에 열심이다. 가난한 사람들을 아끼고 섬기며, 다른 인종끼리 화해하라고 권면한다. 사회정의 교회는 지역사회 개발을 위한 비영리 단체를 시작하기도 한다. 이 모델의 목회자는 성도들을 훈련하기보다는 여러 가지 사역을 벌이기 좋아한다.

이런 교회들의 강점은 성도들에게 '가장 작은 자들'을 사랑하라고 도전하는 것이다. 이런 도전은 친숙한 것에 안주하는 현대 교회의 성향을 완전히 무시하는 처사다.[45] 사회정의 교회는 교인들에게 단순한 생활방식을 권장하여 그들이 스스로를 가난하고 소외된 이들과 동일시하도록 한다. 또 사회정의 교회는 교회의 벽을 넘어서는 외부 사역을 권장한다. 이 모

델의 약점은 복음의 공동체적 측면만 집중하고, 개인적 측면은 무시하기 쉽다는 것이다.[46]

모든 모델은 각기 나름의 강점을 갖고 있지만, 이중에서 어느 한 가지 모델만 교회의 이상형으로 적합하다고 말할 수는 없다. 사도행전 2장은 교회가 특정한 한 가지 기능에 얽매이지 않고, 가르치고 기도하며 경외감을 불러일으키는 공동체, 계층의 구별 없이 재산을 공유하는 사명 공동체가 되어야 한다고 말한다.

교회는 어떻게 재생산하는가

사도행전은 복음 중심으로 가르치고(그리스도를 모든 본문의 절정이요 영웅으로 가르쳤다) 선교적으로 실천하는(불신자들도 이해할 수 있도록 기독교 신앙을 이야기하고 삶으로 드러냈다) 교회를 보여준다. 신약 시대의 교회는 그리스도의 삶과 사역이 중심이었기에, 그분의 명령을 진지하게 받아들인다.

그러므로 21세기의 복음 중심 선교적 교회들은 성령의 인도하심에 따라 어느 곳에든 새 교회를 개척함으로 사도행전의 교회들을 따라야 할 것이다. 하지만 안타깝게도 어느 순간, 교회는 교회 개척을 그만두었다. 그 바람에 교회는 내부로만 파고들고 진부해졌다. 교회의 선교적 영향력을 잃어버리고 원래의 의도를 내팽개쳤기 때문이다.[47] 교회는 자기 조직에만 집중하느라 선교에 대한 관심을 잃어버렸다. 이런 유혹은 과거와 마찬가지로 지금도 심각하다. 드리스콜은 이런 현명한 글을 남겼다. "교회가 선교에 계속 전력하기 위해서는 필요한 공식 조직을 갖춰야 한다. 그것이 전부다."⁴⁸ 교회가 사명을 잃어버리면, 교회의 토대와 권세와 영향력도 상실하고 만다.

신약 시대의 교회들은 다른 교회를 개척했다. 당시 교회는 불신자들에게 혐오감을 주기도 하고 그들을 끌어모으기도 했다.⁴⁹ 그 교회들은 정치나 율법주의, 단순 행동주의가 아니라 예수님께만 집중하기 때문에, 구경꾼들은 온전히 그리스도께만 반응할 수 있다. 그 교인들은 순전히 은혜로만 구원받는다(자신의 구원에 아무것도 기여한 바가 없다)는 사실을 잘 알기에, 그리스도의 완벽한 삶이 하나님 앞에서 그들의 삶을 영원히 대신한다는 사실을 알고 확신 있게 믿음대로 살아갈 수 있다. 또 교인들은 자기 죄를 똑똑히 깨닫고 자기 죄 때문에 하나님의 아들이 죽임당하셨다는 사실을 알기에 겸손하다. 이 겸손한 확신⁵⁰은 기독교 공동체 바깥에 있는 사람들에게 아주 매력적이다. 기독교의 담장 안쪽을 훔쳐보는 사람들은 이 사람들을 보게 된다. 자신들과 같으면서도 같지 않은 이 사람들, 확신은 있지만 판단하지 않는 사람들, 겸손하지만 절망하지 않는 사람들 말이다. 이런 제자들은 "내가 당신보다 훨씬 낫다"는 뉘앙스를 풍기지 않고, 오히려 정반대라서 매력적이다. "나는 당신보다 훨씬 나쁜 사람일지도 모르지만, 하나님은 우리처럼 나쁜 사람들을 구원하십니다." 이런 제자들이 지역 교회의 토양에서 나오면 지역 교회는 비그리스도인들로 채워지기 시작한다. 그들은 이런 그리스도인들이 어디서 오는지, 왜 그리스도인들에게 이런 소망이 있는지 궁금해서 교회에 나온다. 이런 일이 벌어지기 시작하면, 신자들은 세워지고 잃어버린 자들은 복음을 듣는 신약 시대의 교회가 탄생한다. 이런 교회가 다른 새 교회들을 개척할 것이다.

상황화는 기독교 신앙의 진리를 타협하지 않고도, 교회를 문화적으로 접근 가능한 곳으로 만드는 것이다. 그렇게 해서 영원한 진리와 시기적절한 방법을 찾는 것이다. 다시 말해, 상황화란 복음을 적실성 있게 만드는 것이 아니라 복음의 적실성을 보여주는 것이다.
_마크 드리스콜[1]

우리는 서구 문화가 더 이상 하나님의 사명을 온 세상에 전해 주는 기독교 왕국이 아니라는 사실을 깨닫고 있다. 오히려 우리는, 온 세상에 미치는 하나님의 자비하신 행위를 이해하거나 분별하지 못하는 서구 문화에 복음을 참신한 방식으로 드러내야 한다.
_제임스 브라운슨(James V. Brownson)[2]

기독교 메시지가 사람들에게 의미 있으려면, 그들의 특정 문화와 삶의 정황에 적절한 언어와 범주로 그 메시지를 제시해야 한다. _딘 플레밍(Dean E. Flemming)[3]

복음의 [모든] 진술은 그 언어가 속한 문화에 의해 조건 지어진다. 복음의 진리를 구현한다고 주장하는 모든 삶의 방식은 문화적으로 조건화된 삶의 방식이다. 문화의 영향을 받지 않는 복음은 있을 수 없다.
_레슬리 뉴비긴[4]

15장 사명의 노하우: 상황화

지금까지는 하나님이, 복음대로 살고 복음을 설교할 수 있는 성품과 은사를 지닌 사람을 부르신다는 사실을 살펴보았다. 그러나 부름 받고 자격을 갖춘 사람이 복음으로 무장했다고 해서, 충분한 것은 아니다. 그 사람은 듣는 이들이 이해할 수 있는 방식으로 자신의 메시지를 전할 수 있어야 한다. 이 말은 상황화를 비판하는 일부 사람들이 주장하듯이, 복음 자체만으로는 능력이 없다는 뜻이 아니다.[5] 모든 복음 선포는 특정 상황에서 일어나기에, 그 상황 가운데 있는 사람들이 이해할 수 있게 복음을 설명해야 한다는 뜻이다.[6]

상황화란 무엇인가

상황화는 원래 선교사들이 복음을 다른 문화권에 전하는 과정을 묘사하는 데 사용되던 단어다.[7] 상황화는 문화에 대한 교회의 복음 반응이다. 변하지 않는 복음을 가져다가 쉬 변하는 문화 속에 배치하면서, 듣는 이들이 잘 이해할 수 있도록 복음의 의미를 다시 표현하는 것이다.[8]

상황화는 최근 유행하는 상대주의처럼, 복음의 절대적·객관적 진리를 거부하는 것이 아니다. D. A. 카슨의 다음 말이 그 점을 잘 설명해 준다. "인간이 표현할 수 있는 진리는 문화를 초월한 방식으로 표현될 수 없다. 그렇다고 해서, 인간이 표현한 진리가 문화를 초월하지 않는 것은 아니다."[9] 카슨은 우리가 매번 반드시 어떤 상황에서 진리를 전한다는 단순한 사실을 지적하고 있다. 즉, 변치 않는 복음은 하나뿐이지만, 이 변치 않는 복음을 전하는 방법은 여러 가지라는 뜻이다. 한 문화의 언어나 관습, 정치, 신념 체계와는 상관없이 한 가지 고정된 형태로만 복음을 전하려 한다면, 부족한 상황화 때문에 오히려 복음을 약화시키는 결과를 초래할 것이다.

상황화에도 위험 요소는 있다. 문화가 두려워서 복음을 충분히 상황화하지 못할 위험이 있는가 하면, 복음을 문화의 권위 아래 놓는 지나친 상황화의 위험도 있다. 앞에서 인용한 카슨의 말을 다시 한 번 보자. 카슨의 인용문 후반부는 복음이 어떤 상황 가운데 존재하기는 해도, 진리가 그 상황을 초월하거나 넘어선다는 사실을 지적한다. 그의 말이 옳다. 하나님의 진리는 **지역성을 초월한다**. 그분의 진리는 어느 시대, 어느 장소, 어느 사람에게나 해당한다. 복음이 그에 미치지 못한다고 믿는 것은 오히려 지나친 상황화다. '지나친' 상황화든 '부족한' 상황화든 효과적인 사역을 이끌어 내지 못하기는 마찬가지다.

팀 켈러는 이 부분에서 탁월하고 광범위한 글을 남겼다. "상황화는 한 문화에서 하던 복음 사역을 다른 문화에 맞게 수정하는 것이다. 그 과정에서, (1)문화적으로 조건화된 사역 측면에는 변화를 주고, (2)성경이 요구하는 변함없는 사역 측면은 유지한다. 상황화는 기독교 신앙이 특정 문화에 '성육신하는' 것이다. 상황화는 우리가 특정 세계관을 지지하는 사람들에게 그 '수용자-청자'가 이해할 수 있는 형식으로 복음을 제시하는 과정이다."[10] 켈러의 정의는 상황화에 꼭 필요한 정교한 균형감을 보여준다. 신실한 복음 사역에는 단호함과 융통성이 모두 필요하다. 한편으로, 우리는 "성도에게 단번에 주신 믿음의 도를 위하여 힘써" **싸운다**(유 1:3). 우리는 제일 인기 없고 까다로운 기독교 교리까지도 충실하게 지키려 애쓸 것이다. 하지만 다른 한편으로, 우리는 바울처럼 복음을 **상황화한다**. "내가 여러 사람에게 여러 모습이 된 것은 아무쪼록 몇 사람이라도 구원하고자 함이니"(고전 9:22).[11] 두 가지 요소가 똑같이 중요하다.

상황화를 비판하는 사람들은 상황화를 타협이라고 깎아내린다. 상황화는 세상 문화에 아부하려고 복음을 변질시킨다는 것이다.[12] 이것은 성경적 원리인 상황화의 본질을 오해한 것이다. 상황화는 세상 사람들의 화법에 대해 말하는 것이 아니라 그 사람들의 화법으로 이야기하는 것이다. 팀 켈러의 표현을 빌리면, "상황화는 '사람들의 요구 조건을 들어주는 것'이 아니라, 그들이 묻는 질문에 하나님의 대답(그들이 원치 않는 것!)을 주되, 그들이 이해할 수 있는 형태로 제시하는 것이다."[13] 다시 말해, 상황화에는 솔깃한 **불쾌감**이 있다. 상황화가 솔깃한 까닭은, 우리가 사람들이 던지는 질문들을 경청해 주기 때문이다. 우리는 사람들이 미술, 연극, 문학, 영화를 통해 문화 속에서 표현하는 희망과 도전과 두려움에 참을성 있게 귀를 기울이고, 그 희망과 도전과 두려움과 연관 지어 복음을 전해 줄 수 있다. 복음이 그들과 얼마나 깊게 연관되는지를 알면, 우리 문화의 많은 불신자들이 복음에 매료될 것이다. 세상 문화는 교회를 깊이 있고 정직한 곳으로 보기 시작하고, 많은 사람들이 그리스도의 주장에 귀를 기울일 것이다. 사람들은 교회에 불쾌감을 느끼는 것이 아니라 오히려 교회에 끌리게 된다.

상황화는 복음의 솔깃한 면을 보여주지만, 반대로 복음의 불쾌한 면을 드러내기도 한다.[14] 우리는 문화 속으로 들어가 그들의 이야기를 듣지만, **우리의** 대답이 아니라 **하나님**의 대답을 제시한다. 그런데 팀 켈러가 지적하듯이, 사람들이 듣기 원하는 것은 하나님의 대답이 아니다! 그러니 교인들의 성품과 행동과 생활방식에 매료된 사람은 많아도, 교회의 구주에게는 불쾌감을 느낀다. 교회가 자유주의니 보수주의니 하는 구분을 타파하면, 기독교 신앙의 걸림돌이 제거된다. 그렇게 해서 사람들은 기독교 신앙의 유일한 걸림돌, 곧 예수 그리스도와 직면하게 된다.[15]

딘 플레밍은 다음 글에서 그 문제의 핵심을 잘 파악하고 있다. "상황화는 복음이 구체적인 역사적·문화적 상황에서 성육신하는, 역동적이고 포괄적인 과정이다."[16] 이 정의는 적절한 상황화에 꼭 필요한 융통성이 어떤 것인지를 잘 보여준다. 복음 사역을 문화에 적용하려면 민첩성과 유연성, 창의력이 필요하다. 예를 들어, 훌륭한 설교자라면 신실하고 열매 맺는 사역을 위해 성경 본문은 물론이고 회중의 문화를 해석할 수 있어야 한다. 우리는 교회를 통해 세상에 복음을 전해야지, 반대로 세상이 교회에 영향력을 행사해서 복음을 부패시키게 내버려 두어서는 안 된다.

이런 정의는 상황화에 철두철미함이 필요하다는 점을 암시하기도 한다. 상황화는 포괄적이어야 한다. 즉 설교 본문의 모든 측면과, 그 진리를 듣는 사람들의 관점에서 설명하는 진리를 빠짐없이 검토해야 한다.[17] 선교적 목회자는 청중 가운데 불신자가 있다고 늘 가정하고 설교해야 한다. 설교를 듣는 사람들이 모두 복음의 진리와 능력을 이미 확신하고 있다고 가정해서는 안 된다. 다음 질문을 한시도 잊지 말고, 우리가 하는 모든 일을 불신자의 렌즈로 심사숙고해야 한다. "불신자들은 이 점을 어떻게 이해할까?"[18]

나는 2004년 커버넌트신학교에서 열린 '커넥트 컨퍼런스'(Connect Conference)에서 이 상황화에 대한 확고한 생각을 피력한 적이 있다. 컨퍼런스 기간 중에 팀 켈러는 '상황화: 지혜인가 타협인가?'(Contextualization: Wisdom or Compromise)라는 논문을 발표했다. 이 논문은 상황화를 정의하는 데 도움이 되었을 뿐 아니라 변치 않는 복음을 변하는 문화에 적용하려 애쓰는 데서 비롯되는 갈등을 잘 묘사해 주었다.

켈러는 이 논문에서 "상황이라는 것을 떠나 보편적 형태나 표현으로 존재하는 기독교는 없다"고 말한다.[19] 일부 근본주의 그리스도인들은 크게 실망했겠지만,[20] 그의 요점인즉 교회는 항상 문화와 섞여 있다는 것이다. 문화 요소가 교회 예배나 프로그램에 침투하는 것은 불가피하다.[21] 그는 이렇게 설명한다.

사역을 시작하는 순간부터, 우리도 예수님처럼 '성육신'해야 한다. 그리스도인들의 실천에는 성경적 형태와 문화적 형태가 다 들어 있어야 한다. 예를 들어, 성경은 음악을 사용하여 하나님을 찬양하라고 분명히 말한다. 하지만 음악 형식을 선택하는 바로 그 순간, 우리는 문화 속으로 들어간다. 언어를 선택하는 순간, 단어를 선택하는 순간, 특정 수준의 정서적 표현을 선택하는 순간, 설교에 사용할 예화를 선택하는 순간, 우리는 어떤 사람들의 사회적 상황과는 분리되어 다른 특정한 사람들의 사회적 상황으로 움직이기 시작한다. 첫 번째 오순절에는 모든 사람이 각자의 언어와 방언으로 설교를 들었다. 하지만 그 이후로는 동시에 '모든 사람에게 모든 것'이 되는 일은 불가능하기에, 문화에 대한 적용이 불가피하다.[22]

상황화는 양방향 과정이다.[23] 상황화 과정에서 하나님의 변치 않는 진리를 선포하기에, 문화의 우상들을 바로잡는 일이 큰 부분을 차지한다. 마찬가지로, 그리스도인들이 다른 문화로 성육신할 때 그들은 자신들의 우상을 발견하게 된다. 선교사들이 오랫동안 지적했듯이, 다른 문화권을 체험하는 것은 개인의 거룩함과 사역의 효율성을 높이는 데 훌륭한 기폭제가 된다. 선교사는 상황화 과정에서, 복음의 진리를 훼손하는 자기 문화의 편견을 분별한다. 켈러는 다음과 같이 지적한다.

······비기독교 문화가 성경을 바로잡을 수는 없지만, 그리스도인들을 바로잡는 것은 가능하다. (당신의 기독교를 바로잡기를 거부하는 것은 당신의 기독교가 성경적으로 완벽하다고 가정하는 것이다.) 비기독교 철학은 그리스도인들이 미처 보지 못한, 성경적 통찰이 담긴 내용을 지적할 수 있다. 그런 과정을 통해 우리는 우리 관점의 어느 부분이 성경적이고, 어느 부분이 우리 자신의 문화적·정서적 소산인지 알 수 있다.[24]

켈러는 계속해서 말한다. "상황화는 받아들이기와 거부하기, 들어가기와 도전하기 사이의 균형이다."[25] 모든 사람과 문화에 내려 주시는 하나님의 섭리와 일반 은총 덕택에, 우리가 받아들이고 들어갈 수 있는 문화의 일부분이 있다. 예를 들면, 우리 문화에서 공동체(우리는 함께 살아야 한다)와 사회정의(우리는 가난한 사람들을 섬겨야 한다) 같은 가치관들은 기독교 신앙이 없는 많은 사람들에게도 깊이 뿌리내리고 있다. 그것들은 성경적 가치관이기도 하다. 교회는, 사람들과 관계를 맺고 가난한 사람들을 도우려는 인간의 욕구를 얼마든지 수용할 수 있다. 공동체[26]와 가난한 사람들에 대한 섬김[27]은 성경적이기 때문이다. 공동체와 이웃 섬김에 대한 이런 강조는 액츠 29에 소속된 많은 교회가 도심이라는 쉽지 않은 기반에서도 꾸준히 성장하는 이유를 잘 설명해 준다. 우리는 문화가 망가졌지만 여전히 아름답다는 사실을 충분히 인지하고 그 문화로 들어간다. 왜냐하면 문화는 사람들의 마음에서 비롯되는데, 사람은 하나님의 형상대로 지음 받은 존재인 동시에 죄인이기 때문이다. 따라서 문화에는 공동체와 정의에 대한 욕구처럼 우리가 들어갈 수 있는 요소가 있다.

자신의 선교적 정체성을 깨달은 교회는[28] 세상 사람들의 뿌리 깊은 인생관을 복음으로 다루어야 한다는 사실도 깨달아야 한다. 그들이 기독교에 귀를 기울인다면, 충분히 가능한 일이다. 복음으로 사람들에게 접근하기 위해서는 진리의 본질, 역사, 과학, 때로는 정치에 대한 한 사람의 관점을 언급해야 한다. 문화의 인지적 측면을 무시한 복음 전파와 설교는 사람들의 감정을 약간 뒤흔들어 놓을 수 있을지는 몰라도 한 사람의 세계관을 변화시키지는 못할 것이다.

복음 전파와 설교는 문화에 속한 사람들의 가치관을 사로잡아야 한다. 그렇게 하려면 사람들의 핵심 가치관을 뚫고 들어가야 한다. 훌륭한 선교사는 사람들이 시간과 돈과 에너지를 어디에 투자하는지 잘 살필 것이다.

그 문화가 던지는 질문들을 면밀히 관찰하고 그들이 무슨 일에 힘을 모으는지, 사회적 경계를 초월하는 것들이 무엇인지 잘 살필 것이다. 내 주변을 보면, 그 답은 바로 야구다. 미주리 주 세인트루이스 시민들은 세인트루이스 카디널스(St. Louis Cardinals, 미국 메이저리그 프로 야구팀)를 사랑해마지 않는다. 그들은 카디널 국가의 자랑스러운 국민이다. 나는 사회의 다양한 계층의 사람들이 세인트루이스의 성지(聖地) 부시 경기장(Busch Stadium)을 찾는 모습에 끊임없이 놀란다. 예술가나 열성 학부모, 중산층 젊은이나 자동차 경주광을 가리지 않고 수많은 사람들이 카디널 야구를 배우고 거기에 열광한다. 이곳 사람들의 관심은 온통 야구에 집중되어 있다. 그들이 야구에 쏟는 시간과 돈과 에너지를 보면 그 점을 알 수 있다. 미주리 주 세인트루이스에서 복음을 상황화할 수 있는 한 가지 방법은 프로 야구팀을 집중 분석하는 것이다. 교회는 경기 규칙과 팀 정보를 잘 숙지하고, 기꺼이 카디널 국가에 입성할 준비가 되어 있어야 한다. 여기서는 야구가 수많은 사람들의 열정을 좌지우지하기 때문이다.

복음이 문화 속으로 전진하기 위해서는 우리가 문화에 대해 받아들여야 할 점이 있다. 물론, 그 가운데는 거부하고 도전해야 할 것들도 있다. 상대주의(모든 진리는 주관적이고 개인적이다)와 그 사촌 격인 관용(다른 사람의 개인적 신념을 판단해서는 안 된다)이라는 서구의 가치관은 우리가 마땅히 거부하고 도전해야 할 가치관의 본보기다. 적절한 상황화는 해당 문화의 핵심 신념들을 분별하고 하나님의 진리가 그 신념들에 영향을 미치게 함으로써, 그 신념들에 맞서고 그것을 드러내어 사람들이 그리스도를 받아들이도록 도전한다.

"상황화는 그 문화의 기본 '줄거리'와 '문화적 내러티브' 속으로 들어가 도전하고 그것을 다시 들려주는 것이다."²⁹ 모든 문화에는 이야기와 줄거리, 그리고 다음 질문들에 대한 대답이 있다.

1. 사물이 마땅히 되어야 할 모습은 어떠한가?
2. 무엇이 잘못되었는가? 주요 문제는 무엇인가?
3. 해결책은 무엇이며, 사람들이 그것을 알아차릴 수 있는가?³⁰

이런 질문들에 대한 대답이 개인의 세계관과 문화의 정신을 형성한다. 이 근본 질문들에 대한 대답을 그리스도의 인격과 사역에 연결시키는 것이 상황화에서 큰 부분을 차지하는 작업이다. 사도 바울도 신약성경에서 가장 골칫거리였던 고린도 교회에 이 작업을 하고 있었던 것 같다. "유대인은 표적을 구하고 헬라인은 지혜를 찾으나 우리는 십자가에 못 박힌 그리스도를 전하니 유대인에게는 거리끼는 것이요 이방인에게는 미련한 것이로되 오직 부르심을 받은 자들에게는 유대인이나 헬라인이나 그리스도는 하나님의 능력이요 하나님의 지혜니라."³¹

유대인들은 권력이 자신들의 수많은 문화적 질문을 해결해 주리라고 생각했다. 하지만 그들 눈에 십자가는 연약함의 상징이어서 불쾌감을 안겨 줄 정도였다. 헬라인들은 지혜를 헬라 문화의 줄거리로 삼고자 했다. 그들에게 십자가는 철저하게 미련한 것에 불과했다. 바울은 권력과 지혜라는 문화적 내러티브에 도전한 다음, 사람들에게 진정한 권력과 지혜를 구현하신 그리스도를 소개한다.³² 진정한 상황화에는 예와 아니오, 곧 긍정과 부정이 공존한다. 사람들이 던지는 질문들을 잘 들어주고 다루지만, 복음이 제시하는 해답으로 그 질문들에 도전하기 때문이다.

성경에 나타난 상황화의 예

오순절, 바벨의 역전

인간의 어리석음과 반역이 절정에 달한 사건은 아마도 하늘에 닿는 탑을 쌓으려 했던 일이 아닌가 싶다. 하나님은 다양한 문화를 만드셔서 바벨 사람들이 각기 다른 언어로 말하게 하심으로써 인간의 잠재력을 보여주는 이 탑의 건축을 제지하셨다.³³ 언어 때문에 하나가 되었던 인류가 이제는 언어 때문에 흩어져 버렸다. 하나님은 탑 짓는 사람이 될 뻔했던 사람을 선택하셔서 그를 축복하시고 한 나라를 세우게 하셨다. 그 나라는 하나님이 바벨에서 흩으셨던 사람들을 통해 빛이 되어 다시 하나님을 섬길 것이다. 마치 마태복음 28장의 지상 대명령과 함께 선교가 시작된 것처럼 성경을 읽는 사람들이 많다. 그러나 사실 선교는 성경 맨 처음부터 있었다. 이미 창세기 12:1-3에서, 하나님은 아브라함을 부르셔서 선교사로 파송하신다. 이스라엘이 주변 국가들에 선교사 역할을 해야 했던 구약 시대부터 이미 선교는 시작되었다.³⁴ 하지만 바벨 탑 사건을 궁극적으로 역전시킨 것은 교회, 곧 새로운 이스라엘이었다.

사도행전 2장에서 하나님은 언어 문제를 다시 언급하신다. 성령 하나님이 제자들에게 충만하게 임하시니, 그들은 전혀 모르는 언어로 이야기하기 시작했다. 제자들은 아무 언어나 무작위로 말한 것이 아니라 오순절을 지키려고 거기에 모인 사람들이 사용하는 특정 언어로 말했다. 그래서 사람들은 각자 자기 언어로 "하나님의 큰일을 말함"을 들을 수 있었다 (11절). 이 초자연적 사건 때문에 사람들은 사도 바울이 전하는 설교에 관심을 가졌다. 그의 설교는 3천 명의 회심자를 낳고 교회의 탄생으로 이어졌다.

바벨에서 하나님은 언어로 사람들을 흩으셨다. 오순절에 하나님은 언어로 사람들을 하나 되게 하셨다. 사도행전에서 방언의 목적은 단순히 성령의 능력을 드러내는 것만이 아니었다(물론 그것도 중요한 목적이기는 했다). 오순절이 구속사에서 차지하는 더 중요한 의의는, 하나님이 문화와 언어의 경계를 허물어뜨리셔서 그분의 교회를 시작하시고 그 목적과 방향을 세우셨다는 점이다. 하나님은 자기 백성이 문화를 넘나들며 초자연적 언어로 말하게 하셨다. 하지만 이 사건은 인류 역사에 단 한 번 일어났다. 그래서 선교사들은 새로운 언어의 세세한 문화적 쓰임새는커녕 기초 문법 정도만 익히려고 해도 엄청난 노력을 쏟아부어야 한다. 오순절은 독특한 영적 능력을 드러냈지만 독특한 선교적 초점은 없었다. 우리는 교회 시대를 살고 있기에(언어와 문화의 경계를 초월하여 복음을 전파하라는 부르심을 받았다), 복음 메시지를 상황화하는 어려운 일을 감당해야 한다. 그렇게 하면, 한 문화/언어에서 이해한 복음을 다른 문화/언어로 전해 줄 수 있다.

신약성경의 성격

우리에게는 상황화가 아니라 '복음 선포'만 필요하다고 주장하는 사람들이 있다. 이런 관점은 성경 자체가 상황화의 산물이라는 사실을 간과하는 것이다. 성경은 특정 역사적·사회적 배경에서 특정 언어로 기록되었다. 하나님은 최고의 상황화를 하신 분이다. 그분은 인간의 유한한 사고와 범주에 자신을 맞추셔서 우리가 그분을 이해하도록 하셨다. 예를 들어, 신약성경의 각 책은 특정 시간과 상황에서 살던 특정 사람들을 이해시키기 위해 쓰였다.[35] 신약성경에서 우리는 성령의 감동을 받은 기자들이 다양한 배경의 청중에게 관심을 끌 만한 다양한 은유와 이야기와 이미지로 변치 않는 복음을 선포하는 것을 볼 수 있다. 플레밍의 표현처럼, "신약성경의 각 책은 해당 사회-문화적 환경에서 특정 청중을 겨냥하여 기독교 메시지를 제시하려는 저자의 시도를 드러낸다."[36]

마크 드리스콜의 다음 도표는 각 복음서의 기자들이 자기 독자층을 아주 민감하게 파악하고 있었음을 확실히 보여준다. 하나님은 각 기자들에게 똑같은 핵심 내용이지만, 각자의 상황에 따라 다양한 언어와 강조점으로 영감을 주셨다.[37]

플레밍을 다시 한 번 인용해 보자. "바울의 저술은 교리 연구 모음이라기보다는, 사도와 그의 다양한 청중이 삶의 구체적인 상황 가운데 나눈 연속 신학 대화라고 할 수 있다."[38] 갈라디아서에 그 점이 잘 드러난다. 거기서 바울의 구속 은유는, 할례와 율법 준수를 지나치게 강조하는 거짓 복음에 도전장을 내민다. 바울이 수사법과 철학 수단을 칭송하는 문화를 밀어붙이는 고린도전서에서도 이 점을 볼 수 있다. 거기서 바울은 복음이 헬라인들에게는 미련한 것이요 유대인들에게는 거리끼는 것이라고 했다. 빌립보서에서는 정치 용어와 군사 용어를 사용해서 복음을 선포한다. 로마의 식민지였던 빌립보에 적합한 방식이었다. 또 수제자 디모데에게 보내는 개인 서신에서는, 회계 용어를 빌려서 복음을 '보증금'으로 제시한다. 재산을 낭비하거나 부적절하게 사용하는 신자들을 다루던 젊은 목회자가 크게 공감했을 법한 비유다.[39] 바울은 갈라디아서나 로마서처럼 서로 비슷한 서신서들에서도, 대상 교회의 상황에 따라 같은 내용을 다양하게 주장하고 강조한다. 갈라디아서에서는 단호한 어조로 그들의 실수에 집중하는 반면 로마서에서는 좀 더 체계적으로 글을 전개하는데, 이는 로마의 유대인과 이방인 사이에 있었던 신학적 차이 때문이었다. 신학자 바울은 항상 사도/선교사 바울이기에, 그의 서신들은 그의 구체적인 상황과 동떨어져 존재할 수 없다.

	마태복음	마가복음	누가복음	요한복음
저자	유대 그리스도인, 과거에는 사람들이 경멸하는 세리였음	유대 그리스도인, 바나바의 사촌	이방인 그리스도인, 의사	유대 그리스도인, 예수님의 가장 어린 제자
주요 독자	유대인	로마인	이방인	헬라인
예수님에 대한 묘사	유대 메시아이자 왕	신실하신 종	완벽한 인간	하나님
예수님의 족보	아브라함과 다윗까지 거슬러 올라가 예수님이 구약성경의 예언을 성취하셨음을 보여줌	예수님의 가계가 아니라 그분이 성취하신 일이 중요하기에 족보를 수록하지 않음	아담까지 거슬러 올라가 예수님이 온전한 인간이셨음을 보여줌	하나님의 영원하신 말씀이신 예수님
주목할 만한 특징	예수님이 랍비로서 가르치신 말씀이 책의 60퍼센트 정도를 차지함, 구약성경 인용 약 50 군데	가장 짧은 복음서, 구약성경 인용이 가장 적음, 비유대인들을 위해 유대 단어와 관습을 설명함, 예수님의 행동을 강조하는 현재형 동사 150개 사용, 35개 기적, 약 40퍼센트가 예수님의 말씀	약 50퍼센트가 예수님의 말씀, 다른 복음서에는 등장하지 않는 여인 13명을 언급함, 유대 습설명, 예수님의 어린 시절과 정서 생활 조명	90퍼센트에 해당하는 내용이 요한복음에만 등장함, 비유나 축사를 언급하지 않음, 예수님이 하나님이심을 증명하는 '나는'(I am)이 7 군데 등장

사명의 노하우: 상황화

바울의 저작에만 상황화가 나타나는 것은 아니다. 야고보는 유대 언어와 개념을 빌려서 "흩어져 있는 열두 지파"(약 1:1)에게 편지를 쓴다. 베드로는 네로 황제에게 박해를 받던 사람들에게 편지를 보내면서, 복음이 1세기의 박해 가운데 가져다주는 소망의 관점에서 복음을 펼쳐 보인다. 유다는 자기 독자들에게 "성도에게 단번에 주신 믿음의 도를 위하여 힘써 싸우라"(유 1:3)고 도전하여, 교회에 침투한 미치광이 이단들에 맞서 견디도록 돕는다. 큰 관점에서 보면, 신약의 서신서들은 즉석에서 하나님의 영감을 받았거나 상황화되었다. 나는 이런 이중의 독특성이 실제로 성경의 **영원성과 시의성**에 기여했다고 믿는다.

예수님과 바울의 모범

그러나 성경이 상황화의 최고 행위는 아니다. 하나님이 행하신 가장 큰 상황화는 성육신이다. "말씀이 육신이 되어 우리 가운데 거하시매 우리가 그의 영광을 보니 아버지의 독생자의 영광이요 은혜와 진리가 충만하더라"(요 1:14). 하나님은 아람어를 구사하는 1세기 유대인으로 이 땅에 오셨다. "예수님이 철저하게 새로운 내용을 가르치신 것은 맞지만, 그것을 표현할 새 언어를 창조하지는 않으셨다."[40] 예수님의 외모는 당대의 평범한 다른 사람들과 구별되지 않았다. 평범한 1세기 유대 남성들과 똑같은 옷을 입고, 똑같은 음식을 먹고, 똑같은 언어를 사용하셨다. 마크 드리스콜이 표현한 것처럼, "예수님은 과거에도, 미래에도 찾아보기 힘든 위대한 선교사이시다. 사실, 예수님의 성육신은 여러 측면에서 성령 하나님이 인도하시고 능력을 주신 선교여행이었다."[41]

이 때문에 예수님의 사역은 우리 선교의 모범이 되신다. 예수님이 인간의 언어를 사용하며 인간들 사이에 사셨다면, 교회도 그분이 보이신 상황화의 모범을 따라야 한다. "세상에는 두 종류의 교회가 있다. 한 종류는 지역사회에 이렇게 말한다. '우리에게 와서 우리의 언어와 관심사를 배우고 우리의 필요를 채워 주십시오.' 또 다른 종류는 이렇게 말한다. '우리가 여러분께 가서 여러분의 언어와 관심사를 배우고 여러분의 필요를 채워 드리겠습니다.' 둘 중 어느 것이 성육신을 흉내 낸 것인가?"[42] 예수님을 본받는 교회들은 지역사회 사람들을 만나 복음을 성육신한다. 저니교회의 '미드라시(Midrash) 사역'(http://midrashstl.com)은 월 1회 정기 영화 상영과 함께 정치, 윤리 등 폭넓은 문화적 관심사들에 대한 포럼을 주최하여 적극적으로 문화와 관계를 맺고 있다. 또 루미너리 예술센터(The Luminary Center for the Arts)를 건립하여 세인트루이스 지역 예술가들과도 다시 관계를 세워 가고 있다(http://theluminaryarts.com). 액츠 29 소속의 많은 교회들도 이와 비슷한 사역을 하고 있다.[43]

사도 바울의 사역에서도 동일한 원리를 발견할 수 있다. 그리스도를 소개하려는 열정에 불탔던 바울은 사람들의 마음을 얻기 위해서라면 자신의 방법과 생활방식을 얼마든지 수정할 의향이 있었다. 다양한 집단의 사람들에게 효과적으로 접근하기 위해 자신의 설교 방식을 조정하는 일에도 신경을 많이 썼다. 그는 아주 다양한 상황에서 가르쳤기 때문에 설교마다 복음 메시지를 각기 다른 방식으로 전달했다. 예를 들면, 사도행전에 나타난 그의 다양한 설교를 비교해 보면 흥미롭다. 사도행전 13장에서 바울은 복음의 예표인 구약성경을 인용하여 안디옥의 유대인들에게 직접적이고도 분명하게 복음을 전했다.[44] 그리고 바로 다음 장에서는, 루스드라의 이방인들에게 변치 않는 복음을 전했다.⁴⁵ 그 설교에서 바울은, 피조물이 아니라 창조주이신 하나님을 강조하면서 자신이나 바나바 같은 인간을 예배하지 말라고 간곡히 부탁했다. 그런 다음 루스드라 사람들이 익히 아는 것에 호소했다. 루스드라인들은 구약성경에 문외한이기에, 그는 계시된 하나님의 진리 대신에 그들이 체험한 하나님의 은혜를 언급했다. 하나님이 비를 내려 주셔서 그들이 농사를 짓고 가축을 사육하고 음식을 먹을 수 있었다.

사도행전 17장에서 바울은 또 다른 독특한 집단을 만났다. 그 사람들도 그들의 언어로 복음을 들어야 했다. 바울은 아덴에서 벌어지는 우상 숭배와 죄에 분노를 금치 못했지만,⁴⁶ 종교 논쟁의 중심지 아레오바고로 가서 매우 영적이지만 복음은 결여된 헬라인들의 세계관에 들어갔다.⁴⁷ 바울은 사도행전 13장에서처럼 단순히 회당에서 논리를 펼친다거나 사도행전 14장에서처럼 길거리를 휘젓고 다니지 않았다. 대신에 "새로운 것을 말하고 듣는 것 이외에는 달리 시간을 쓰지 않는"⁴⁸ 아덴 사람들을 위해 그는 새로운 무대를 찾았다.⁴⁹ 바울은 기억을 더듬어 그리스 시인/희곡가/철학자 두 사람을 인용하여 다원주의 중산층의 언어로 이야기했다. "우리가 그를 힘입어 살며 기동하며 존재하느니라. 너희 시인 중 어떤 사람들의 말과 같이 우리가 그의 소생이라."⁵⁰

바울은 그들에게 '먹혀들 만한' 이름을 아무렇게나 내뱉은 것이 아니었다. 그가 인용한 철학자 중 한 사람인 에피메니데스(Epimenides)는, 수백 년 전에 발생한 심각한 기근에서 아덴인들을 구한 인물이었다. 아마도 알지 못하는 신에 대한 그의 지식이 도시를 구했을 것이다.⁵¹ 성경 주해에 조예가 깊었던 바울은 문화적 주해도 게을리하지 않아서, 알지 못하는 신을 그들에게 소개했던 이 인물을 인용할 수 있을 정도로 아덴 역사에 정통했다.[52] 바울은 하나님을 창조주(24절)요 부족함이 없는 분(25절), 주권적인 분(26절)으로 선포하기 위해 애썼다. 하지만 그와 동시에, 영성에는 관심이 있지만 하나님을 알지 못하는 아덴 사람들이, 하나님이 가까이에 계시며 그리스도 안에서 그분을 알 수 있다는 사실을 깨닫도록 힘써 도왔다.[53]

바울은 고린도전서의 다음 본문에서 상황화에 대한 자신의 철학을 이렇게 밝힌다.

> 내가 모든 사람에게서 자유로우나 스스로 모든 사람에게 종이 된 것은 더 많은 사람을 얻고자 함이라. 유대인들에게 내가 유대인과 같이 된 것은 유대인들을 얻고자 함이요 율법 아래에 있는 자들에게는 내가 율법 아래에 있지 아니하나 율법 아래에 있는 자같이 된 것은 율법 아래에 있는 자들을 얻고자 함이요 율법 없는 자에게는 내가 하나님께는 율법 없는 자가 아니요 도리어 그리스도의 율법 아래에 있는 자이나 율법 없는 자와 같이 된 것은 율법 없는 자들을 얻고자 함이라. 약한 자들에게 내가 약한 자와 같이 된 것은 약한 자들을 얻고자 함이요 내가 여러 사람에게 여러 모습이 된 것은 아무쪼록 몇 사람이라도 구원하고자 함이니 내가 복음을 위하여 모든 것을 행함은 복음에 참여하고자 함이라(9:19-23).

복음은 우리가 전해야 할 선교 메시지요, 상황화는 그 선교의 방법이다. 우리가 바울처럼 복음을 사랑한다면(23절), 바울처럼 복음을 상황화할 것이다(19-23절). 끊임없이 변하는 문화에 변치 않는 복음을 전함으로써 특정 시간과 특정 문화에 속한 사람들이 복음의 진리를 이해하고 구원받을 수 있다.

16장 사명의 손: 돌봄

세인트루이스로 이사 왔을 때, 나는 이 아름답고 거대한 도시를 보고 적잖은 감명을 받았다. 유구한 역사를 자랑하는 옛 도시답게 아름다운 건축물과 구세계의 특징이 남아 있었다. 하지만 러스트 벨트(Rust Belt)의 다른 도시들처럼, 도심 확산(urban sprawl)의 소용돌이에 말려들어 간 세인트루이스도 도시가 사양화되고 인종 갈등에 빠져 있었다.[1] 나는 이런 역사가 있는 도시에 교회를 개척하려면, 말씀 복음뿐 아니라 행위 복음에도 헌신해야 한다는 사실을 깨달았다.

함께 이뤄 가는 대위임령

마태복음은, 자신이 시작한 사역을 계속해서 이어 가라는 예수님의 명령으로 끝을 맺는다. 예수님은 제자들에게 다음 세 가지를 말씀하셨다.

1. 모든 민족에게서 제자를 모으라(28:19).
2. 아버지와 아들과 성령의 이름으로 그들에게 세례를 베풀라(28:19).
3. 제자들에게 예수님이 분부하신 모든 것을 가르쳐 지키게 하라(28:20).

과연 예수님의 고별인사가 마태의 기록처럼 이렇게 간단명료했는지는 알 길이 없다. 하지만 주님께서는 몇 마디 말씀에도 수많은 의미를 심는 능력이 있으므로, 이 내용이 그분의 마지막 연설을 고스란히 담고 있을 가능성이 높을 것 같다. 그리스도께서 무엇을 원하시는지, 교회의 목적이 무엇인지 혼란스러울 때는 마태복음 마지막에 나오는 예수님의 말씀을 되새겨 보기 바란다.

여기서 예수님은 제자들이 감당해야 할 역할을 요약해 주신다. 우리는 우리의 가르침과 삶으로 모든 민족으로 제자를 삼아야 한다. 복음의 진리는 전 세계 모든 남녀노소에게 적용되고 천국은 다양성의 대명사 격인 곳이기에, 그리스도인의 모임은 시각과 청각, 후각 면에서 다양성을 느낄 수 있어야 한다.

일단 제자들이 모이면, 우리는 아버지와 아들과 성령의 권위로 그들에게 세례를 베풀어야 한다. 간단히 말해, 예수님은 그분을 따르는 사람들이 자기 내면에 일어난 변화를 밖으로도 드러내기를 원하신다는 뜻이다. 그 출발점이 바로 세례다. 지금까지 예수님은 논란의 여지가 많거나 우리가 이해하기 힘든 것은 아무것도 요구하시지 않았다. 세례는 예수님을 따르는 개인과 그분의 이름을 품은 교회라면 당연히 해야 할 일이다.

그런데 세 번째 조항에 이르면 약간의 혼란이 빚어진다. 예수님의 세 번째 요구 사항은 자신이 분부한 모든 것을 제자들에게 가르치라는 것이다. 도대체 뭘 가르치라는 것인가? 구체적으로 예수님은 제자들을 가르쳐서 자신이 분부한 모든 것을 '지키게' 해야 한다고 말씀하신다. 이 부분에서 몇 가지가 눈에 띈다.

첫째, 예수님이 그 무엇보다 **우선하여** 교회에 명령하시는 내용에 주목하라. 그분은 교회가 사람들에게 복음을 가르쳐야 한다고 말씀하신다. 윤리적으로 뛰어난 선한 사람들을 위해 사교 모임을 만드는 것이 교회의 역할은 아니다. 예수님에 따르면, 교회는 복음을 굳게 지켜서 성령께서 사람들을 안팎으로 변화시키는 사역을 하실 수 있게 도와야 한다. 많은 미국 교회는 사람들을 기독교 행동 수칙으로 회심시키는 데만 관심을 가졌다. 그렇게 하면, 그들이 나름의 방식으로 구원에 대한 '행동'을 취하리라는 바람으로 말이다. 물론 이것은 은혜의 복음이 의도한 바와는 전혀 거리가 멀었다.

둘째, 예수님이 제자들을 부르신 이유는 자신이 분부한 모든 것을 **지키게** 하기 위해서다. 여기서 '지키다'라는 말은 '순종'을 뜻한다.[2] 예수님은 제자들의 머릿속에 신학 지식만 꽉 들어차 있기를 원치 않으신다. 하나님의 말씀이 계시하는 가르침에 실제로 순종하는(즉, 그 말씀대로 지키고 행동하고 사는) 제자들을 바라신다. 그러면 그분은 우리가 무엇에 순종하기를 바라시는가? 그분이 분부한 모든 것을 지킨다는 것은 과연 무슨 뜻인가? 예수님은 그것을 두 계명으로 압축하셨다.

예수님은 마가복음 12:30-31에서, 율법을 압축한 가장 중요한 두 계명을 설명해 주신다. "네 마음을 다하고 목숨을 다하고 뜻을 다하고 힘을 다하여 주 너의 하나님을 사랑하라 하신 것이요. 둘째는 이것이니 네 이웃을 네 자신과 같이 사랑하라 하신 것이라. 이보다 더 큰 계명이 없느니라." 예수님이 분부하신 모든 것을 지킨다는 것은 곧 하나님과 사람들을 사랑하는 것이다. 다시 말해, 예수님은 교회를 **실천하는** 공동체로 부르고 계시다. 예수님은 부활하시고 승천하여 하늘과 땅의 주님이 된 자신의 손과 발이 되어 하나님의 선교를 수행하는 교회를 원하신다. 사역에서 발뺌하는 한가로운 무리가 아니라! 예수님은 모든 신자가 연합하여 전략적으로 사람들을 찾고 연락하고 가르치고 섬기는 교회를 원한다고 말씀하신다.

저니교회가 하나님 사랑과 이웃 사랑을 실천하는 이야기로 이 단락을 마무리할까 한다. 조시 윌슨(Josh Wilson) 목사가 이 사역을 이끌고 있다. 정식 목회자로 부임하기 전에 저니교회의 인턴 사역자였던 그는 세인트루이스 도심 빈민가에서 긍휼 사역을 시작할 작정이었다. 목표는 훌륭했지만, 현실은 녹록하지 않았다. 실정 모르고 좌충우돌하던 인턴 사역자는 어느덧 '미션 세인트루이스'(Mission: St. Louis)의 창립자이자 대표가 되어 있었다. 그 과정에서 그는 저니교회에서 막강한 리더로 자리 잡았다. 이와 비슷한 사역을 시도하고 있는 사람들이 있다면, 이 이야기를 읽으면서 우리의 노력도 완벽하지 않다는 점을 명심하기 바란다. 우리는 빈곤, 주민 안정, 실업, 심각한 인종 분쟁, 마약, 성 문제, 인신매매, 높은 범죄율 등의 문제를 해결하지 못했다. 해결 근처에도 가지 못했다는 말이 어울리겠다. 그저 복음의 치유 능력으로 절실한 사람들과 관계를 맺고, 그 과정에서 저니교회 성도들의 관심을 얻었을 뿐이다. 그들은 홀로 고상하게 하나님을 믿는 것과, 이웃을 자기 몸처럼 사랑할 기회를 맞바꾸었다.

출발점

어떻게 도시를 섬길 수 있을까? 조시 목사는 이 질문 때문에 저니교회에서 인턴십을 시작하게 된다. 그는 이미 도심 빈민가에서 2년간 아이들과 사역하면서, 가난이 세인트루이스 지역에 미친 영향을 직접 확인한 바 있다. 그런 부담감 때문에 그는 2006년 7월부터 저니교회에서 긍휼 사역을 시작했다. 그와 그가 조직한 팀은 대대적인 '수리 작업'에 들어갔다. 조시 목사는 이렇게 말한다. "우리는 도시 빈민을 섬긴다고 할 때 떠올릴 수 있는 온갖 종류의 일을 시작했습니다. 무료 급식소와 여성 쉼터는 물론, 밤늦은 시간에 거리를 다니며 노숙인들을 찾아 전도하는 일까지, 안 해본 일이 없으니까요."

의도는 좋았지만 집중력이 떨어졌다. 그렇게 석 달이 흐르면서, 조시 목사는 자신의 팀이 너무 많은 일을 하려 한다는 데 생각이 미쳤다. 결과도 별로 좋지 않았다. "우리는 이웃과 관계를 맺지도 못하고, 고민과 부담을 나누지도 못하며, 내 몸처럼 그들을 사랑하지도 못했습니다. 우리는 가난한 사람들에게 무엇이 필요한지 잘 안다고 생각했지만, 사실은 그들의 이야기에 귀 기울이지 못했고, 그들의 필요가 무엇인지도 파악하지 못했습니다. 여러 가지 사업에 치여 정신이 없었지만, 정작 제대로 한 일은 아무것도 없었습니다. 경제적·사회적 변화와 개발을 도모하지 못하고 있었습니다. 한때 열정에 불탔던 자원봉사자들은 지쳐 버렸습니다. 비전이나 사명 없이 도시를 뜯어고치려 했던 노력은 득보다는 실이 많았습니다. 우리가 섬기는 대상이 누구인지, 미션 세인트루이스는 어떤 단체이며, 어디로 가고 있는지 전혀 감을 잡지 못했습니다."

전환점

더 이상 사태를 보고만 있을 수 없었던 조시 목사는 자신의 부르심과 하나님이 주신 사명을 철저하게 재검토했다. 신뢰하는 리더들을 찾아가 자문을 구하고 자신의 사역을 냉철하게 비판하기 시작했다. 그는 미션 세인트루이스의 나아갈 길을 분명히 보여달라고 하나님께 간구했다. 흔히 그렇듯이, 그분의 응답은 전혀 예상치 못한 방법으로 찾아왔다.

그들이 진행하던 다른 프로젝트가 전환점이 되었다. 포레스트 파크 사우스이스트(Forest Park Southeast) 지역 여러 초등학교에 학용품을 전달하는 프로젝트였다. 그곳은 저니교회의 남부 캠퍼스에서 800여 미터 떨어진 지역이었다. 조시 목사는 그중에서도 아담스 초등학교에 물품을 전달하러 갔던 사연을 소상히 들려준다.

"그날, 학용품을 전달하러 다니면서 감사와 적대감을 동시에 느꼈습니다. 몇몇 학교에 물품을 전달하고 나서, 하나님이 아담스 학교로 가라고 말씀하신다는 확신이 강하게 들었죠." 그렇게 아담스 초등학교와 미션 세인트루이스의 관계가 시작되었다. 조시 목사는 아담스 초등학교 직원들에게 학교에 대해 어떤 꿈을 꾸고 있느냐고 물었고, 직원들은 기꺼이 자신들의 이야기를 들려주었다.

아담스 초등학교 지네타 스티걸(Jeanetta Stegall) 교장은 미션 세인트루이스가 다음 해에도 아이들의 학용품을 전달해 주었으면 하는 바람을 가장 먼저 전했다. 조시 목사는 한발 더 나아가 이런 질문을 던졌다. "특별히 바라시는 게 있다면, 무엇입니까?" 스티걸 교장의 입에서 곧장 대답이 떨어졌다. 아이들이 글을 읽을 수 있고, 가정에서 전폭적인 지원을 받으며 학교에 다닐 수 있기를 꿈꾼다는 것이었다. 또 남자아이들에게는 진정한 남성상을, 여자아이들에게는 여성으로 어떻게 대접받아야 하는지를 가르쳐 줄 남성 역할 모델이 동네 사람 중에 있었으면 하고 바랐다. 자꾸만 집세가 올라 어쩔 수 없이 변두리로 이사 가는 가족들이 없었으면 하는 바람도 내비쳤다. 그녀의 꿈은 여느 초등학교 교장의 꿈과 별반 다르지 않았다. 아담스 초등학교의 모든 학생이 수준 있는 교육을 받고 자신의 잠재력을 마음껏 발휘하는 것 말이다.

스티걸 교장은 그곳 주민들의 형편없는 문맹률을 우려하고, 한편으로는 동네에 고급 주택화 바람이 불면서 퇴출당하는 가족들이 늘고 있다는 사실도 밝혔다. 2006년 말까지, 포레스트 파크 사우스이스트 지역에는 하루 평균 두 채꼴로 주택 개조 사업이 벌어지고 있었다. 그래서 평생 그 동네에서 살아 온 가정들이 메트로(Metro) 지역과는 완전히 동떨어진 섹션 8 주택가로 강제 이주해야 했다. 스티걸 교장은 지역사회에서 남자를 보기 힘든 점도 지적했다. "우리 아이들이 아는 남성 역할 모델이 있다면, 길거리의 마약 중개인이나 TV에 나오는 힙합족이 전부지요."

조시 목사는 이야기를 들으면서, 처음 생각했던 것보다 이 관계가 아주 중요하다는 사실을 깨닫기 시작했다. 아담스 초등학교는 포레스트 파크 사우스이스트 지역의 중심지였다. 동네 행사가 있으면, 아담스 초등학교가 주최하고 장소를 제공했다. 이 동네 사람들의 문제가 궁금하면, 아담스 초등학교 교사들과 직원들에게 문의하면 되었다. 다시 말해, 이 지역에 영향력을 행사하고 싶으면, 아담스 초등학교부터 공략해야 했다.

새로운 방향성과 열정으로 무장한 조시 목사와 미션 세인트루이스는 모든 역량을 한곳에 집중하기로 했다. 도시 이곳저곳에 영향력을 분산시키지 않고, 아담스 초등학교와 포레스트 파크 사우스이스트 지역에 재정과 인력을 쏟아붓기로 했다. 이 지역에 변화를 가져오면, 옆 동네로, 또 그 옆 동네로 영향력을 확장할 수 있으리라는 기대감을 가지고서 말이다.

조시 목사는 이렇게 말한다. "우리는 가난과 고급 주택화 같은 힘겨운 문제들과 씨름하고 있는 지역사회와 그곳에서 잠재력을 가진 한 학교를 발견했습니다. 어떻게 하면 이 문제들을 근본적으로 해결할 수 있을지 연구하기 시작했죠. 마구잡이로 진행하던 사업을 정리하고, 우리의 역량을 집중하여 특정한 한 공동체에 자원을 투자하기로 했습니다. 사람들과 진정한 관계를 맺을 수 있는 곳, 그 사람들과 그들의 필요를 깊이 알 수 있는 곳, 진정한 공동체 발전을 위해 일할 수 있는 곳이 필요했습니다. 포레스트 파크 사우스이스트가 바로 그런 곳이었습니다."

포레스트 파크 사우스이스트

미션 세인트루이스의 가장 큰 걸림돌은 이제 막 찾은 사역지에 대한 정보가 너무 부족하다는 것이었다. 그 지역이 어디서부터 어디까지인지를 파악했고, 아담스 초등학교와 좋은 관계를 유지하고 있었지만, 그것이 전부였다. 이 정도로는 효과적인 복음 사역을 할 수 없었다. 조시 목사의 사역팀은 과제에 착수했다. 골목골목을 탐방하며 이 동네 전문가들과 대화를 시작했다. 좀 더 정확히 말하면, 포레스트 파크 사우스이스트 토박이들을 찾아 나섰다. 그들에게서 수집한 옛 이야기와 정보에 인구조사 결과와 주와 시 공무원들의 의견을 수렴하여 첨부했다. 이 보고서를 통해 조시 목사와 그의 팀은 하나님이 그들을 부르신 사역지에 대한 흥미로운 사실들을 많이 알게 되었다.

조시 목사는 "100년 전, 세인트루이스는 인구가 575,000명에 달하는 성대한 도시였습니다. 미국에서 가장 큰 도시였죠"라고 말한다. 그의 말이 맞다. 1950년대 세인트루이스 시의 인구는 857,000명에 달했다. 그러나 인구 밀집 지역에서 대부분의 백인 중산층이 교외로 빠져 나가는 현상에서 세인트루이스도 예외는 아니었다. 중산층 가정들이 교외 지역에 정착해서 상업 지구와 주택가를 개발하는 사이, 도심에는 빈곤층만 남았다. 빈곤이 확대되고 범죄율이 치솟았다. 2000년에는 인구가 348,000명까지 줄어들었다. 이후로는 상황이 조금 역전되어 2000년과 2007년 사이에는 0.7퍼센트의 인구 성장률을 기록했다. 2000년 이전의 50년 동안 가파른 하향세를 보인 것과 비교할 때 상당히 의미 있는 수치라고 할 수 있다. 세인트루이스의 빈곤율과 범죄율은 여전히 미국 전체 평균보다 높아서, 2006년에 CBS 뉴스는 세인트루이스가 미국 전역에서 '가장 위험한 도시'로 꼽혔다는 보도를 내보내기도 했다.[3]

포레스트 파크 사우스이스트는 여러 면에서 세인트루이스가 지닌 문제들의 축소판이다. 2000년 이후의 인구조사 통계를 참조하면, 이 지역 주민의 70퍼센트는 아프리카계 미국인이다. 2000년에 주민들의 평균 연령은 22세였는데, 주 평균(36세)보다 열네 살, 도시 평균(32세)보다 열 살이 어렸다. 동일한 통계에 따르면, 이 지역 주거용 건물에는 대부분 세입자가 살고 있다(66퍼센트). 이 비율은 도시 평균 53퍼센트와 주 평균 30퍼센트를 훨씬 웃도는 수치다. 이런 통계 수치는 그다지 이목을 집중시키지 않지만, 이 동네의 전반적인 밑그림을 그리는 데 도움이 된다. 그런데 이보다 더 의미심장한 통계는 따로 있었다.

조시 목사와 미션 세인트루이스가 발견한 통계 중에 가장 충격적인 것은 포레스트 파크 사우스이스트 경제 하락세를 보여주는 내용이었다. 이 지역의 빈곤율은 36퍼센트로, 세인트루이스 도시 평균 25퍼센트와 주 전체 평균 12퍼센트를 웃돈다. 조시 목사의 말을 들어 보자. "2007년에 포레스트 파크 사우스이스트의 인구는 3,670명이었습니다. 그중 36퍼센트가 최저 생계 수준에 미치지 못하죠. 이 1,321명이 핵심 사역 대상입니다. 물론 지역사회 전체의 변화를 위해서는 나머지 주민 2,349명도 포함시켜야 하겠지만요. 작년에 우리가 585명을 도왔는데, 핵심 사역 대상의 44퍼센트 정도에 해당합니다."

빈곤 문제 해결에 부정적인 영향을 미치는 또 다른 요인은 문맹률이다. 25세 이상 주민의 35퍼센트는 고등학교를 마치지 못했다. 주 전체 평균의 두 배다. 경제 안정과 교육 문제 해결이 시급했다. 2003년 가을 학기에는 미주리 주 초중등 교육부에서 학부모 대상 설문 조사를 실시하여 학부모 신상이나 가정 생활, 자녀의 학교 생활 등에 대해 다양한 질문을 던졌다. 포레스트 파크 사우스이스트의 중심부에 위치한 아담스 초등학교에서는 학부모 189명이 설문에 응했다. 설문 참가자의 82퍼센트는 어머니였고, 6퍼센트가 아버지, 3퍼센트가 할머니, 8퍼센트는 그 외 친인척이었다. 이런 통계 수치는 조시 목사와 그의 팀이 탐문 조사를 통해 얻은 자료와 거의 일치했다. 이 지역에서 아버지들은 온 데 간 데 없었다. 이 지역 가정의 시급한 문제점들을 보여주는 다음 자료를 더 살펴보라.

- 57퍼센트가 외벌이 가정이며, 16퍼센트는 수입이 전혀 없다.
- 학부모의 25퍼센트는 자기 자녀들이 날마다 네 시간 이상 텔레비전을

본다고 말한다.
- 62퍼센트가 한 부모 가정이다.
- 61퍼센트의 가정에 컴퓨터가 없다.
- 68퍼센트의 가정이 집에서 인터넷 접속이 불가능하다.
- 90퍼센트의 학생이 무료 급식 수혜 대상에 해당한다.

학생들의 학업 대책 마련이 절실하다는 것은 놀랄 일도 아니다. 아담스 초등학교는 세인트루이스 공립학교 소속이다. 학교 관계자들은 이 학교가 3년 연속 연간학업성취향상도(Adequate Yearly Progress)를 달성하지 못했다고 보고한다. 학교의 시험 성적은 학생들이 어느 정도나 잠재력을 달성하지 못했는지를 여실히 드러낸다. 6학년은 2007년 미주리 평가 프로그램(Missouri Assessment Program) 수학 과목에서 15퍼센트의 점수를 얻었다. 주 평균 점수는 49퍼센트였다. 커뮤니케이션 예술 과목은 더 심각해서 5퍼센트에 그쳤다. 이 과목의 주 평균 점수는 44퍼센트였다. 학생들의 요구에 부응하지 못하는 학업 환경은 형편없는 학업 성취도와 중도 탈락자들을 양산하고 있었다. 영재교육협회(National Association for Gifted Children)에 따르면, "위험 아동4이란, 경제적·신체적·정서적·학업적 필요가 충족되지 못하거나, 재능을 파악하거나 개발하는 데 걸림돌로 작용하여, 학업 성취도가 떨어지거나 중도 탈락 위험에 처한 학생들을 가리킨다." 아담스 초등학교 학생들이 바로 여기에 해당한다.

    포레스트 파크 사우스이스트의 절실한 문제들을 확실히 파악한 미션 세인트루이스는 그 필요를 채우기 위한 전략을 개발하기 시작했다.

문제 해결

자료를 살펴보니, 이 지역에서 가장 먼저 집중해야 할 특별 영역 세 군데가 두드러졌다. 미션 세인트루이스는 부족한 교육 문제와 복음 중심의 권한 위임, 경제 안정을 해결하기 위한 전략과 프로그램을 세우기 시작했다. 이렇게 해서, 미션 세인트루이스의 훌륭한 프로그램들이 현재 실행 중이다. 이 프로그램은 측정 가능한 성공 지표와 최고의 방법에 기초하고 있기에 최상의 결과를 가져올 확률이 높다. 이제부터는 미션 세인트루이스가 포레스트 파크 사우스이스트의 절실한 필요들을 어떻게 해결하고 있는지 대략적으로 소개해 보려고 한다.[5]

교육

아침 독서 프로그램 아침 독서 프로그램을 제안한 사람은 저니교회 교인이자 성인 독서 전문가인 브랜디 그레이너(Brandy Greiner)였다. 그는 세인트루이스 공립학교 협회에서 자문을 해주는 과정에서 이 프로그램을 기획했다. 이 프로그램은 음소 인식, 발음, 유창성, 단어 습득, 말의 흐름, 독서 이해력의 여섯 가지 요소를 활용한다. 자원봉사자들은 25-30분간 아이들에게 책을 읽어 주고, 모든 학생에게 한 달에 한 권씩 집에 가져갈 책을 정해 준다. 나머지 시간은 학생들이 집이나 학교에서 미처 배울 기회가 없었던 음소 인식을 가르치거나 이해력 향상에 집중한다.

교실 입양 프로그램 이 프로그램은 아담스 초등학교 교사와 직원들의 요구를 반영한 것이다. 학급당 학생 수가 적을수록 학습 효과가 좋다는 연구 결과도 있듯이, 교실 입양 프로그램은 교사들이 수업할 때 최소한 일주일에 한 시간은 자원봉사자를 붙여 준다.[6]

권한 위임

부담 없는 크리스마스 미션 세인트루이스의 전형적인 권한 위임 행사가 바로 부담 없는 크리스마스다. 작년에 저니교회는 전액 후원금으로 충당한 성탄 행사에 참여했다. 자원봉사자들이 선물을 사서 각 가정에 전달했다. 조시 목사는 선물을 배달하면서 좀 이상한 점을 발견했다. "아이들과 엄마, 할머니들은 한껏 들뜬 기분이었어요. 울다가 웃다가 난리가 아니었죠. 그런데 유독 아버지들만(물론 아버지가 없는 경우가 더 많았지요) 슬쩍 뒷문으로 자리를 피하더군요." 안타까운 장면이 아닐 수 없었다. 후원금은 아이들에게 즐거운 크리스마스를 만들어 주는 데 도움이 되지만, 사람(특히 남자)들을 세우고 권한을 위임하는 일에는 속수무책이었다.

조시 목사는 밥 룹튼(Bob Lupton)이 개발한 프로그램[7]에서 영감을 얻어 새로운 프로그램을 시도했다. 가족부(Department of Family Service)와 협력하여 포레스트 파크 사우스이스트와 주변 지역 저소득 가정을 파악하고, 저니교회 교인들에게서 헌금을 받는다. 이 크리스마스 프로그램은 기부보다는 권한 위임에 초점을 맞춘다. 저소득층 부모들이 직접 가게에 가서 적은 비용으로 아이들에게 선물을 살 수 있는 기회를 제공하는 것이다. 크리스마스는 이 가족들에게 더 이상 두렵고 걱정스럽고 실망하는 날이 아니라, 기쁘고 즐겁고 뿌듯한 휴일이 되었다. 장난감 판매에서 거둔 수익은 모두 이 지역으로 환원된다. 2008년에 세 번째로 실시한 이 행사에서는 80개 가정의 300명의 아이들이 혜택을 받았다. 650명이 넘는 자원봉사자들이 도운 결과다.

가정 방문 자원봉사자들은 일주일에 두 번씩 동네를 돌아다니면서 사람들을 만난다. 가정 방문의 일환이다. 자원봉사자 예닐곱 명이 그 지역의 한 가정에서 만나 약 90분간 동네 주민들과 심도 있는 대화를 나눈다.

동네 성경공부 가정 방문 후에는 동네 성경공부를 실시한다. 포레스트 파크 사우스이스트에 사는 주민의 집에서 모임을 갖되, 가능한 한 그 지역 출신 리더가 성경공부를 이끈다. 저니교회 자원봉사자 리더들의 도움을 받아 일주일에 한 번씩 성경을 공부하는 시간을 갖는다.

경제 성장

조시 목사가 포레스트 파크 사우스이스트 지역의 필요를 전해 왔을 때 우리는 '특별한' 방법을 찾았다. 그중에는 우리 교회 소그룹이 그 지역에 선교를 나가는 방법도 있었다. 최근 보수 공사를 마친 사우스 시티 지역 캠퍼스에서 새롭게 예배를 시작하고, 우리 교인 열다섯 명을 그곳에 파송했다. 한 달에 세 주는 함께 모여 예배를 드리고, 나머지 한 주는 포레스트 파크 사우스이스트에서 봉사하기 위해서였다. 한 달에 한 번 정도는 "교회 건물을 벗어났다"고 이야기할 수 있어야 하지 않겠는가!

첫 번째 '지역사회 사역의 날'이 성황리에 열렸다. 그 지역 어느 보육원으로부터 전면 개보수 작업이 필요하다는 이야기를 듣고 나니 자연스레 목표가 세워졌다. 150명이 넘는 자원봉사자들은 하루 종일 창문을 갈아 끼우고, 페인트칠을 하고, 양탄자를 깔고, 정원을 가꾸고, 보육원 놀이

터를 만들었다. 그날 하루만 총 3만 달러에 해당하는 노동력과 돈이 기부되었다. 보수 작업은 자원봉사자들과 그 지역 주민들에게 만족감을 주었을 뿐 아니라, 그 지역과 전혀 상관없는 사람들도 이 공동체의 필요를 직접 확인할 수 있는 계기가 되었다. 이날은 또 포레스트 파크 사우스이스트가 지역사회를 개발하고 부흥시키기 위해 고군분투하는 사람들의 공동체임을 만방에 알린 기회였다.

앞으로도 '지역사회 사역의 날'에는 이 지역 가정들의 보수 작업과 지역 환경 개선에 힘쓸 예정이다. 이 글을 쓰고 있는 지금은, 도넛을 파는 커피숍 사업을 한창 계획중이다. 커피숍 사업은 동네 사람들에게 일자리를 제공하고, 지역사회 기반의 관계를 발전시킬 수 있는 안식처를 제공할 것이다. 이렇게 주민들에게 권한을 위임함으로써, 경제적으로 건강하고 안정적인 지역사회를 만드는 것이 우리의 최종 목표다.

하나님 사랑과 이웃 사랑

미션 세인트루이스의 사역이 늘 평탄하지만은 않았다. 초기에는 온갖 긍휼 사역을 닥치는 대로 시도하면서 실패를 맛보기도 했다. 그러다가 포레스트 파크 사우스이스트뿐 아니라 저니교회에도 좀 더 구체적인 뭔가가 필요하다는 결론에 이르렀다. 조시 목사는 이렇게 말한다. "우리에게는 방향과 집중할 대상이 필요했습니다. 열정만큼은 전 세계를 덮고도 남았지만, 정작 우리 집 뒷마당에 무엇이 있는지는 보지 못했죠. 하나님이 깨달음을 주셔서, 우리의 자원은 장기적인 관계에서 가장 효과적으로 사용할 수 있다는 사실을 보게 된 이후에야, 포레스트 파크 사우스이스트 지역 사람들의 문제에 이목을 집중하고 복음의 동기로 그곳 가정들을 섬길 수 있었습니다."

교회는 사회정의나 전도 중 하나에만 집중하고 싶은 유혹에 흔들린다. 그리스도인들은 둘 중 하나로 자연스럽게 기울기 마련이다. 하지만 복음은 전도와 사회정의를 둘 다 중요하게 여긴다. 복음은 하나님 사랑과 이웃 사랑을 모두 포함한다. 그것은 결코 쉽지 않은 길이다. 미션 세인트루이스는 이 스펙트럼의 양극단을 대표하는 직원들을 고루 고용함으로써 이 긴장감을 잃지 않고 있다. 미션 세인트루이스에는 복음 중심적인 직원들이 있는가 하면, 사회정의 중심적인 직원들도 있다. 그 결과는 놀라웠다. 하나님의 사명에 대한 이번 장을 마무리하면서, 포레스트 파크 사우스이스트의 장기 거주자를 한 사람 소개하고 싶다. 벤 제퍼슨(본인의 요청으로 가명을 사용했다)은 여러 면에서 사도 바울과 비슷한 인물이다. 평생 동안 복음과 복음을 믿는 사람들에게 심한 적대감을 드러냈던 그는 그 누구의 말도 듣지 않는 반항아였고 자신이 원하는 일을 자신이 하고 싶은 때에만 했다.

그러던 그가 예수님을 만났다. 다음은 그의 이야기다.

이 이야기는 사실 벤 제퍼슨이 아니라 미션 세인트루이스 자원봉사자 제임스 앨런에게서 시작된다. 제임스는 망가진 도시로 들어가 도시의 회복에 기여하고 싶다는 바람으로 미션 세인트루이스에 참여하게 되었다. 제임스는 이 사역에 대해 매우 긍정적인 관점을 갖고, 가정 방문 자원봉사자로 포레스트 파크 사우스이스트 지역에 발을 내디뎠다. 그의 얼굴에는 낙관적인 기세가 등등했다. 잡화상을 하는 백인 중년 남자 제임스는 포레스트 파크 사우스이스트 길거리에서 마주칠 법한 사람이 결코 아니다.

흑인들 틈에서 확연히 드러나는 그의 피부색이 아니라면, 아마도 그의 주머니 보호대(셔츠 주머니에 필기구를 꽂을 때 천이 찢어지거나 늘어나는 것을 방지하기 위해 주머니에 꽂는 칼집 모양의 플라스틱 보호대—옮긴이)가 시선을 사로잡을 것이다.

하지만 제임스는 얼마 되지 않아, 지역사회 발전에 공감하는 것과 위험한 길거리를 발로 뛰며 일하는 것은 전혀 다른 차원의 문제라는 것을 알게 되었다. 조시 목사는 이렇게 말한다. "제임스는 맨 처음 포레스트 파크 사우스이스트 길거리에 발을 내디뎠을 때 무서워서 죽는 줄 알았다고 말하더군요. 처음에는 본인의 신체적 안전을 걱정했는데, 벤 제퍼슨을 만나고 나더니 영적 안전을 걱정했습니다." 조시 목사가 웃음을 터뜨렸다.

하지만 제임스는 진지했다. 그는 일주일에 두 번씩 동네에서 사람들을 만나곤 했는데, 그러다가 벤 제퍼슨과 마주쳤다. 벤은 그 동네에서 대단한 존재였다. 60대 중반의 벤은 개성이 아주 강한 사람으로 소문이 나 있었다. 여기서 개성이 강하다는 말은, 입이 걸쭉해서 상스러운 말을 내뱉고 자기 소유지에 접근하는 사람을 호되게 나무란다는 말을 완곡하게 표현한 것이다. 성질 고약한 노인네는 봄과 여름 내내 자기 집 앞 베란다에 앉아 보드카를 홀짝이고 담배를 피우며 집을 지켰다. 그러니 그 집을 들어가려는 사람들도 굳게 잠긴 대문 앞에서 발이 묶일 수밖에 없었다.

제임스는 동네 사정에 조금씩 밝아지면서, 벤이 늘 자기 집 앞 베란다를 지키고 앉아 있다는 사실을 알게 되었다. 그는 벤에게 말을 걸어 보기로 했다. "안녕하세요. 저는 제임스라고 합니다. 선생님께 하나님에 대해 말씀을 좀 드리고 싶은데요." 제임스가 건넨 인사말도 대담했지만, 벤에게서 돌아온 대답은 한술 더 떴다. "나와 하나님 이야기 따위는 하고 싶지 않을 텐데, 난 악마란 말이오!" 제임스는 충격을 받았지만, 그렇게 두렵고 불편한 상황에서도 다음에 꼭 다시 오리라 다짐했다.

제임스는 이웃 사람들에게서 벤에 대한 정보를 더 얻었다. 아내가 얼마 전에 집을 나갔고, 자식이 예닐곱 명, 손자손녀는 스무 명이 넘었다. 벤은 25년 넘게 마약과 알코올중독에 시달리고 있었다. 직업도 없었고, 나쁜 습관과 최악의 선택, 분노의 종으로 살고 있었다. 제임스는 일주일에 두 번씩 벤의 집 앞을 지나갔다. 그리고 그때마다 하나님에 대한 대화를 시도했다. 벤은 제임스에게 상소리를 퍼붓고, 한 번은 빈 술병까지 던졌다. 그래도 제임스는 포기하지 않았고 벤과 의미 있는 대화를 나누기 위해 계속해서 노력했다.

석 달쯤 지났을까. 하루는 벤이 대문을 열고 제임스를 마당으로 들였다. 제임스는 어리둥절했지만, 이 좋은 기회를 놓칠 리 없었다. 물론 앞 베란다까지는 진출할 수 없었지만, 제임스는 마당에 발을 들인 것만 해도 대단한 수확이라고 생각했다. 두 사람은 제임스가 이 동네에서 하는 일과 영성과 성경에 대한 이런저런 이야기를 두루뭉술하게 나누었다. 제임스는 흡족한 마음으로 그 자리를 떠났다. 그 다음에 만났을 때 벤은 제임스에게 베란다로 올라오라고 했다. 제임스는 자신이 예수님을 만나고 변화 받은 이야기를 나누었다. 대화중에 벤의 태도가 조금 누그러진 것을 확인할 수 있었다. 벤의 어투도 한결 개인적이고 부드러워져서, 제임스는 이 고약한 노인네의 삶의 내막을 살짝 엿볼 수 있었다. 얼마나 기쁜 일이었는지 모른다!

제임스는 벤이 깊은 상처를 지니고 있다는 사실을 알게 되었다. 그는 아내를 그리워했다. 마약 거래의 수렁에 빠진 아들들에게 실망했지만 그들의 안전과 건강을 몹시 염려하고 있었다. 그는 다시 일하고 싶어 했다. 마약과 알코올중독을 지긋지긋하게 여겼다. 한마디로, 그는 비참한 상태였다. 그의 난폭한 겉모습은 잘못된 선택과 반역, 쓴 뿌리, 중독, 분노, 회의주의, 절망의 결과였다. 제임스는 벤의 이야기를 들으면 들을수록, 그에게는 자신의 말을 경청하고 조언해 줄 친구 이상이 필요하다는 확신이 들었다. 친구의 조언도 중요하지만, 벤에게는 구원이 필요했다. 더 구체적으로 말해, 구원자가 필요했다.

제임스는 그에게 진정한 은혜의 복음을 들려주었다. 예수님이 십자가에서 하신 일 때문에 우리가 죄와 잘못된 선택에서 해방될 수 있다고 설명해 주었다. 하나님을 기쁘시게 하려고 선행을 많이 하는 것이 기독교가 아니라고 설명했다. 무능력한 우리를 대신하여 완벽한 순종의 삶을 사신 그분, 우리를 대신하여 죽으셔서 우리가 객관적으로 하나님의 사랑을 알고, 주관적으로 용서를 체험하도록 하신 분이 기독교의 핵심이라고 말해 주었다.

대화 도중에, 벤은 머릿속 깊은 곳과 그보다 더 깊은 마음속 어딘가에서 항복했다. 자기 자신에게 작별을 고했다. 벤은 자력 구원을 시도했던 러닝머신에서 내려와 자신의 악함을 인정했다. 그리고 무릎이 까진 아이가 자기를 달래 줄 엄마를 필요로 하듯이, 위로하시는 아버지의 넉넉한 품에 안겼다.

벤의 생활이 180도 달라졌다. 그의 머리와 가슴에 타오르기 시작한 복음의 불꽃은 그의 뼛속까지 환하게 밝혔다. 벤은 예레미야처럼, 자신이 체험한 구원으로 무언가 달라져야 한다는 부르심을 받았다. 그는 넉 달 만에 완전히 술을 끊었고, 취직해서 매주 저니교회 예배에 참석했고, 그의 아내는 집으로 돌아왔다. 벤은 성경을 열심히 읽었는데, 하루는 얼굴에 미소를 띠며 이렇게 말했다. "창세기와 요한계시록은 들어 봤지만, 그 사이에 무슨 내용이 있는지는 하나도 모르거든요!"

벤은 예수님을 향한 새로운 사랑을 곧바로 지역사회를 향한 사랑으로 연결시켰다. 벤은 미션 세인트루이스에 한 가지 제안을 했다. 그가 하루는 굉장히 사무적인 말투로 조시 목사에게 말을 꺼냈다. "우리 집에서 성경공부를 하면 어떻겠소?" 일은 곧바로 성사되었다. 그 지역 토박이가 이끄는 성경공부 모임이 생겨난 것이다. 벤은 매주 화요일 자기 집에서 열 명의 사람들과 함께 성경공부를 했다. 벤과 몇몇 지역 주민, 그리고 젊은 백인 신학생들이 모였다. 어느 날 밤, 벤의 초대를 받고 포레스트 파크 사우스이스트 주민들이 새로 모임에 참석했다. 그는 거기 모인 사람들에게 불같은 예언자처럼 말했다. "이 백인 분들이 우리 동네에 와서 길거리를 다니며 사람들을 만나고 있습니다. 우리도 그들같이 하지 않으면, 여기서 성경공부만 해봐야 아무 소용이 없습니다." 동네 주민들은 벤이 내민 도전장에 기꺼이 응했다. 성경공부 모임은 나날이 성장했다. 몇 달이 되지 않아 벤의 집은 성경공부를 하러 오는 사람들로 발 디딜 틈이 없게 되었다. 조시 목사는 "집 안에는 자리가 없어 베란다에 서서 열린 창문 너머로 성경공부에 동참하는 사람들이 있었습니다. 너무나 아름다운 장면이었습니다"라고 말한다. 이 글을 쓰고 있는 현재, 매주 월요일과 화요일 저녁에 열리는 포레스트 파크 사우스이스트 지역 성경공부에 75명이 참석중이다.

회심 이후로 벤의 삶이 늘 형통하지만은 않았다. 어둠의 왕국을 떠나 빛의 왕국으로 들어왔지만, 안락하고 깔끔한 삶이 보장되지는 못했다. 결혼 생활은 여전히 쉽지 않다. 그가 마약과 술을 끊은 것은 확실하지만, 자식들은 아직 중독에서 헤어 나오지 못했다. 미션 세인트루이스에서 자원봉사를 하는 동료들은, 벤이 전도 대상자인 동네 폭력배들을 너무 밀어붙인다며 그에게 해명을 요구하기도 했다. 얼마나 아이러니한가! 벤의 인생은 완벽하지 않다. 하지만 진정한 삶이다. 그의 삶에는 목적과 의미 있는 관계, 자유와 죄 용서, 만족이 있다. 그는 자신의 잘못된 선택, 심지어 선행까지도 자신의 미래를 결정짓지 못한다는 사실을 깨달았다. 최종 결정은 예수님께 속했다. 그리고 벤은 그분께 속했다.

17장 사명의 희망: 도시 변화

내 친구 매트 카터(Matt Carter)[1]에게 나는 '훌륭한 교회의 좋은 설교자'가 되고 싶은 바람을 자주 이야기한다. '좋은 교회의 훌륭한 설교자'가 아니라 '훌륭한 교회의 좋은 설교자'다. 액츠 29 소속 목회자들의 마음에도 이런 바람이 있다. 목회자의 뛰어난 설교 능력이 아니라, 교회를 통해 아름다운 복음이 드러나기를 바란다.[2] 이와 비슷하게, 우리는 훌륭한 교회도 좋지만, 더 나은 도시를 바란다. "당신이 사역하는 교회가 없어지면, 그 도시의 시민들은 과연 눈물을 흘릴까?" 지난 몇 년간 내가 끊임없이 고민하고 생각했던 질문이 바로 이것이다. 많은 교회의 사명선언문에는, 그저 한 도시에 자리만 차지하는 교회가 아니라 그 도시를 **위하는** 교회가 되고자 하는 바람이 들어 있다.

사실 교회가 사라지면 눈물을 흘릴 도시도 있을 것이다. 기쁨의 눈물 말이다! 그들은 교회가 자기 도시에 축복보다는 저주가 된다고 생각한다. 데살로니가에 간 바울과 실라가 그런 상황에 처했다. 바울은 회당에 모인 유대인들에게 구약성경의 핵심인 그리스도의 고난과 부활을 가르쳤다.[3] 바울이 복음 중심으로 성경을 해석하는 설교를 듣고 그날 많은 사람이 믿음에 이르렀다. 그리스도를 성경의 영웅으로 설명할 때 자주 있는 일이다. 하지만 다른 한편으로는, 이 복음 중심의 설교 때문에 폭동이 일어났고 도시의 몇몇 사람들은 바울과 실라를 죽이려고까지 했다.[4]

교회가 진리 되신 하나님의 말씀을 선포하면, 대도시의 수많은 사람들이 우리를 미워하고 우리가 망하기를 바랄 것이 확실하다. 이번 장에서는 똑같은 상황의 다른 결과를 이야기해 보려고 한다. 우리가 복음을 선포할 때 도시에 폭동이 일어날 수도 있지만, 우리의 복음 선포로 인해 사람들이 복음을 사모하게 될지도 모른다.

도시의 현실

오늘날 전 세계의 도시가 어떤 기능을 하고 있는지 잠시 살펴보자. 도시의 성장은 지난 몇 세기 동안에 일어난 가장 주목할 만한 변화라고 할 수 있다.

오늘날은 세계 인구의 절반이 도시에 산다. 1800년에는 세계 인구의 고작 3퍼센트만이 도시 지역에 살았다.[5] 매일같이 16만 명이 넘는 인구가 도시로 이동한다.[6]

2백 년 전만 해도, 인구가 백만이 넘는 도시는 전 세계에 단 두 군데, 런던과 베이징뿐이었다. 그러던 것이 1950년에 이르러서는 여덟 도시로, 오늘날에는 3백 도시를 넘어섰다. 이 대도시는 대부분 아프리카와 아시아, 남미에 모여 있고, 많은 도시가 1950년 이후로 열 배가 넘는 인구 성장을 보였다. 브라질의 수도 브라질리아는 1950년만 해도 지구상에 없던 도시였으나, 지금은 인구가 2백만 명이 넘는다.

인구가 천만 명을 넘는 거대도시는 새롭게 나타난 현상이다. 1940년 경, 미국 뉴욕은 역사상 처음으로 인구가 천만을 넘었다. 1990년에 이르러는, 이런 도시가 열두 군데에 달했고, 이 책을 인쇄하고 있는 현재에는 무려 스물다섯 도시가 거대도시다. 전문가들은 2015년까지 전 세계적으로 거대도시가 마흔 곳에 달하고, 그중 스물세 군데는 아시아 국가가 될 것이라는 전망을 내놓고 있다. 1800년 세계에서 가장 큰 도시 백 군데의 평균 인구는 20만 명 미만이었던 반면, 지금은 5백만 명이 넘는다.[7]

이런 도시화 경향을 곱지 않은 시선으로 보며 도시를 지저분하고 위험하다고 여기는 사람들도 있지만, 사실 도시로의 이주는 세계화의 긍정적 요소라고 할 수 있다. 인구의 도시 집중화는 건강과 환경의 질을 개선할 수 있는 기회다. 도시화는 환경과 경제적 측면에서 훨씬 더 효과적이다.[8]

도시의 태도

하나님의 백성이 죄를 지어 낯선 땅에 유배되었을 때 그들은 그 도시와 엮이는 것을 피하고 싶은 유혹을 받았다. 그 도시의 문화와 사람들과 가능한 멀리 떨어져서 그들의 영향을 받지 않으려고 했다.

만군의 여호와 이스라엘의 하나님께서 예루살렘에서 바벨론으로 사로잡혀 가게 한 모든 포로에게 이와 같이 말씀하시니라. 너희는 집을 짓고 거기에 살며 텃밭을 만들고 그 열매를 먹으라. 아내를 맞이하여 자녀를 낳으며 너희 아들이 아내를 맞이하며 너희 딸이 남편을 맞아 그들로 자녀를 낳게 하여 너희가 거기에서 번성하고 줄어들지 아니하게 하라. 너희는 내가 사로잡혀 가게 한 그 성읍의 평안을 구하고 그를 위하여 여호와께 기도하라. 이는 그 성읍이 평안함으로 너희도 평안할 것임이라 (렘 29:4-7).

우리가 사는 도시에 복음을 전하려 할 때 도움이 될 만한 원칙을 이 본문에서 발견할 수 있다.

도시에 정착하라

하나님은 선지자들을 통해 이방 땅에 있는 자기 백성에게 말씀하시기를, 집을 짓고 거기에 살며 텃밭을 만들고 그 열매를 먹으라고 하신다. 집을 지으려면 시간이 걸린다. 텃밭을 만들고 가꾸는 데도 시간이 필요하다. 하나님은 백성에게 그 사악한 도시의 조직 속으로 깊이 들어가라고 명령하고 계신 듯하다.

집을 지으려면 그곳 사람들의 이웃이 되어야 한다. 그리스도인들의 팁이 짜다는 이야기를 자주 듣는다. 얼마나 안타까운지 모르겠다. 나는 서비스업에 종사하는 사람들과 대화하면서, 그들이 제일 꺼리는 부류가 그리스도인이라는 사실을 알게 되었다. 그리스도인들은 무례하고 요구사항이 많고 인색하단다. 식당에서 한두 시간 남짓 식사하는 그리스도인들의 모습이 이렇다면, 하루의 대부분을 보내는 우리 집과 동네에서는 과연 어떤 모습이겠는가? 식당에서 팁이 짜기로 유명한 그리스도인들은,

동네에서는 어떤 이웃인가?

해마다 해외 선교에는 매우 큰돈을 헌금하면서, 정작 자신이 사는 동네에서는 선교사가 될 생각조차 하지 않으니 참으로 이상하다. 자신을 이 동네에 좋은 이웃으로 파송된 선교사로 보기 시작한다면, 어떤 일이 벌어질까? 우리 동네에 화해나 친절함, 손님 접대나 쉼터가 필요할 때 사람들이 우리 집에 도움을 요청할 수 있다는 사실을 안다면, 어떻게 될까? 우리가 주변 사람들에게 소금과 빛[9]이 되기 위해 진정으로 애쓴다면, 어떻게 될까?

텃밭을 가꾸라는 명령을 오늘날에 적용한다면, 도시를 위해 무언가를 '제작하는' 데 참여하라는 명령으로 생각해 볼 수 있다. 도시를 도시답게 만드는 일에 관여하여 이 도시의 문화재 생산에 기여할 수 있다. 리처드 마우(Richard Mouw)는 "'땅에 충만하라'(창 1:28)는 명령은 생식을 통한 재생산만을 뜻하지 않는다. 땅에 '충만'하라는 것은 문화 행위다"라고 지적한다.[10] 이것은 지구의 원재료를 생산하고 하나님께 영광을 돌리는 문화를 개발함으로써 땅에 충만하고 땅을 정복하라는 명령이다. 창조 활동에 동참하고, 하나님을 영화롭게 하는 관계와 조직, 학계, 협회, 사업 개발에 참여하는 것, 이것이 바로 우리가 사는 문화 가운데서 그리스도인으로 산다는 의미의 핵심이다.

이 말이 함축하는 바를 곰곰이 생각해 보라. 그리스도인들이 사업을 시작하면, 시민들에게 필요한 재화와 서비스는 물론 일자리도 제공할 수 있다. 그리스도인들이 학계에서 일하면, 미래에 이 도시를 좌지우지할 젊은이들에게 영향을 미칠 수 있다. 그리스도인들이 기업과 대중매체에서 일하면, 우리가 사는 도시에 막대한 영향력을 미칠 수 있다. 문화 생산은 문화적 영향력과 직결된다. "따라서 문화란 우주의 보물과 자원을 캐내어 거기에 인간의 수고를 더함으로, 인간 존재를 풍성하게 하고 하나님의 영광에 이르게 하기 위해 쏟아붓는 인간의 모든 노력과 노동을 가리킨다."[11]

문화의 다양한 영역에 동참함으로써 도시의 문화적 기폭제를 성장시키기 위한 토양에 들어갈 수 있는 기회가 우리에게 있다. 이 말은, 교인들은 그 지역의 대학 교수로, 그 지역 병원의 연구원과 의사로, 동네 밴드의 가수로, 동네 미술관 화가로, 지역 매체 기자로, 지역구 의원으로 살아가야 한다는 뜻이다. 우리가 문화에 참여하면 할수록, 교회를 적대시하던 사람들이 독점했던 문화 권력을 더 많이 얻을 것이다. 교인들이 도시의 여러 활동에 깊이 개입할수록, 시민들은 교회의 메시지에 더 귀를 기울일 것이다. 도시의 잘못된 일들을 단순히 반대하는 데서 벗어나 도시에 정의를 가져올 수 있다. 도시의 이런저런 잘못을 지적하기만 하는 사람들이 아니라 도시의 문제를 해결하는 사람들로 인식될 수 있다.

도시에서 번성하라

흔히 문화 명령이라고 하는 성경 본문을 보면, 하나님은 아담과 하와에게 "생육하고 번성하여 땅에 충만하라"고, 곧 하나님을 사랑하는 자녀를 낳고, 하나님을 영화롭게 하는 문화를 개발하라고 명령하신다.[12] 어떤 면에서는 인류의 선조인 아담과 하와에게 이 독특한 명령을 주셨기에, 이후의 모든 가족이 대가족을 이루어야 한다는 뜻은 아닐 수 있다. 하지만 하나님이 예레미야를 통해 이스라엘 백성에게 하신 명령은 참으로 흥미롭다. 이방 땅에서 자식을 낳아 그곳에 선한 영향력을 행사하라고 하신 것이다. 자녀를 더 많이 낳는 것이 우리가 사는 도시에 영향력을 미치는 한 가지 방법이 될 수 있을까? 아니면, 자식을 하나 더 낳는 것보다 하나님을 사랑하고 도시를 잘 섬길 자녀들로 기르는 것이 더 중요할까?[13]

두 자녀의 아버지였던 에단 버마이스터(Ethan Burmeister)는 몇 년 전만 해도 후자에 한 표를 주었을 것이다. 하지만 '수술' 2년 후, 하나님은 그에게 자식의 축복을 말씀하셨고, 이제 그는 아내와 네 자녀와 함께 하나님의 축복을 누리고 있다. 다음은 그의 이야기다.

성경은 자녀가 축복이라고 말한다. 나도 두 아이를 낳고 그 사실에 머리와 신학적으로는 동의했지만, 마음으로는 믿지 못했던 것 같다. 내 행동 방식이나 신념 체계는 사실상 세속주의자와 별 차이가 없었다. 아이들은 복이 아니라 저주라고 믿었으니까. 나는 두 자녀를 두었다. 반짝이는 두 눈에 금발의 곱슬머리, 얼굴에는 투지가 넘쳤다. 그 정도면 됐다. 이상적인 미국 가정. 굳이 더 가질 이유가 있는가? 시간이나 재정 문제처럼 내가 내밀 수 있는 현실적인 이유를 살펴본다 하더라도, 틀린 소리는 아니었다. 하지만 솔직히 말하면, 나는 개인 편의라는 렌즈로 상황을 바라보고 있었고, 번거로운 일을 하나라도 줄이고 싶었다.

결혼 4년차. 두 자녀와 주택 융자금. 게다가 최근에는 새 교회를 개척하고 정신없이 바빴다. 아내가 자녀를 몇이나 더 두고 싶으냐고 물었을 때, 나는 오히려 그 질문을 아내에게 되물었다. 아내는 나중에 입양을 하고 싶기는 하지만, 현재로서는 만족한다고 말했다. 마음속에 이런 질문이 떠올랐다. '이전 교회에서 가입해 준 건강 보험이 아직 유효하니, 말 나온 김에 "그 일"을 처리하면 좋지 않을까?' 친구들은 성생활을 즐기려면 그것이 핵심이라고들 했다. 걱정 근심, 번거로움, 문젯거리 등을 한 번에 해결할 수 있다. 하지만 한 번 하면 영원히 끝이라는 것이 마음에 걸렸다.

예약을 잡았다. 간단한 시술이라고 했다. 아무 준비도 필요 없다. 그냥 45분간 털 깎고 살 찢고 얼음으로 잘 싼 다음, 집에 가면 그만이다. 약간 절뚝이면서. 그날 아침에 아내가 말했다. "정말 괜찮겠어요? 저는 생각이 좀 달라졌어요." 여자는 갈대와 같다더니. 아무래도 아내는 정서적으로 힘들어 하는 것 같았다. 하지만 몇 주 전에 결정한 대로 밀고 나가야 하리라.

운동을 하다가 우연히 생식기 근처를 건드리는 경우가 있다. 남자들이라면 내 말이 무슨 뜻인지 잘 알 것이다. 갑자기 공이 (너무 낮게) 당신에게로 날아온다. 그러면 (잠시만 기다려라, 바로 지금이다!) 무시무시한 통증이 신경계를 통해 전달된다. 무의식적으로 중요 부위를 가려 보지만, 이미 한발 늦었다. 구토가 나올 듯한 통증이 계속된다. 눈앞이 캄캄해지면서 이러다 의식을 잃어버리는 것이 아닐까 싶다. 사고는 갑자기 찾아오니 미리 예상할 수가 없다. 하지만 제 발로 찾아가 칼로 사타구니 부위를 잘라 내는 것은 전혀 다른 일이다. 나로 말할 것 같으면, 바지 주머니에 자동차 열쇠를 넣는 것조차도 꺼리는 사람이니 말이다. 병원 주차장에 차를 대면서 이런 생각을 했다. 이렇게 무시무시한 일을, 돈까지 내면서 제발 해주십쇼 하고 부탁하다니! 내가 과연 제정신인가? 병원 입구에 발을 들여놓으면서 나는 이렇게 중얼거렸다. "암, 이 정도면 아내 사랑이 지극하고 말고."

흰 조명이 대낮같이 불을 밝히고 있는 방으로 안내를 받았다. 영화 '양들의 침묵'(The Silence of the Lambs)에 나오는 미치광이 살인자 한

니발 박사의 집에서 열리는 잔치에 초대받은 기분이었다. 손님인 나를 위해 특별히 마련한 스테인리스스틸 탁자 위에는 하얀 천이 깔려 있고, 식사 도구가 가지런히 놓여 있었다. 간호사를 보고도 깜짝 놀랐다. 우리 할머니뻘 되는, 나이 든 여자였다. 간호사는 영화 '황야의 7인'(The Magnificent Seven)에 나오는 스티브 맥퀸(Steve McQueen)처럼 건들거리며 걸어왔다. 내 기억으로는, 으르렁거리는 사자 같은 표정을 하고 있었다. "수술대 위로 올라가세요." 그녀가 날 살살 다뤄 주기만을 바랄 뿐이었다. 간호사는 '준비 작업'을 꼼꼼하게 했다. 어떻게 하면 여기서 탈출할 수 있을까 고민하는 사이, 공포가 온몸을 사로잡았다. 그 사이에 의료진은 나의 그 부위에 모든 조명을 집중시켰다. 식은땀이 흐르기 시작했다.

거짓말 하나도 안 보태고, 악한 세력에서 나를 보호해 달라는 기도가 저절로 나왔다. 수술이 시작되고 내 가슴은 철렁 내려앉았지만, 사냥꾼들에게 포위당한 사슴처럼 얌전히 있었다. 내가 불안해 하는 것을 눈치챈 간호사들이 날씨나 의례적인 인사말로 말을 걸기 시작했다. '사람들은 이런 시술을 왜 할까요? 의료 보험에 해당되나요?' 여기서 뉴스 속보 하나. 날씨나 골프 이야기는 은밀한 부위의 수술에 별 도움이 되지 않는다. 의사도 관을 지지면서 농담을 거들었다. 공중으로 연기가 피어올랐다. '내 눈이 어떻게 된 거 아냐? 무슨 놈의 수술이 이래? 지금 내 사타구니에 불이 붙었다고!' 그동안 아내를 사랑한다고 꽤 자부했지만, 이런 일은 난생처음이었다. 수술을 마친 나는 절뚝거리며 차에 올라 아주 조심스럽게 자리에 앉았다.

그로부터 2년 후, 나는 서재에 앉아 창세기의 창조 기사를 공부하고 있었다. 하나님은 세상을 화려하고 웅장하게 창조하셨다. 그분은 인간의 선조 아담을 에덴동산에 두셨다. 온갖 동물이 그곳에 가득했지만 아담의 배필은 없었다. 하나님은 자기 아들에게 아름다운 아내를 주셨다. 하나님은 부부를 만드시고, 인류에게 생육하고 번성하라는 문화 명령을 주셨다. 갑자기 '생육하라'는 단어가 눈에 확 들어왔다. 이렇게 확실하고 강력하게 말씀이 다가오는 경우는 흔치 않다. 그런데 그날만큼은 하나님이 이렇게 말씀하시는 것을 분명하게 들을 수 있었다. "나는 아이들을 소중히 여긴단다. 아이들은 저주가 아니라 축복이지. 너는 기도하고 믿음으로 그런 결정을 내린 것이 아니라, 네 편리만 생각했다. 내가 네 삶을 축복할 수 있는 중요한 통로를 차단했구나." 이 말씀이 모든 부부와 모든 상황에 적용된다고는 생각하지 않는다. 인생은 똑같은 매뉴얼이 담긴 상자 형태로 우리에게 전달되지 않는다. 그날, 하나님은 내게 지극히 개인적으로 말씀하셨다. 수치심과 희망을 동시에 느꼈다. 아내에게 이 이야기를 하자 아내는 울면서 말했다. "저도 지난 몇 달 동안 똑같은 심정이었어요. 하지만 하나님이 당신에게 직접 말씀하시기를 기다렸답니다. 당신이 하나님의 말씀을 직접 들어야 했으니까요."

실수를 인정하고 회개하는 것과 잘못한 일을 실제 제자리로 돌리는 행동은 별개의 문제다. 회개의 열매를 보이기 위해서는 수천 달러를 들여 가장 취약한 신체 부위를 또다시 수술해야 했다. 우리는 그해 세금 환급금으로 수술 비용에 딱 맞는 금액을 돌려받았고, 세계적인 권위자가 우리 집 근처에 '이제 막' 병원을 열었다는 소식을 들었다.

그로부터 1년 후, 우리 딸 애나(Anna)를 교회에 인사시키면서 '하나님은 자비로우시다'라는 뜻을 가진 이름이라고 설명했다. 또 우리 아들

새뮤얼(Samuel)의 이름은 '하나님이 들으신다'는 뜻을 갖고 있다.

도시에서 네 자녀를 키우는 것이 녹록하지 않지만, 우리가 내린 결정과 우리가 하나님께 순종할 때 그분이 부어 주신 복으로 인해 말할 수 없는 기쁨이 우리의 삶에 넘친다. 선교사이자 순교자인 짐 엘리엇(Jim Elliot)이 자녀들은 화살통에 담긴 화살이라고 했다. 우리는 아이들을 선교사로 훈련시켜 사탄을 향해 쏘아 올려야 한다. 나의 두 아들과 두 딸이 잃어버린 바 되고 죽어 가고 있는 이 세상에 하나님 나라를 확장할 수 있기를 소망한다.

도시의 복이 되어라

"너희는 내가 사로잡혀 가게 한 그 성읍의 평안을 구하고 그를 위하여 여호와께 기도하라. 이는 그 성읍이 평안함으로 너희도 평안할 것임이라"(렘 29:7).

베드로전서에서 베드로는 믿음 때문에 박해를 받던 교인들에게 로마에 사는 외부인이자 방문객이라는 그들의 현실을 받아들이라고 도전했다. 그들은 "거류민과 나그네", 곧 그들이 속한 문화 속에서 자신들의 독특한 믿음을 굳게 지켜야 할 사람들이었다. 그들은 진리에 충성했지만, 도시의 유익을 생각했다. 다음 본문에 그런 역설이 드러나 있다.

사랑하는 자들아, 거류민과 나그네 같은 너희를 권하노니 영혼을 거슬러 싸우는 육체의 정욕을 제어하라. 너희가 이방인 중에서 행실을 선하게 가져 너희를 악행한다고 비방하는 자들로 하여금 너희 선한 일을 보고 오시는 날에 하나님께 영광을 돌리게 하려 함이라(벧전 2:11-12).

베드로는 교인들에게 도시인들 가운데서 거룩한 행동을 유지함으로써 육체의 정욕(도시는 이 육체의 정욕을 부추긴다)을 제어하라고 말한다. 문화에 동화되지 말고, 오히려 모든 행위에서 그들과 구별되어 반문화(反文化)를 형성하라고 도전한다. 교회가 독특한 기독교적 생활방식을 고수한다면, 교인들이 닮으려고 애쓰는 그분처럼 박해를 받을 것이다. 우리의 동기가 아무리 순수하다고 해도, 우리가 친절한 봉사와 선행을 아무리 많이 한다고 해도, 교회는 구주처럼 박해를 받을 것이다.[14]

또 베드로는 이 적대적인 도시에서 복음이 세력을 넓힐 수 있는 한 가지 방법은 교회가 "선한 일"을 하는 것이라고 말한다. 이 본문에서 "선한 일"은 도시의 훌륭한 시민이 되는 것을 가리키는 듯하다. 베드로는 교회가 용감하고 인정과 미덕이 넘치는 하나님 나라의 삶을 살 때 도시의 시민들이 그런 행동을 유발한 왕이 누구인지 알고 싶어 할 것이라고 말한다.[15] 우리는 문화 속으로 들어가면서 그곳 사람들에게 복이 될 방법을 찾는다. 우리는 은혜 받은 자로서의 독특하고 구별된 정체성을 갖고 있다. 따라서 도시에서 사람들을 섬기고 일하면서, 그곳에 은혜를 쏟아부을 길을 모색해야 할 것이다.

예레미야는 하나님의 백성이 도시의 안녕 또는 '샬롬'(Shalom)을 구하는 것이 그 도시에 유익을 끼치는 일이라고 말하는 것 같다. 이것은 사회적·경제적 유익을 가리키는 것이 틀림없다. 그러므로 예레미야는 우리가 한 도시의 영적 유익뿐만 아니라, 사회적·경제적 유익도 구해야 한다고 말하는 셈이다. 예레미야와 베드로는 둘 다 하나님의 백성은 악한 도시에서 훌륭한 시민으로 살아가야 한다고 말한다. 성도들은 나그네이지만, (도시의 비성경적 가치관과는 동떨어진) 도시 내의 일반 은총 요소와 연결되어 참여하기에 이것이 가능하다. 이들은 도시를 누구나 살기 좋은 곳으로 만들고 싶어 한다.

우리가 사는 도시에 복이 된다는 것은, 그곳의 문화를 취하고 그 도시의 생활방식을 무조건 따르는 것을 의미하지 않는다. 바벨론은 포로로 삼은 하나님의 백성에게 그런 정책을 폈다. 다니엘과 그의 세 친구가 단적인 예다. 바벨론 사람들은 다니엘과 그의 친구들에게 왕의 음식을 먹이고 바벨론의 철학과 종교를 주입시켜 그들의 문화를 받아들이게 만들려 애썼다.[16] 그들은 다니엘과 그의 세 친구의 이름도 바꾸었다.

다니엘: 하나님이 나의 재판관이시다	벨드사살: 벨(바벨론의 신)의 보물을 지키는 자
하나냐: 야웨는 하나님이시다	사드락: 태양의 영감(태양 숭배)
미사엘: 하나님께 속한 사람	메삭: 샤카 여신에게 속한 사람(금성 숭배)
아사랴: 야웨가 도우신다	아벳느고: 불의 종

하나님의 젊은이들은 그저 이름만 빼앗긴 것이 아니라, 바벨론 신의 이름을 지니게 되었다. 이는 물론 바벨론 사람들이 펼친 고도의 전략이었다. 한분 참 하나님만을 섬기는 그들의 영적 정체성을 박탈하고, 이방 신에 대한 정체성을 심어 주려고 했다. 이와 마찬가지로, 도시는 우리를 압박하여 그곳의 문화와 교리와 신들을 받아들이라고 할 것이다. 하지만 복음이 좋은 소식을 들려준다. 우리는 도시에 복이 되기 위해 성경의 진리를 타협할 필요가 없다.

도시에 복이 되겠다고 해서, 그들과 떨어져 우리끼리 고립된 집단을 만들고 순수함을 유지해야 하는 것은 아니다. 예레미야 28장에 나오는 거짓 선지자들의 계획이 그랬다. 하나냐는 2년 후면 포로기가 끝난다고 거짓 예언을 했다(예레미야는 70년이라고 예언했다). 하나님의 백성은 이 거짓 예언 때문에 그 도시에 정착하라는 그분의 명령을 거부했다. 도시에서 우리만의 문화를 만들고 다른 사람들의 고통과 문제는 무시하라는 압박이 우리에게도 만만치 않게 쏟아질 것이다. 하지만 복음이 좋은 소식을 들려준다. 우리는 도시의 문화로 들어가 변화를 주도하는 주인공이 될 수 있다.

도시에 복이 된다는 것은 도시의 문제를 진지하게 받아들여야 한다는 뜻이다. 복음은 말과 함께 행동으로도 드러나야 한다.[17] 우리는 역사적 정통이 이야기하는 신조에 충실해야 하지만, 복음을 충실히 선포하기 위해서 복음이 명령하는 행동을 빠뜨려서도 안 된다. 월드비전(World Vision) 대표인 리처드 스턴스(Richard Stearns)는 예수님이 누가복음 4:18-19에서 이사야 61장의 메시아적 예언을 재해석하시면서, 하나님 나라의 메시지는 개인의 회심을 위한 복음 선포 그 이상이라고 말씀하신다고 주장한다. 복음은 아픈 사람을 돕고, "눈먼 자에게 다시 보게 함을 전파하며", 정의를 가져오고, "눌린 자를 자유롭게" 한다. 스턴스는 그 말씀을 이렇게 표현한다.

> 그렇다면 온전한 복음의 선포는 그리스도를 믿으면 구원받는다는 좋은 소식을 사람들에게 전하고 그에 따른 반응을 기대하는 전도 활동에 그치지 않는다. 그것은 병자와 가난한 자들을 위한 구체적인 긍휼과 성경적 정의, 우리 세계에 만연해 있는 온갖 잘못들을 바로잡기 위한 시도이기도

하다. 하나님은 우리 존재의 영적·물리적·사회적 차원들에 두루 관심을 갖고 계신다. 이 온전한 복음이 가난한 자들을 위한 참으로 좋은 소식이고, 세상을 변화시킬 능력을 가진 사회적 혁명의 토대가 된다. 이것이 예수님의 사명이었다면, 그분을 따른다고 주장하는 모든 사람의 사명이기도 하다. 이것은 나의 사명이고, 당신의 사명이며, 교회의 사명이다.[18]

자신이 사는 도시가 문화적·사회적·영적으로 새로워지기를 바라는 그리스도인의 갈망은, 과거에 일어난 예수 그리스도의 부활과 미래에 일어날 모든 신자의 부활에 뿌리를 두고 있다. 부활은 하나님이 원하시는 것을 미리 맛보는 것이다. 그분은 옛것을 모조리 쓸어버리고 완전히 딴 세상을 만들기 원치 않으신다. 옛것을 복구하여 새로운 것을 만들고자 하신다. 예수님은 옛 몸을 벗지 않으셨다. 신자들도 자기 몸을 버리고 새로운 몸을 입는 것이 아니다. 오히려 옛 몸을 회복하여 더 나은 상태가 될 것이다. 이 세상도 마찬가지다. "현 세상을 완전히 멸망시키고 무에서 전혀 새로운 세상을 창조하는 것은 하나님의 계획이 아니다. 오히려 그분은 우리가 사는 세상을 철저히 개조하려는 계획을 갖고 계신다. 성경은 모든 것이 불타 버리고 새로운 것으로 대체된다고 말하지 않는다. 모든 것이 불로 연단을 받아 회복될 것이다."[19] 그러므로 우리가 긍휼과 정의를 베푼다고 할 때는 부활로 변화된 우리의 삶을 그들에게 증명할 뿐 아니라 이 세상이 완전히 새로워질 부활의 완성을 그들에게 미리 보여주는 셈인 것이다. 우리는 예수님이 과거에 부활하셨지만 이 세상에서 계속 역사하신다는 사실을, 남들과 구별되어 넉넉하게 베푸는 삶으로 증명한다. 하나님의 교회인 우리의 행위에 예수님의 삶이 드러나는 것이다.

이 책의 각 부에 '사람', '메시지', '사명'이라는 제목을 붙였다. 그리고 각 부의 내용이 사역의 도전을 대담하게(혹은 겁도 없이) 받아들인 우리 같은 사역자들에게 어떤 의미인지를 자세히 살펴보았다. 사역자란 끝까지 포기하지 않는 사람이요, 우리의 안팎에서 역사하시는 하나님의 절대 권세가 없으면 혼자서는 도저히 할 수 없다는 사실을 잘 알 만큼 연약한 사람이다. 이제 책을 마무리하면서, 이 각 부의 제목에 숨은 또 다른 의미를 생각해 보려고 한다.

예수님이 '바로 그분'이시다. 우리가 하나님이 원하시는 모습으로 변화될 수 있는 능력은 완벽한 성품의 소유자이신 그분께 철저히 순종하는 데 달려 있다. 교회를 이끄는 사람들에게 우리가 기대하는 모든 것은, 우리 주님의 완벽한 삶 가운데 다 들어 있다.

예수님이 '바로 그 메시지'이시다. 다른 사람들을 변화시킬 수 있는 능력은 복음에 뿌리내리고 있다. 복음은 죄인을 구원하고 성도를 성숙시킨다. 우리가 알고 경험하고 선포해야 할 모든 내용은, 예수 그리스도의 인격과 사역 가운데 다 들어 있다.

예수님이 '바로 그 사명'이시다. 이 세상을 변화시키고자 하는 우리의 소망은 부활에 뿌리내리고 있다. 부활은 교회에 능력을 주고 복음을 선포할 뿐 아니라 하나님이 만물을 어떻게 새롭게 하실지를 이 세상에 미리 보여준다. 망가지고 부서진 이 세상의 유일한 희망은 회복인데, 회복을 향한 우리의 유일한 희망은 부활하심으로 죄의 철저한 영향력을 영원히 제압하신 그분 안에서만 발견할 수 있다.

사도 바울은 빌립보서에서 이 점을 잘 표현하고 있다. 그의 모든 인생과 선교 활동의 목표는 부활에 있었다. "내가 그리스도와 그 부활의 권능과 그 고난에 참여함을 알고자 하여 그의 죽으심을 본받아 어떻게 해서든지 죽은 자 가운데서 부활에 이르려 하노니"(빌 3:10-11).

부활은 사람에게 자격을 부여하고, 메시지의 진정성을 증명한다. 우리는 부활을 통해 이 세상이 새로워지고 회복되리라는 희망을 볼 수 있다.

도시의 꿈

우리가 사는 동네마다 새 교회가 생긴다면 어떻게 될까? 목회자들이 자신의 안위와 자아와 취향보다 복음과 교회를 앞세운다면 어떻게 될까? 사람들을 편하게 해주는 데 신경을 덜 쓰고, 복음을 분명히 전하는 데 에너지를 집중한다면 무슨 일이 벌어질까? 하나님은 어떤 사람도 들어 쓰실 수 있다는 사실을 아는 경건한 사람들이 교회에서 자신들의 은사를 담대하게 발휘한다면 무슨 일이 벌어질까? 목회자들이 실력뿐 아니라 성품까지 갖춘다면 어떻게 될까? 하나님의 백성이 보고 따를 수 있는 모범이 있다면 어떻게 될까? 목회자의 역할은 성도들을 대상으로 사역하는 것이 아니라 성도들이 스스로 사역할 수 있도록 그들을 훈련시키는 사람이라는 것을 깨닫게 되면 어떻게 될까? 하나님의 백성이 운영하는 비영리 기관들이 얼마나 많이 생겨날까? 얼마나 많은 위험 아동이 교육을 받고, 아버지 없는 십대들이 멘토링을 받을까? 얼마나 많은 한 부모 가정이 지원을 받으며, 얼마나 많은 이민자들이 교회에서 도움을 받고 희망을 얻을 수 있을까? 가난하고 소외된 사람들을 아낌없이 돕는다면 우리는 하나님의 크신 은혜를 얼마나 더 많이 깨닫게 될까? 상처 입고 잃어버린, 얼마나 많은 사람들이 스스로를 구원하려는 노력을 멈추고 예수님을 믿게 될까?

마지막으로, 시카고 지역에서 크라이스트커뮤니티교회(Christ Community Church)를 목회하는 내 친구 데이브 퍼거슨(Dave Ferguson)이 들려준 이야기를 소개할까 한다. 우리 둘은 어느 집회에 강사로 참석했는데, 그가 교회 성장 전문가로 유명한 라일 쉘러(Lyle Schaller)와 나눈 대화 내용을 내게 말해 주었다. 데이브는 연배가 높고 경험도 풍부한 쉘러 목사에게서 시카고 지역에 효과적으로 복음을 전할 수 있는 비결을 듣고 싶었다(똑똑한 목회자라면 당연한 일 아닌가!). 데이브가 자신의 비전을 한참 설명하고 있는데, 쉘러 목사가 말을 가로막았다. "데이브 목사님, 어째서 목사님은 본인의 교회에 저보다 못한 꿈을 갖고 있습니까?"

쉘러 목사의 질문을 듣는 내 마음속에도 데이브가 느꼈던 비수 같은 죄책감이 파고들었다. 변명의 여지가 없었다. 두려움이든 불안감이든, 무슨 이유가 됐든, 교회에 대한 내 꿈은 형편없이 줄어들어 있었다. 하나님의 무한하신 능력은 잊어버린 채 내가 못하는 일들에만 신경을 쓰고 있었다. 나는 바로 그 자리에서, 하나님께 나의 옹졸한 마음을 용서해 달라고 기도했다. 나의 믿음 없음을 용서하시고, 나 같은 사람을 사용하셔서 선교하는 교회를 통해 복음 메시지가 우리 도시에 전해지게 해달라고 간구했다. 이 도시를 향한 그리스도의 비전을 주셔서, 그 비전으로 내 마음과 정신을 새롭게 해달라고 간구했다.

이 책을 읽는 당신도 나와 한 배를 탔다. 이미 오랫동안 목회를 해온 목회자들도, 복음이 간절히 필요한 한 도시를 바라보며 교회 개척을 꿈꾸는 예비 목회자들도, 모두 쉘러 목사의 도전에서 얻는 교훈이 있을 것이다. 나와 함께 회개와 갱신의 기도를 드리자. 우리의 교회를 통해 우리가 사는 도시에 온전한 복음을 선포하고 복음의 삶을 살 수 있기를 간구하자. 아멘.

주

첫머리에

1. 참고. Kay S. Hymowitz, "Child-Man in the Promised Land." 이 장에서 계속해서 사용한 이 기사는 http://www.city-journal.org/2008/18_1_single_young_men.html에서 볼 수 있다.

　　하이모위츠(Hymowitz)는 18-34세 남성의 평균 게임 시간이 하루 2시간 43분이라는 사실을 언급한 다음, 비꼬는 어투로 다음 사실을 덧붙인다. "이 수치는 요즘 20대보다는 확실히 여러 가지로 책임이 무거운 12-17세보다 무려 13분이나 더 길다."

2. http://www.seriousgameseurope.com/index.php?option=com_frontpage&Itemid=1&limit=4&limitstart=44를 보라.
3. Scott Hillis, "Microsoft says 'Halo' 1st-week sales were $300 mln", Reuters, October 4, 2007.
4. Paul McDougall, "*Halo 3* Sales Smash Game Industry Records", *Information Week*, September 27, 2007.
5. http://www.seriousgameseurope.com/index.php?option=com_frontpage&Itemid=1&limit=4&limitstart=44를 보라.
6. U. S. Census Bureau, 2000; http://www.usattorneylegalservices.com/divorce-statistics.html.
7. http://www.familysafemedia.com/pornography_statistics.html을 보라.
8. 같은 출처.
9. 같은 출처.

10. 같은 출처.
11. http://oak.cats.ohiou.edu/~ad361896/anne/cease/rapestatisticspage.html을 보라.
12. 같은 출처.
13. 같은 출처.
14. Hymowitz, "Child-Man in the Promised Land."
15. David Gilmore, *Manhood in the Making: Cultural Concepts of Masculinity* (Binghamton, NY: Vail-Ballou Press, 1990), pp. 41-42, 64를 보라.
16. Hymowitz, "Child-Man in the Promised Land."
17. 60년 전에 실시한 킨제이 연구소의 미국인 성생활 연구에 따르면, 사춘기 이후의 미국 남성 92퍼센트는 주기적으로 자위행위를 한다고 보고되었다. http://www.teenhealthfx.com/answers/Sexuality/1056.html을 보라.
18. 세계성인발야구협회(World Adult Kickball Association)에 따르면, 성인 발야구 리그는 18개 주 700팀으로 성장하여, 등록 선수가 7천 명에 달한다고 한다. 세계성인발야구협회는 정규 직원을 30명 이상 고용하고, 연간 백만 달러를 벌어들이는 사업이다. http://www.kickball.com을 보라.
19. John Carroll, quoted in Leon J. Podles, *The Church Impotent*(Dallas: Spence Publishing, 1999), p. 168.
20. 이에 대한 증거는 http://www.rejuvenil.com을 보라.
21. Podles, *The Church Impotent*, p. 43.
22. Gilmore, *Manhood in the Making*, p. 229.
23. Podles, *The Church Impotent*, p. 37.
24. 창세기 3:9.
25. 내가 교사와 리더로 성장할 수 있었던 데는, 캔자스 시티의 노스하트랜드커뮤니티교회(North Heartland Community Church)를 개척해서 목회하고 있는 릭 맥기니스(Rick McGinniss) 목사에게 빚진 바가 크다. http://www.northheartland.org를 보라.
26. 평등주의는 상호보완주의와 대조되는 개념으로, 교회와 가정에서 남녀가 동등한 역할을 할 수 있고, 그렇게 해야 한다고 주장한다. 하지만 상호보완주의는 남녀의 가치는 동등하지만, 교회의 직분과 가정에서는 상호보완하는 역할로 부름 받았다고 믿는다. 내가 보기에는 다음 책이 평등주의 관점을 가장 잘 변호하고 있다. Sarah Summer, *Men and Women in the Church: Building Consensus on Christian Leadership*(Downers Grove, IL: InterVarsity Press, 2003).
27. 이 주제에 도움이 될 만한 책으로는 다음을 보라. Dan Doriani, *Women and Ministry*(Wheaton: Crossway, 2003); Jerram Barrs, *Through His Eyes: God's Perspective on*

Women in the Bible(Wheaton: Crossway, 2009); and *Recovering Biblical Manhood and Womanhood: A Response to Evangelical Feminism*, ed. John Piper and Wayne Grudem(Wheaton: Crossway, 1991).
28. 이에 해당하는 본문으로는 디모데전서 2:11-15; 3:2; 디도서 1:6; 에베소서 5:22-33; 고린도전서 11:1-16; 14:33-35가 있다.
29. 예를 들면, 댄 킴볼(Dan Kimball)과 어윈 맥매너스(Erwin McManus)의 단체 http://theoriginsproject.org와 데이브 퍼거슨(Dave Ferguson)과 존 퍼거슨(Jon Ferguson)의 단체 http://www.newthing.org가 있다.
30. 예를 들면, 사사기 4:4에 나오는 드보라.
31. 예를 들면, 사도행전 21:9에 나오는 빌립의 딸들.
32. 이것이 주요 계기가 되어 제람 바즈(Jerram Barrs)의 책 *Through His Eyes: God's Perspective on Women in the Bible*이 탄생했다.
33. 고린도전서 11장; 디모데전서 2:11-15.
34. 에베소서 5:21-33; 베드로전서 3:1-7; 골로새서 3:18-19.
35. Alexander Strauch, *Biblical Eldership: An Urgent Call to Restore Biblical Church Leadership*(Littleton, CO: Lewis and Roth, 1995), p. 58.
36. 에베소서 5:25.
37. 히브리서 13:17은 "너희를 인도하는 자들에게 순종하고 복종하라. 그들은 너희 영혼을 위하여 경성하기를 자신들이 청산할 자인 것같이 하느니라. 그들로 하여금 즐거움으로 이것을 하게 하고 근심으로 하게 하지 말라. 그렇지 않으면 너희에게 유익이 없느니라"고 말한다. 하나님은 가정에서는 남편과 아버지가 사랑과 섬김과 고난에서 솔선수범하라고 명하셨다. 교회에서는 장로/목회자들을 이 같은 역할을 하도록 부르셨다.
38. '장악력과 힘의 부활'이라는 용어는 http://www.churchformen.com에서 가져왔다.
39. 이후로 나오는 모든 통계는 http://www.churchformen.com/allmen.php를 참고했다.
40. "U.S. Congregational Life Survey-Key Findings", October 29, 2003; http://www.uscongregations/key.htm.
41. "LifeWay Research Uncovers Reasons 18 to 22 Year Olds Drop Out of Church", available at the LifeWay Web site, http://www.lifeway.com/lwc/article_main_page/0,1703,A=165949&M=200906,00.html. Accessed September 12, 2007.
42. Barna Research Online, "Women Are the Backbone of Christian Congregations in America", March 6, 2000; http://www.barna.org.
43. http://www.acts29network.org/about/doctrine을 보라.
44. 내가 리디머장로교회의 플랜팅 센터(Redeemer Church's Planting Center)를 좋아하

는 이유도 이 때문이다. 그들은 정통 기독교를 고수하기만 한다면, 교파와 상관없이 다양한 종류의 교회를 개척하여 전 세계 도시 복음화에 힘쓰고 있다. http://www.redeemer.com/about_us/church_planting을 보라.
45. 고린도전서 13:12.

1장 구원받은 사람

1. Jonathan Edwards, *The Salvation of Souls*(Wheaton, IL: Crossway, 2002), p. 140.
2. Gregory of Nazianzus, *Oratorian 2.71*, quoted in Andrew Purves, *Pastoral Theology in the Classical Tradition*(Louisville: Westminster John Knox Press, 2001), p. 9.
3. Richard Baxter, *The Reformed Pastor*(Edinburgh: The Banner of Truth Trust, 2001), p. 53. (「참된 목자」크리스챤다이제스트)
4. Charles Spurgeon, *Lectures to My Students*(Grand Rapids: Zondervan, 1972), p. 9. "*Sine qua non*"은 라틴어로 '없어서는 안 되는', 곧 필수 전제조건이라는 뜻이다. (「목회자 후보생들에게」크리스챤다이제스트)
5. Baxter, *The Reformed Pastor*, p. 72.
6. 하나님만이 사람의 마음을 아시기 때문에, 우리는 다른 사람의 구원 여부를 최종 판단할 수 없다. 하지만 다른 한편으로 성경은 우리에게 주변 사람들의 성품을 잘 분별해야 한다고 말한다. 예수님은 거짓 선지자들에 대해 경고하시면서 "그들의 열매로 그들을 알리라"(마 7:20)고 말씀하신다.
7. 웨인 그루뎀(Wayne Grudem)이 지적하듯이, '중생하지 못한'(unregenerate)이라는 말은 '마음과 지성이 새로워지지 않거나 영이 거듭나지 않은' 사람을 가리킨다. 이 말은 '중생한'(regenerate)이라는 단어와 대조된다. 영의 중생은 사람이 할 수 있는 일이 아니라는 점을 기억해야 한다. 사람의 출생과 마찬가지로, 그것은 자기 능력 밖의 일이다. 다음 책과 성경 본문을 보라. Grudem, *Systematic Theology: An Introduction to Biblical Doctrine* (Grand Rapids: Zondervan, 1994), pp. 699-700. 에스겔 36:26-27; 요한복음 3:3-8; 야고보서 1:18; 베드로전서 1:3을 보라. (「조직신학」은성)
8. 빌립보서 1:15-18을 보라.
9. Charles Spurgeon, *Lectures to My Students*(Grand Rapids: Zondervan, 1972), pp. 9-10.
10. James Packer, *Your Father Loves You: Daily Insights for Knowing God*(Wheaton, IL: Harold Shaw Publishers, 1986), January 22.

11. 고린도후서 5:17.
12. 요한일서 2:9-10은 "빛 가운데 있다 하면서 그 형제를 미워하는 자는 지금까지 어둠에 있는 자요 그의 형제를 사랑하는 자는 빛 가운데 거하여 자기 속에 거리낌이 없으나"라고 말한다.
13. 요한일서 2:3은 "우리가 그의 계명을 지키면 이로써 우리가 그를 아는 줄로 알 것이요"라고 말한다.

2장 부름 받은 사람

1. William H. Willimon, *Pastor: The Theology and Practice of Ordained Ministry* (Nashville: Abingdon Press, 2002), pp. 141-145. (「21세기형 목회자」한국기독교연구소)
2. Charles Spurgeon, *Lectures to My Students* (Grand Rapids: Zondervan, 1972), pp. 262-267.
3. 콜린 웰런드(Colin Welland) 각본의 영화 '불의 전차'(Chariots of Fire) 중에서, Warner Brothers, 1981.
4. 예레미야 1:5.
5. 언젠가 이런 말을 들은 적이 있다. 전임 사역으로 하나님을 섬기기로 결단하는 것은 평생 고통스러운 삶으로의 부르심을 받아들이는 것이라고 말이다.
6. 출애굽기 32:9을 비롯한 여러 본문.
7. *The Table Talk Theology of Martin Luther*, edited and introduced by Thomas S. Kepler (Grand Rapids: Baker, 1952), p. 234.
8. 같은 책, pp. 23-89.
9. John Calvin, *Institutes*, Book IV, Chap. 3, pp. 111-112. (「기독교 강요」)
10. *Letters of John Newton* (London: Banner of Truth Trust), pp. 545-546.
11. *Letters of George Whitefield: For the Period 1734-1742* (Edinburgh: The Banner of Truth Trust, 1976), pp. 81-82.
12. Charles Hodge, *Princeton Sermons: Outlines of Discourses, Doctrinal and Practical* (London: The Banner of Truth Trust, 1958), p. 311.
13. Robert L. Dabney, *Discussions: Evangelical and Theological, Vol. 2* (London: The Banner of Truth Trust, 1967), p. 27.
14. 같은 책, p. 31.
15. 나는 이 용어를 대중적인 차원에서 이야기하려고 한다. 전인을 가리키기 위해 '마음'이라는 단어를 사용해도 적합하다. 다음 책에 나오는 논의를 참고하라. Bruce K. Waltke, *The*

Book of Proverbs: Chapters 1-15(Grand Rapids: Eerdmans, 2004), pp. 909-912.
16. 이것은 부르심을 받은 쪽에서 '겸양'을 할 수 없다는 뜻도 아니다.
17. Spurgeon, *Lectures to My Students*, p. 26.
18. John Newton, *Memoirs of the Rev. John Newton*, in *The Works of the Rev. John Newton*, Vol. 1(Edinburgh: The Banner of Truth Trust, 1985).
19. Jim Collins, *Good to Great: Why Some Companies Make the Leap and Others Don't* (New York: HarperCollins, 2001), p. 13. (「좋은 기업을 넘어 위대한 기업으로」 김영사)

3장 자격을 갖춘 사람

1. Charles Spurgeon, *Lectures to My Students*(Grand Rapids: Zondervan, 1972), p. 13.
2. Quoted in William H. Willimon, *Pastor: The Theology and Practice of Ordained Ministry*(Nashville: Abingdon Press, 2002), p. 301.
3. Jon Zens, "The Major Concepts of Eldership in the New Testament", *Baptism Reformation Review* 7(Summer 1978), p. 29, quoted in Alexander Strauch, *Biblical Eldership: An Urgent Call to Restore Biblical Church Leadership*(Littleton, CO: Lewis and Roth, 1995), p. 83.
4. 디모데전서 3:1-7; 디도서 1:5-9; 베드로전서 5:1-4.
5. Strauch, *Biblical Eldership*, p. 103.
6. 참고. 같은 책, pp. 68-72.
7. 사도행전 14:23; 15장; 20:17, 28; 디모데전서 5:17; 빌립보서 1:1; 디도서 1:5; 야고보서 5:14; 베드로전서 1:1; 5:1.
8. 참고. Strauch, *Biblical Eldership*, p. 16.
9. D. A. Carson, *The Cross and Christian Ministry*(Grand Rapids: Baker, 1993), p. 95, 저자 강조.
10. Quoted in Strauch, *Biblical Eldership*, p. 70.
11. Quoted in William D. Mounce, *Word Biblical Commentary*, Vol. 46, *Pastoral Epistles*(Nashville: Nelson Reference and Electronic, 2000), p. 169.
12. 같은 책, p. 152.
13. 같은 책, p. 170 이하에 나오는 토론을 참고하라.
14. 브루스와 그의 교회에 대한 더 자세한 정보는 http://www.clearcreek.org를 보라.
15. 포코너스교회에 대한 더 자세한 정보는 http://fourcornersnewnan.org를 보라.
16. 프렌치 쿼터, 그중에서도 특히 버번 스트리트에서는 알코올과 소변, 구토물이 뒤섞인 독

특한 냄새가 났다. 나는 죄에도 냄새가 있다면 이런 냄새이지 않을까 생각했다.
17. 제이슨과 저니교회에 대한 더 자세한 정보는 http://discoverthejourney.net을 보라.
18. 성범죄로 고민하는 사역자들에게 유용한 자료로는 다음을 보라. John H. Armstrong, *The Stain That Stays: The Church's Response to the Sexual Misconduct of Its Leaders*(Ross-shire, Scotland: Christian Focus Publications, 2000).
19. 본인이 사역자로서 자격이 있는지 궁금해 하는 사람들이 있다면, 교회 지도자들에게 도움을 요청하는 것이 최선이다. 그게 여의치 않다면, 액츠 29의 평가 과정에 참여하는 것을 고려해 볼 수도 있다. 자세한 내용은 http://www.acts29network.org/plant-a-church/assessment-process를 보라.

4장 의존하는 사람

1. Jonathan Edwards, *The Salvation of Souls*(Wheaton, IL: Crossway, 2002), pp. 14-23.
2. Gregory the Great, *Pastoral Care*, I.10, 38, quoted in Andrew Purves, *Pastoral Theology in the Classical Tradition*(Louisville: Westminster John Knox Press, 2001), p. 67.
3. 성경적으로 말하면, 육신은 우리가 아직 하나님께 항복하지 않은 부분을 가리킨다. 참고. 로마서 8:7.
4. 예수님은 요한복음 15:5에서 "나를 떠나서는 너희가 아무것도 할 수 없음이라"고 말씀하신다.
5. Charles Spurgeon, *Lectures to My Students*(Grand Rapids: Zondervan, 1972), p. 17.
6. 다음 책들을 필독서로 추천한다. Jim Collins, *Good to Great: Why Some Companies Make the Leap……and Others Don't*(New York: Harper Business, 2001); Michael Gerber, *The E-Myth: Why Most Businesses Don't Work and What to Do about It*(New York: Ballinger, 1985).
7. '솔라 스크립투라'는 5백 년 전 종교개혁 당시 개혁가들의 주요 원칙이었다. 오직 성경만이 신학과 삶에서 우리의 궁극적 권위라고 믿는 신념을 가리킨다.
8. Richard Baxter, *The Reformed Pastor*(General Books LLC, 2009), p. 61.
9. 출애굽기 34:29-35.
10. 마태복음 12:34 말씀에 귀를 기울여 우리가 하는 말에 주의해야 한다. 우리가 하는 말이 우리 마음을 드러내기 때문이다.
11. Baxter, *The Reformed Pastor*, pp. 61-62.
12. 마태복음 6:5-6.

13. 기독교 묵상을 배우는 데 유용한 자료로는 다음 책을 보라. Donald Whitney, *Spiritual Discipline*(Colorado Springs: NavPress, 1997). (「영적 훈련」 네비게이토)
14. Jack Deere, *Surprised by the Power of the Spirit: Discovering How God Speaks and Heals Today*(Grand Rapids: Zondervan, 1993), p. 201.
15. 사도행전 16:10에 나오는 '인정함'이라는 단어는 즉석에서 떠오른 생각이 신비로운 동시에 전략적 사고와 연결될 수 있다는 점을 보여준다. 바울은 자신의 영에 깨달음을 얻고 환상도 보았지만, 모든 것을 종합하여 검토한 후에야 성령께서 마게도냐로 부르신 것을 인정했다.
16. 하지만 완전히 지쳐 버린 사람들이 있다면, 우선 사역지를 떠나 휴식을 취하는 것이 급선무다. 나는 한 달에 하루, 분기에 이틀, 또 1년에 일주일씩 휴가를 간다. 그 시간에는 긴장을 풀고 휴식하며 하나님과 조용한 시간을 보낸다. 목회자들 중에는 너무 분주해서 하나님이 마음속으로 들어올 틈을 주지 않는 사람들이 있다. 삶의 속도를 줄이고 사역에서 벗어나 여유로운 시간을 가져야, 하나님이 하시는 말씀을 들을 여력이 생긴다. 이 책을 읽는 독자들 중에 많이 지친 이들이 있다면, 안식년도 고려해 볼 만하다. 어떤 상담가는 목회자들은 7년마다 한 번씩 석 달짜리(6개월이면 더 좋다) 안식년을 가져야 한다고 말했다. 당신이 쉬는 동안에도 하나님은 얼마든지 일하실 수 있다. 휴식을 통해 몸과 마음을 충전하면, 그 이후에 오히려 더 사람들을 잘 섬길 수 있을 것이다.
17. William L. Portier, *Tradition and Incarnation: Foundation of Christian Theology* (Mahwa, NJ: Paulist Press, 1994), pp. 38-39.

5장 노련한 사람

1. Charles Spurgeon, *Lectures to My Students*(Grand Rapids: Zondervan, 1972), p. 13.
2. 고린도전서 12:7, "각 사람에게 성령을 나타내심은 유익하게 하려 하심이라."
3. 에베소서 4:11-16.
4. 고린도전서 12:25.
5. 디모데전서 4:11, 13; 5:7; 6:2 등.
6. 로마서 12:7; 고린도전서 12:28.
7. 사도행전 15:35.
8. 사도행전 18:26.
9. 제2차 런던 신앙고백서(The Second London Confession, 1677)는 설교와 관련해서 이렇게 밝힌다. "교회의 주교나 목사가 직분자로서 즉석에서 말씀을 선포하는 것은 필요하지만, 말씀 선포 사역이 목회자들에게만 특별히 제한되지는 않는다. 은사가 있고 성령의 능력

을 받은 사람이라면 교회의 부르심을 받아 승인을 얻어 얼마든지 설교할 수 있다"(XXVI, Section 11).

10. 개신교인들 사이에서는, 성경에 나오는 '장로'와 '감독'이라는 단어가 같은 직분을 가리키는 다른 용어라는 데 의견이 일치한다. 이와 대조적으로, '목회'는 감독을 비롯한 모든 사람이 하는 사역을 가리킨다. '목회자'(pastor)라는 명칭은 감독직과 관련이 있게 되었다. 바울의 다양한 용어가 암시하듯이, 직분에 붙은 명칭은 크게 중요하지 않다. 하지만 직분과 사역의 차이점을 흐릿하게 하거나 목회 활동을 감독에게만 제한하는 행동은 결코 허용해서는 안 된다.

11. 느헤미야 8:8.
12. 로마서 1:18, "하나님의 진노가 불의로 진리를 막는 사람들의 모든 경건하지 않음과 불의에 대하여 하늘로부터 나타나나니."
13. 사도행전 20:28.
14. 베드로전서 5:1-3.
15. 사도행전 20:35.
16. 야고보서 5:14.
17. 사도행전 27장.
18. 로마서 12:8.
19. C. Peter Wagner, *Finding Your Spiritual Gifts: Wagner-Modified Houts Questionnaire*(Glendale CA: Regal Books, 1995).
20. Charles R. Swindoll, "7 Building Blocks for Leaders", *Insights*(February 2007), pp. 1, 3.
21. 대니얼스는 자신의 블로그 Better Living: Thoughts from Mark Daniels에 이 글을 기록했다. http://markdaniels.blogspot.com/2006/12/opening-your-spiritual-gifts-day-19.html.
22. John C. Maxwell, *Leadership Gold: Lessons I've Learned from a Lifetime of Leading* (Nashville: Thomas Nelson, 2008), p. 77.
23. 액츠 29 소속 교회인 샌디에이고의 칼레오교회(Kaleo Church)의 드류 굿맨슨 목사는 이 삼중 목회 철학의 긍정적·부정적 성향과 관련하여 내게 큰 영향을 미쳤다. 드류 목사에 대한 자세한 정보는 다음을 참고하라. http://www.goodmanson.com.
24. http://www.goodmanson.com/20070-7/03/the-dangers-of-triperspectivalism을 보라.

6장 목양하는 사람

1. Alexander Strauch, *Biblical Eldership: An Urgent Call to Restore Biblical Church Leadership*(Littleton, CO: Lewis and Roth, 1995), p. 98.
2. Jonathan Edwards, *The Salvation of Souls*(Wheaton, IL: Crossway, 2002), p. 170.
3. Richard Baxter, *The Reformed Pastor*(General Books LLC, 2009), p. 103.
4. 누가복음 15:4.
5. 요한복음 10:11.
6. Baxter, *The Reformed Pastor*, p. 117.
7. 사도행전 20:28, "여러분은 자기를 위하여 또는 온 양 떼를 위하여 삼가라. 성령이 그들 가운데 여러분을 감독자로 삼고 하나님이 자기 피로 사신 교회를 보살피게 하셨느니라."
8. 요한일서 3:16.
9. 사도행전 20:29, "내가 떠난 후에 사나운 이리가 여러분에게 들어와서 그 양 떼를 아끼지 아니하며."
10. 이리와 영적으로 성숙한 그리스도인을 구별하는 것이 중요하다. 이리는 고의로 양 떼에 해를 입히려 애쓰고, 영적으로 성숙한 그리스도인은 악의는 없지만 양 떼에게 때로 해를 입히기도 한다. 목회자는 두 종류의 사람들을 모두 잘 다루어야 하지만, 용감하고 유능한 목회자라면 이리들을 더 엄히 다스릴 것이다.
11. 히브리서 13:17, "너희를 인도하는 자들에게 순종하고 복종하라. 그들은 너희 영혼을 위하여 경성하기를 자신들이 청산할 자인 것같이 하느니라. 그들로 하여금 즐거움으로 이것을 하게 하고 근심으로 하게 하지 말라. 그렇지 않으면 너희에게 유익이 없느니라."
12. 야고보서 3:1은 "내 형제들아, 너희는 선생된 우리가 더 큰 심판을 받을 줄 알고 선생이 많이 되지 말라"고 말한다.
13. Edwards, *The Salvation of Souls*, p. 21.
14. 요한복음 10:12-13, "삯군은 목자가 아니요 양도 제 양이 아니라. 이리가 오는 것을 보면 양을 버리고 달아나나니 이리가 양을 물어 가고 또 헤치느니라. 달아나는 것은 그가 삯군인 까닭에 양을 돌보지 아니함이나."
15. '영'과 '영감'의 상관관계에 대해서는 프레드릭 뷰크너(Frederick Buechner)의 다음 책을 많이 참고했다. *Wishful Thinking*(San Francisco: HarperCollins, 1973), p. 110. (『통쾌한 희망사전』복 있는 사람)
16. Baxter, *The Reformed Pastor*, p. 96.
17. 출애굽기 18:13-27.
18. 리처드 백스터가 교인들을 일일이 정기적으로 방문하고 문답식으로 가르친 것을 두고, 그

가 목회 사역을 감독하는 것에 반대했다고 주장하는 사람들이 있다. 목회자들은 목회 사역 전반을 감독할 뿐 아니라 개별 목회 사역에도 힘써야 하는 것이 옳다. 하지만 우리는 백스터가 다음과 같이 말했다는 사실도 잊지 말아야 할 것이다. "대위가 홀로 모든 책임을 떠안지 않고 수하의 장교들에게 잘 위임할 수 있다면, 사병들을 좀 더 편하게 다스릴 수 있을 것이다." 이런 방법은 출애굽기 18장처럼 성경에서도 권장하며, 대형 교회에서는 실무적으로 꼭 필요할 수밖에 없다.

19. 골로새서 3:16("모든 지혜로 피차 가르치며 권면하고"); 로마서 14:19; 갈라디아서 6:1; 에베소서 4:15; 히브리서 10:24.
20. 요한복음 13:14; 로마서 12:10; 갈라디아서 5:13; 빌립보서 2:1-4.
21. 고린도전서 12:7; 베드로전서 4:10-11.
22. William H. Willimon, *Pastor: The Theology and Practice of Ordained Ministry* (Nashville: Abingdon Press, 2002), p. 179.
23. 같은 책, p. 68.

7장 결단력 있는 사람

1. Richard Baxter, *The Reformed Pastor*(General Books LLC, 2009), p. 12.
2. Jonathan Edwards, *The Salvation of Souls*(Wheaton, IL: Crossway, 2002), pp. 51-52.
3. 야고보서 3:1.
4. Michael Kowalson, "We're Not Called to Quit", originally published February 15, 2007; http://mondaymorninginsight.com/blog/post/were_not_called_to_quit.
5. Eugene H. Peterson, *The Contemplative Pastor: Returning to the Art of Spiritual Direction*(Grand Rapids: Eerdmans, 1989), p. 49. (「묵상하는 목회자」 좋은씨앗)
6. John Piper, *Desiring God: Meditations of a Christian Hedonist*(Sisters, OR: Multnomah, 2003). (「하나님을 기뻐하라」 생명의말씀사)
7. C. S. Lewis, *The Complete C. S. Lewis Signature Classics*(San Francisco: HarperSanFrancisco, 2002), p. 75.
8. Martin Luther, quoted in Thomas C. Oden, *Classical Pastoral Care: Ministry Through Word and Sacrament*, Vol. 2(Grand Rapids: Baker, 1987), pp. 13-14.
9. Dan Allender, *Leading with a Limp: Turning Your Struggles into Strengths*(Colorado Springs: Waterbrook Press, 2006), p. 14. (「약함의 리더십」 복 있는 사람)
10. *A Jonathan Edwards Reader*, ed. John E. Smith, Harry S. Stout, and Kenneth P. Minkema(New Haven, CT: Yale University Press, 1995), p. 275. 때로 하나님 앞에서

그와 같은 헌신과 서약, 맹세, 결심을 할 때에 진정한 결단력이 필요하다. 그리스도인들 중에는 맹세하는 것을 율법주의로 보는 사람들도 있지만, 사실 맹세는 철저하게 성경적이다. 성경을 보면, 시편 기자는 하나님 앞에서 맹세를 하고(예를 들면, 시 22:25; 56:12; 61:8; 76:11; 116:14), 사도 바울(행 18:18)도, 하나님의 백성(예를 들면, 창 28:20; 50:25; 삼상 1:11)도 맹세를 한다. 심지어 하나님도 온갖 종류의 맹세와 언약을 맺으신다(예를 들면, 창 17:7; 시 132:11; 렘 31:31). 이런 강조점은 인간의 결정과 노력에 너무 무게를 실어 주는 것이 아니냐고 느낄 그리스도인들도 있을 것이다. 하지만 에드워즈가 하나님의 주권을 깊이 이해한 철저한 칼빈주의자였다는 사실에 주목하라. 그는 하나님의 주권을 확실히 믿었지만, 그렇다고 해서 하나님을 위해 노력하겠다는 결단이 흐려지지 않았다.

11. 같은 책.
12. 안식일 휴식에 대한 본격적인 처방으로는, 내 설교 '쉼'을 참고하라. 이 설교는 '삶의 리듬' 시리즈 중 한 편이었다. http://www.journeyon.net/sites/default/files/audio/rest-tg-1-11-09.mp3.
13. Martin Luther, quoted in Oden, *Classical Pastoral Care: Ministry Through Word and Sacrament*, p. 7.
14. 챈 킬고어는 플로리다 주 올랜도에서 크로스포인트교회를 개척했다. 또한 액츠 29 이사로 섬기고 있다. 크로스포인트교회 홈페이지 주소는 http://www.xpointe.com이다.
15. 우울증으로 고생하다가 하나님의 도우심으로 우울증을 극복한 토미 넬슨 목사의 이야기는 귀담아 들을 만하다. 텍사스 주 덴튼성경교회를 섬기는 그의 간증을 들어보라. http://www.dts.edu/media/play/?MediaItemID=6db486780-bfc-4b68-bb025-78cb5f4c70.

8장 역사적 메시지

1. Quoted in Michael Horton, *Christless Christianity: The Alternative Gospel of the American Church*(Grand Rapids: Baker, 2008), p. 97. (『그리스도 없는 기독교』 부흥과개혁사)
2. Josephus, *Antiquities of the Jews*, pp. 63-64. (『유대고대사』)
3. 나는 멜 깁슨(Mel Gibson)의 영화 '패션 오브 크라이스트'(The Passion of the Christ)에서 예수님이 탁자와 의자를 만들며 기뻐하시는 장면을 좋아한다.
4. John Stott, *The Cross of Christ*(Downers Grove, IL: InterVarsity Press, 1986), p. 48. (『그리스도의 십자가』 IVP)
5. 스토트는 베드로의 말에 드러나는 역설을 이렇게 설명한다. 예수님은 "죽으신 것이 아니라

죽임당하셨다. 그러나 이제 나는 그것과 정반대인 또 하나의 답을 제공해서, 해답에 균형을 맞춰야겠다. 예수님은 죽임당하시지 않았다. 그분은 아버지의 뜻을 행하기 위하여 자발적으로 자신을 내주심으로써 죽으신 것이다." 같은 책, p. 62.

6. 예를 들어, 누가복음 2:1-2를 보면, 예수님의 생애가 가이사 아구스도의 영과 수리아 총독 구레뇨가 명한 호적 등 로마 제국의 굵직굵직한 사건들과 연관되어 있다.
7. 스펜서의 신학에 대한 훌륭한 비판으로는, 그의 책을 비평한 스캇 맥나이트(Scott McKnight)의 글을 보라. http://blog.beliefnet.com/jesuscreed/2006/07/heretics-guide-to-eternity-1.html.
8. "사랑하는 자들아, 영을 다 믿지 말고 오직 영들이 하나님께 속하였나 분별하라. 많은 거짓 선지자가 세상에 나왔음이라. 이로써 너희가 하나님의 영을 알지니 곧 예수 그리스도께서 육체로 오신 것을 시인하는 영마다 하나님께 속한 것이요. 예수를 시인하지 아니하는 영마다 하나님께 속한 것이 아니니 이것이 곧 적그리스도의 영이니라. 오리라 한 말을 너희가 들었거니와 지금 벌써 세상에 있느니라"(요일 4:1-3).
9. 요한복음 1:1, 14; 골로새서 1:15-20.
10. Graeme Goldsworthy, *Gospel-Centered Hermeneutics*(Downers Grove, IL: InterVarsity Press, 2006), p. 21.
11. 예를 들어, 이사야 53:4-6을 보라.
12. '팍스 로마나'는 로마제국에서 오랫동안 비교적 평화와 안정을 유지한 시기로, 대략 주후 1-2세기를 가리켰다.
13. James V. Brownson, *Speaking the Truth in Love: New Testament Resources for a Missional Hermeneutic*, Christian Mission and Modern Culture Series(Harrisburg, PA: Trinity Press, 1998), p. 31.
14. 같은 책, p. 46.
15. 요한복음 14:6; 사도행전 4:12.
16. Brownson, *Speaking the Truth in Love*, p. 46.
17. Tim Keller, "Keller on Preaching to a Post-modern City II: Preaching to Create Spiritually Inclusive Worship"; http://www.redeemer2.com/themovement/issues/2004/august/postmoderncity_2_p3.html.
18. 로마서 10:8-10, "그러면 무엇을 말하느냐. 말씀이 네게 가까워 네 입에 있으며 네 마음에 있다 하였으니 곧 우리가 전파하는 믿음의 말씀이라. 네가 만일 네 입으로 예수를 주로 시인하며 또 하나님께서 그를 죽은 자 가운데서 살리신 것을 네 마음에 믿으면 구원을 받으리라. 사람이 마음으로 믿어 의에 이르고 입으로 시인하여 구원에 이르느니라."
19. 루이스의 회심 이야기는 다음 책을 보라. Alan Jacobs, *The Narnian: The Life and*

Imagination of C. S. Lewis(New York: HarperCollins, 2005).
20. Louis Berkhof, *Systematic Theology*(Grand Rapids: Eerdmans, 1996), p. 142. (「벌코프 조직신학」 크리스챤다이제스트)
21. 참고. 히브리서 4:12; 예레미야 20:9.
22. 여기서 완전한(exhaustive) 진리와 충분한(sufficient) 진리의 차이점을 구별해 두는 것이 좋겠다. 참고. D. A. Carson, *The Gagging of God: Christianity Confronts Pluralism* (Grand Rapids: Zondervan, 1996), p. 103 이하. 인간의 지식은 늘 한계가 있고 부분적일 수밖에 없지만, 자비로우신 하나님이 자신을 낮춰 우리가 이해할 수 있는 방식으로 진리를 계시하셨기에 우리는 하나님을 진정으로 알 수 있다.
23. 참고. Lesslie Newbigin, *Proper Confidence: Faith, Doubt, and Certainty in Christian Discipleship*(Grand Rapids: Eerdmans, 1995), p. 71.
24. 초대교회의 공의회는 전 교회의 주교들이 모여 기독교 교리를 토론하고 결정하는 모임이었다. 예를 들어, 381년에 열린 제1차 콘스탄티노플 공의회는 아폴리나리우스주의의 잘못을 지적했다.
25. Lesslie Newbigin, *Proper Confidence*, p. 11.

9장 구원을 성취하는 메시지

1. Tim Keller, "Keller on Preaching to a Post-modern City II: Preaching to Create Spiritually Inclusive Worship"; http://www.redeemer2.com/themovement/issues/2004/august/postmoderncity_2_p3.html.
2. John Stott, *The Cross of Christ*(Downers Grove, IL: InterVarsity Press, 1986), p. 160.
3. 같은 책에서 인용, p. 110.
4. 창세기 3:15. 신약성경에 따르면, 하나님의 구원 계획은 창세기 3장보다 더 앞선 시간으로 거슬러 올라간다. 그것은 하나님의 영원하신 경륜이다. 예를 들어, 바울은 "하나님이 우리를 구원하사 거룩하신 소명으로 부르심은 우리의 행위대로 하심이 아니요 오직 자기의 뜻과 영원 전부터 그리스도 예수 안에서 우리에게 주신 은혜대로 하심이라"(딤후 1:9)고 주장한다.
5. 로마서 6-9장.
6. 창세기 12:1-3.
7. 갈라디아서 4:4, "때가 차매 하나님이 그 아들을 보내사 여자에게서 나게 하시고 율법 아래에 나게 하신 것은."
8. 사도행전 2:22-24, "이스라엘 사람들아, 이 말을 들으라. 너희도 아는 바와 같이 하나님께

서 나사렛 예수로 큰 권능과 기사와 표적을 너희 가운데서 베푸사 너희 앞에서 그를 증언하셨느니라. 그가 하나님께서 정하신 뜻과 미리 아신 대로 내준 바 되었거늘 너희가 법 없는 자들의 손을 빌려 못 박아 죽였으나 하나님께서 그를 사망의 고통에서 풀어 살리셨으니 이는 그가 사망에 매여 있을 수 없었음이라."

9. 우리에게도 개인적인 적이 있다. 이 사탄을 통해 죄와 죽음이 이 세상에 들어왔다(요 10:10; 벧전 5:8; 계 12:10).
10. Graeme Goldsworthy, *Gospel-Centered Hermeneutics*(Downers Grove, IL: InterVarsity Press, 2006), p. 58.
11. John Piper, "For Whom Did Christ Die? & What Did Christ Actually Achieve on the Cross for Those for Whom He Died?"; http://www.monergism.com/thethreshold/articles/piper/piper_atonement.html.
12. 출애굽기 12:5; 베드로전서 1:19.
13. 요한일서 3:16.
14. 참고. 예수님이 가장 큰 계명이라고 하신 이스라엘의 '쉐마'(*shema*)는 신명기 6:5에 나온다. "너는 마음을 다하고 뜻을 다하고 힘을 다하여 네 하나님 여호와를 사랑하라."
15. 참고. 예레미야 2:12-13, "너 하늘아, 이 일로 말미암아 놀랄지어다. 심히 떨지어다. 두려워할지어다. 여호와의 말씀이니라. 내 백성이 두 가지 악을 행하였나니 곧 그들이 생수의 근원되는 나를 버린 것과 스스로 웅덩이를 판 것인데 그것은 그 물을 가두지 못할 터진 웅덩이들이니라." 나는 우상 숭배의 본질과 결과를 잘 드러내는 이 은유가 마음에 든다. 우리는 신을 만들어서 거기에 우리의 마음과 영혼과 힘을 쏟아붓는다. 하지만 이런 행위는 율법에 불순종하고 하나님을 모욕하는 결과를 가져온다. 결국 우리는 우상에게 실망하고 만다. 하나님만이 유일하신 참 웅덩이이기 때문이다.
16. 사무엘상 4:18.
17. 창세기 13:2에 대한 해설, *Matthew Henry's Concise Commentary*(Nashville: Thomas Nelson, 2000).
18. John Piper, *The Passion of Jesus Christ: Fifty Reasons Why He Came to Die* (Wheaton: Crossway, 2004), p. 21. (「더 패션 오브 지저스 크라이스트」 규장)
19. Stott, *The Cross of Christ*, p. 88.
20. 다양한 속죄 교리에 관심이 있는 독자들에게는, 짧지만 유용한 다음 자료를 추천하고 싶다. Leon Morris, "Theories of the Atonement"; http://www.monergism.com/thethreshold/articles/onsite/atonementmorris2.html.
21. 골로새서 2:15.
22. 베드로전서 2:21.

23. 이사야 53:5, 12; 로마서 4:25; 5:8; 갈라디아서 3:13; 베드로전서 3:18.
24. 형벌 대속 교리를 변호하는 좀 더 긴 글로는 다음 자료를 보라. Steve Jeffery, Mike Ovey, and Andrew Sach, *Pierced for Our Transgressions: Rediscovering the Glory of Penal Substitution*(Wheaton: Crossway, 2007). 예를 들면, p. 153에서는 형벌 대속의 실제적인 중요성을 다음과 같이 설명한다. "십자가를 형벌 대속으로 이해하면 하나님의 사랑이 얼마나 아름답고 크신지 이해할 수 있다. 성경은 하나님의 진노를 받아 마땅한 죄인들의 곤경을 절대 감하지 않고, 그리스도께서 하나님의 백성을 대신해 형벌을 받으신 십자가를 단호하게 묘사함으로써 하나님의 사랑을 강조한다. 우리가 십자가의 날카로운 가장자리를 뭉툭하게 만들면, 하나님의 사랑은 빛바랜 다이아몬드가 되고 만다."
25. Richard F. Lovelace, *Dynamics of Spiritual Life: An Evangelical Theology of Renewal*(Downers Grove, IL: InterVarsity Press, 1970), p. 97.
26. 에베소서 5:25.
27. 히브리서 12:2.
28. 고린도후서 5:19.
29. 골로새서 2:13.
30. 로마서 3:25.
31. 고린도후서 5:15.
32. 요한복음 3:16.
33. 로마서 4:25.
34. 에베소서 1:11.
35. 빌립보서 3:9-10.
36. 베드로전서 2:24.
37. 고린도전서 15:22.
38. 히브리서 7:25.
39. 이사야 53:5.
40. 갈라디아서 5:1.
41. 에베소서 2:11-22.
42. 베드로전서 2:21.
43. 로마서 3:24.
44. 요한일서 2:1.
45. 히브리서 2:14-15.
46. 로마서 5:1-11.
47. 고린도전서 1:30.

48. 베드로전서 1:3.
49. 히브리서 10:19.
50. 로마서 8:32.
51. Quoted in Stott, *The Cross of Christ*, p. 200.
52. Quoted in Mark Driscoll, *Death by Love: Letters from the Cross*(Wheaton: Crossway, 2008), p. 119.
53. 같은 책, p. 20.
54. 고린도후서 5:21.
55. 전에는 내 교수님이었고 이제는 친구가 된 마크 디바인과 함께 '전가'의 영향력에 대해 대화를 나누었는데, 그때 그가 했던 말이다.
56. Driscoll, *Death by Love*, p. 137. "속죄가 우리를 죄에서 깨끗하게 해주는 반면, 유화(propitiation)는 죄에 대한 형벌을 처리해 준다."
57. George Whitefield, quoted in Jeffery, Overy, and Sach, *Pierced for Out Transgressions*, p. 193.
58. 베드로전서 1:3. 참고. 사도행전 13:30; 로마서 4:25; 디모데후서 2:8.

10장 그리스도 중심의 메시지

1. Charles Spurgeon, quoted in Sydney Greidanus, *Preaching Christ from the Old Testament: A Contemporary Hermeneutical Method*(Grand Rapids: Eerdmans, 1999), p. 2.
2. Michael Horton, *Christless Christianity: The Alternative Gospel of the American Church*(Grand Rapids: Baker, 2008), p. 142.
3. Bryan Chapell, *Christ-Centered Preaching: Redeeming the Expository Sermon* (Grand Rapids: Baker, 2005), p. 282. (「그리스도 중심의 설교」은성)
4. 이 장의 내용은 그레엄 골즈워디에게 큰 빚을 졌다. 그의 책을 강력 추천한다. *Preaching the Whole Bible as Christian Scripture: The Application of Biblical Theology to Expository Preaching*(Grand Rapids: Eerdmans, 2000).
5. 교부들에 따르면, 아담과 하와에게는 죄를 짓지 않을 능력이 있었다고 한다. 그들 이후로는 신약성경이 두 번째 아담이라고 칭한 예수님을 제외하고는 아무도 그런 특권을 누리지 못했다.
6. 창세기 3:9, "여호와 하나님이 아담을 부르시며 그에게 이르시되 네가 어디 있느냐."
7. 창세기 3:12, "아담이 이르되 하나님이 주셔서 나와 함께 있게 하신 여자 그가 그 나무 열매

를 내게 주므로 내가 먹었나이다."
8. 창세기 3:13, "여호와 하나님이 여자에게 이르시되 네가 어찌하여 이렇게 하였느냐. 여자가 이르되 뱀이 나를 꾀므로 내가 먹었나이다."
9. 갈라디아서 4:4, "때가 차매 하나님이 그 아들을 보내사 여자에게서 나게 하시고 율법 아래에 나게 하신 것은."
10. 요한복음 1:14, "말씀이 육신이 되어 우리 가운데 거하시매 우리가 그의 영광을 보니 아버지의 독생자의 영광이요 은혜와 진리가 충만하더라."
11. 빌립보서 2:7은 그리스도께서 하나님으로서의 권리를 포기하시고 자원하여 신적 속성을 행사하지 않기로 하셨다고 가르쳐 준다. 그러나 그분은 여전히 하나님이셨다.
12. 교부들은 이 역설을 위격적 연합(hypostatic union, 한 위격에 두 본성)이라고 불렀다.
13. 히브리서 2:17; 4:15.
14. 디모데전서 2:5-6; 요한일서 3:5.
15. 누가복음 24:13-35.
16. "우리는 예수 그리스도의 인격과 사역이 성경 전체의 핵심이라고 확신한다", Article III, 성경 해석에 관한 시카고 선언(Chicago Statement on Biblical Hermeneutics; http://www.churchcouncil.org/ICCP_org/Documents_ICCP/English/02_Biblical_Hermeneutics_A&D.pdf.
17. Anthony C. Thiselton, *New Horizons in Hermeneutics: The Theory and Practice of Transforming Biblical Reading*(Grand Rapids: Zondervan, 1992), p. 150.
18. Sidney Greidanus, *Preaching Christ from the Old Testament*(Grand Rapids: Eerdmans, 1999), p. 120.
19. 웨인 그루뎀은 성화를 이렇게 정의한다. "성화는 우리를 점점 더 죄에서 해방시키고 실생활에서 점점 더 그리스도를 닮게 만드는, 하나님과 사람의 점진적인 사역이다." Wayne Grudem, *Systematic Theology*(Grand Rapids: Zondervan, 1994), p. 746.
20. 고린도후서 8:9, "우리 주 예수 그리스도의 은혜를 너희가 알거니와 부요하신 이로서 너희를 위하여 가난하게 되심은 그의 가난함으로 말미암아 너희를 부요하게 하려 하심이라."
21. 고린도전서 1:30, "너희는 하나님으로부터 나서 그리스도 예수 안에 있고 예수는 하나님으로부터 나와서 우리에게 지혜와 의로움과 거룩함과 구원함이 되셨으니."
22. 누가복음 24:25-26.
23. Greidanus, *Preaching Christ from the Old Testament*, p. 119.
24. 고린도후서 5:21.
25. Goldsworthy, *Preaching the Whole Bible as Christian Scripture*, p. 4.
26. 같은 책, p. 6.

27. 이 일화를 잘 모르는 독자들은 다음 링크를 참고하라. http://www.youtube.com/watch?v=FUYjD7A75HQ.
28. 예를 들면, '뉴 테스타민츠'(New TestaMints, 신약성경을 뜻하는 'New Testament'를 약간 변형해서 만든 상표로, 성경 구절을 적은 종이쪽지로 민트를 개별 포장한 상품—옮긴이)와 '하나님은 나의 부조종사' 범퍼 스티커가 있다.
29. 요한일서 2:6은 하나님을 사랑하는 것은 곧 예수님처럼 사는 것이라는 사실을 우리에게 일깨워 준다.
30. '행동'과 '이미 끝난 일'의 구분은 여러 해 전에 빌 하이벨스(Bill Hybels)의 강연에서 들은 내용이다.
31. 나는 채플 박사가 강연과 대화중에 여러 차례 이 문구를 사용한 것을 들었다. 그의 글에서는 본 적이 없는 것 같다.
32. 리처드 러블레이스는 이렇게 썼다. "다음과 같은 루터의 주장에 철저하게 근거하여 하루를 시작할 만큼 제대로 아는 사람이 드물다. '당신은 받아들여졌다. 믿음으로 외부를 바라보고, 전적으로 외부에서 온 그리스도의 의로움을 당신이 받아들여진 유일한 근거로 주장하며, 그 신뢰 가운데 안심하라. 믿음이 사랑과 감사로 드러나는 가운데, 신뢰가 성화를 낳을 것이다.'" *Dynamics of Spiritual Life: An Evangelical Theology of Renewal* (Downers Grove, IL: InterVarsity Press, 1979), p. 101.
33. Greidanus, *Preaching Christ from the Old Testament*, p. 10.
34. Goldsworthy, *Preaching the Whole Bible as Christian Scripture*, p. 99.
35. 여기서 좀 더 자세히 설명할 수 있는 유사품이 여럿이었지만, 젊은 목회자들에게 특별히 유혹이 될 만한 것들에 초점을 맞추겠다.
36. 이 말은 사실이지만, 또 다른 측면에서는 도덕주의와 율법주의가 하나님의 율법을 우리 수준의 순종으로 약화시키기도 한다.
37. Lovelace, *Dynamics of Spiritual Life*, p. 212.
38. 에베소서 2:6; 골로새서 3:1-3; 고린도후서 5:17을 보라.
39. 이것은 로마서 1:18이 인간을 "불의로 진리를 막는" 존재로 이야기한 것과는 정반대다.
40. 참고. 로마서 1:18.
41. 골즈워디는 이렇게 한탄한다. "본문을 문맥과 상관없이 다루고 있으며, 성경의 저자가—궁극적으로는 성령께서 성경의 저자이시다—그 본문에서 무엇을 전하고자 하는지에 대한 충분한 생각 없이 적용을 하고 있다. 문제 중심의 설교와 주제별 설교가 표준이 되고 있으며, 인물별 설교에서는 성경의 영웅들을 우리가 어떻게 살아야 하는지에 대한, 본문과 동떨어진 예로 다루고 있다." Goldsworthy, *Preaching the Whole Bible as Christian Scripture*, p. 16.

42. 같은 책에서 인용, p. 3.
43. 같은 책, p. 73.
44. 갈라디아서 2:20, "내가 그리스도와 함께 십자가에 못 박혔나니 그런즉 이제는 내가 사는 것이 아니요 오직 내 안에 그리스도께서 사시는 것이라. 이제 내가 육체 가운데 사는 것은 나를 사랑하사 나를 위하여 자기 자신을 버리신 하나님의 아들을 믿는 믿음 안에서 사는 것이라."
45. 본문에 쓰인 그대로 설교하는 것이 중요하다. 즉, 가르칠 때 본문의 장르(예언, 내러티브, 시편, 서신서 등)를 충분히 고려해야 한다.
46. John Stott, *Preaching Between Two Worlds: The Challenge of Preaching Today* (Grand Rapids: Eerdmans, 1994), p. 126. (「현대교회와 설교」 생명의샘)
47. 야고보서 1:27; 요한일서 3:17.
48. 내가 목회하는 저니교회는 '미션 세인트루이스'(Mission St. Louis)라는 사회정의 사역을 시작했다. 자세한 내용은 http://missionstl.org를 보라.
49. 디모데후서 3:16.
50. Graeme Goldsworthy, *Gospel and Kingdom*(Carlisle, UK: Paternoster Press, 1994), p. 86. (「복음과 하나님 나라」 성서유니온)
51. 팀 켈러가 2006년 부활 집회(Resurgence Conference)에서 한 강연의 일부다.

11장 죄를 드러내는 메시지

1. Quoted in Sidney Greidanus, *Preaching Christ from the Old Testament*(Grand Rapids: Eerdmans, 1990), p. 34.
2. Quoted in John Stott, *The Cross of Christ*(Downers Grove, IL: InterVarsity Press, 1986), p. 91.
3. Quoted in Greidanus, *Preaching Christ from the Old Testament*, p. 5.
4. Edmund Clowney, *Preaching Christ in All of Scripture*(Wheaton: Crossway, 2003), p. 55.
5. 참고. 특히 로마서 1:24-32.
6. 진노가 때로는 하나님과 상관없이 비인격적으로 쓰인다고 주장하는 사람들도 있을 것이다. 스토트는 그 점에 대해 다음과 같이 쓴다. "그 단어가 어떤 때는 하나님을 분명하게 지칭해서 사용되지 않으며, 때로는 정관사 없이 또 때로는 정관사와 함께 사용되기도 하는 것은 분명한 사실이다. 하지만 바울과 요한은 '하나님의 진노'라는 완전한 어구도 서슴없이 사용했다.……바울이 비인격적인 표현들을 채택한 이유는, 하나님은 결코 화를 내지 않으신다고

단언하기 위함이 아니라. 그분의 진노는 어떠한 인격적 악의의 색조도 없는 것임을 강조하기 위해서일 것이다.……따라서 '카리스'(*charis*)가 하나님의 은혜로운 인격적 행동을 나타내는 것과 마찬가지로 '오르게'(*orge*) 역시 악에 대한 하나님의 인격적인 적대감을 나타내는 말이다"(Stott, *The Cross of Christ*, P. 105).

7. 같은 책, p. 173.
8. "아들을 믿는 자에게는 영생이 있고 아들에게 순종하지 아니하는 자는 영생을 보지 못하고 도리어 하나님의 진노가 그 위에 머물러 있느니라"(요 3:36).
9. Stott, *The Cross of Christ*, p. 106.
10. 어떻게 완전히 선하신 하나님이 악에 진노하실 수 있는지 이해하기 힘들어 하는 현대인들이 많다. 하지만 선과 분노는 모순되지 않는다. 자녀가 학대당한 사실을 발견하고 분노하는 부모들은 선한 사람이기 때문에 분노하는 것이다. 선한 사람이기에 자녀들이 당한 악을 보고 반발한다. 하나님도 마찬가지이시다. 온전히 거룩하고 의로우시며 선한 분이시기에 분노하신다. 전혀 분노를 느끼지 않는다면, 그분은 하나님이 아닐지도 모른다.
11. C. John Miller, *Repentance and the 20th Century Man*(Ft. Washington, PA : Christian Literature Crusade, 1998), p. 73.
12. 예를 들면, 다음 성경 구절을 참고하라. 잠언 6:6-9; 6:26; 19:24; 10:10; 12:16 등.
13. 참고. 로마서 8:7, "육신의 생각은 하나님과 원수가 되나니 이는 하나님의 법에 굴복하지 아니할 뿐 아니라 할 수도 없음이라."
14. Stott, *The Cross of Christ*, p. 90.
15. 하나님의 계명이 너무 부담스럽고 어렵다는 생각은 물론 거짓말이다. 요한일서 5:3은 "하나님을 사랑하는 것은 이것이니 우리가 그의 계명들을 지키는 것이라. 그의 계명들은 무거운 것이 아니로다"라고 말한다. 야고보서 1:25은 하나님의 말씀을 "행하는 일에 복을 받으리라"고 약속한다. 하나님의 계명을 좇는 삶보다 더 만족스럽고 기쁜 인생은 없다(시 1:1-2).
16. 시편 기자는 이런 자족감을 이렇게 묘사한다. "악인은 그의 교만한 얼굴로 말하기를 여호와께서 이를 감찰하지 아니하신다 하며 그의 모든 사상에 하나님이 없다 하나이다"(시 10:4).
17. "무릇 율법 행위에 속한 자들은 저주 아래에 있나니 기록된 바 누구든지 율법 책에 기록된 대로 모든 일을 항상 행하지 아니하는 자는 저주 아래에 있는 자라 하였음이라. 또 하나님 앞에서 아무도 율법으로 말미암아 의롭게 되지 못할 것이 분명하니 이는 의인은 믿음으로 살리라 하였음이라"(갈 3:10-11).
18. 갈라디아서 6:2.
19. 창세기 3:12.

20. 창세기 2:23.
21. 창세기 3:13.
22. Robert Peterson, *Hell on Trial: The Case for Eternal Punishment*(Phillipsburg, NJ: P&R Publishing, 1995), p. 47.
23. 웨스트민스터 소요리 문답, 문 14.
24. 참고. 마태복음 12:31; 요한복음 8:11; 로마서 5:12; 요한일서 3:4.
25. 참고. 요한복음 7:18; 데살로니가후서 2:12.
26. 참고. 로마서 5:20; 11:12.
27. 참고. 로마서 6:19; 요한일서 3:4.
28. 여기서 안정감을 준다는 말은 휴식을 뜻하는 것이 아니라 우상 숭배에 심취한 것을 뜻한다. 아우구스티누스의 다음 말이 얼마나 적절한지 모르겠다. "우리 마음이 당신 안에서 안식을 찾기까지는 진정한 안식은 없습니다."
29. 마태복음 5:11-12. "나로 말미암아 너희를 욕하고 박해하고 거짓으로 너희를 거슬러 모든 악한 말을 할 때에는 너희에게 복이 있나니. 기뻐하고 즐거워하라. 하늘에서 너희의 상이 큼이라. 너희 전에 있던 선지자들도 이같이 박해하였느니라."
30. 이것은 바울이 디모데후서 4:3에서 묘사한 상황과 매우 흡사하다. "때가 이르리니 사람이 바른 교훈을 받지 아니하며 귀가 가려워서 자기의 사욕을 따를 스승을 많이 두고." 당신의 교회가 이 예언을 성취하는 일이 없게 하라.
31. 개혁 전통에서는 구약성경의 율법을 민법, 의식법, 도덕법으로 세분했다. 이것은 율법이 현대 그리스도인들에게도 계속 유효함을 이해하는 한 가지 방식이다. 율법의 용례와 관련하여, 개혁 전통은 대개 다음의 세 가지에 초점을 맞춘다. (1)율법은 죄를 드러낸다. (2)율법은 악을 억누른다. (3)율법은 신자를 위한 안내서다.
32. 신명기 4:6-8.
33. 로마서 7:8.
34. 로마서 7:7.
35. 갈라디아서 3:23-24.
36. 로마서 3:23.
37. 이 관점은 설교 본문을 선택하는 방식에 영향을 미친다. 모든 성경은 하나님의 말씀이기에 우리는 까다로운 본문을 회피하지 않고, 오히려 그 본문에 우리 자신을 비추어 보아야 한다. 윌리엄 윌리몬은 이 부분에서 유용한 조언을 해준다. "우리는 성서를 좀 더 주의 깊게 또 존중하는 마음으로 읽어야 하고, 단지 우리의 현 상황 안에 가능성 있고 허용할 만하다고 생각되는 것만 샅샅이 뒤져 뽑아 선택하는 식으로 읽어서는 안 된다. 그렇게 하는 것은 우리의 삶을 성인들의 증거에 조율시키는 것이 아니고, 바르트(Barth)의 말을 빌려 말

하면, 오히려 '성인들의 깃털로 우리 자신을 장식하는' 것이다. 우리는 우리를 불편하게 하거나, 사물에 대한 우리의 현 사상 개요와 맞지 않는 것을 없애고 싶은 유혹을 받는다. 그러므로 '이 본문의 뜻은 무엇인가'보다는 '이 본문이 나에게 어떤 변화를 요구하는가'가 더 적절한 해석학적 질문이라고 할 수 있다." William H. Willimon, *Pastor: The Theology and Practice of Ordained Ministry*(Nashville: Abingdon Press, 2002), p. 126.

38. 인용문 전문은 다음과 같다. "'죄가 하나님의 진노를 촉발시킨다고 믿지 못하는 이유는 부분적으로는 죄가 우리의 분노를 촉발시키지 않기 때문이다.'…… '하나님의 진노의 개념이 무시되는 곳에는 복음의 중심 개념, 곧 중보자를 통해 드러난 계시의 독특성에 관한 이해 역시 없을 것이다.' 이와 유사하게, '진노가 얼마나 큰지 아는 사람만이 자비의 위대함에 압도될 것이다'"(Stott, *The Cross of Christ*, p. 109).

39. 같은 책, p. 101, "하나님의 구속 사역에 대한 확신을 동시에 회복시키지 않고서 인간의 죄, 책임, 잘못과 배상의 개념들을 회복시키려는 것은 균형을 잃은 일이다. 그것은 처방이 없는 진단이요, 하나님의 구원 대신에 자력의 구원으로 대치하려는 허망한 노력이요, 소망을 다시 바닥에 내던지기 위하여 높이 들어올리는 일이다."

40. Willimon, *Pastor*, p. 148.
41. Stott, *The Cross of Christ*, p. 98.

12장 우상을 부서뜨리는 메시지

1. Mark Driscoll, *Death by Love: Letters from the Cross*(Wheaton: Crossway, 2008), p. 92.
2. Michael Horton, *Christless Christianity: The Alternative Gospel of the American Church*(Grand Rapids: Baker, 2008), p. 94.
3. John Calvin, *The Institutes of the Christian Religion*, 1.11. (「기독교강요」)
4. "성경에서 우상 숭배에 대한 비난보다 더 심각한 것은 없다. 우상 숭배는 가장 가혹한 처벌 대상이며, 가장 심한 멸시조의 논박을 불러일으키고, 기피해야 할 것으로 가장 강하게 경고되며, 하나님의 백성 정반대편의 사람들, 곧 이방인들을 규정하는 가장 주된 특징으로 간주되었다." '우상 숭배' 항목, *New Dictionary of Biblical Theology: Exploring the Unity and Diversity of Scripture*, ed. T. Desmond Alexander, Brian S. Rosner, D. A. Carson, and Graeme Goldsworthy(Downers Grove, IL: InterVarsity, 2000), p. 570. (「IVP 성경신학사전」 IVP)
5. 창세기 1:26, 28.
6. 창세기 3:1-5.

7. 요한복음 8:44.
8. 야고보서 1:17.
9. 역사적으로는, 그리스도인들이 교부 시대 이후부터 우리 선조의 불순종을 지적하기 시작했다. "[원죄] 개념이 낙원에서 아담의 자발적 범죄와 타락에서부터 비롯되었다는 개념은 이레니우스의 저작에서 이미 발견된 바 있다." Louis Berkhof, *Systematic Theology*(Grand Rapids: Eerdmans, 1932, 1996 reprint), p. 219.
10. 로마서 1:23.
11. 출애굽기 20:3, "너는 나 외에는 다른 신들을 네게 두지 말라."
12. 출애굽기 20:4-5, "너를 위하여 새긴 우상을 만들지 말고 또 위로 하늘에 있는 것이나 아래로 땅에 있는 것이나 땅 아래 물속에 있는 것의 어떤 형상도 만들지 말며 그것들에게 절하지 말며 그것들을 섬기지 말라. 나 네 하나님 여호와는 질투하는 하나님인즉 나를 미워하는 자의 죄를 갚되 아버지로부터 아들에게로 삼사 대까지 이르게 하거니와."
13. 출애굽기 20:17, "네 이웃의 집을 탐내지 말라. 네 이웃의 아내나 그의 남종이나 그의 여종이나 그의 소나 그의 나귀나 무릇 네 이웃의 소유를 탐내지 말라."
14. 골로새서 3:5, "그러므로 땅에 있는 지체를 죽이라. 곧 음란과 부정과 사욕과 악한 정욕과 탐심이니 탐심은 우상 숭배니라."
15. 시편 24:3-4.
16. 예를 들면, 시편 8:1; 24:7; 26:8; 29:1; 57:11; 66:2; 71:8; 145:11을 보라.
17. "그런즉 너는 이스라엘 족속에게 이르기를 주 여호와의 말씀에 너희는 마음을 돌이켜 우상을 떠나고 얼굴을 돌려 모든 가증한 것을 떠나라"(겔 14:4-6, 특히 6절). "그들이……그 우상과 행음하며"(겔 23:37). "주 여호와께서 이같이 말씀하셨느니라. 네가 네 누추한 것을 쏟으며 네 정든 자와 행음함으로 벗은 몸을 드러내며 또 가증한 우상을 위하며 네 자녀의 피를 그 우상에게 드렸은즉"(겔 16:36).
18. 예를 들면, 시편 106:36, "그들의 우상들을 섬기므로 그것들이 그들에게 올무가 되었도다."
19. 로마서 1:25, "이는 그들이 하나님의 진리를 거짓 것으로 바꾸어 피조물을 조물주보다 더 경배하고 섬김이라. 주는 곧 영원히 찬송할 이시로다. 아멘."
20. Os Guinness and John Seel, eds., *No God but God: Breaking with the Idols of Our Age*(Chicago: Moody, 1992), p. 32.
21. 팀 켈러의 설교와 사적인 대화를 통해 얻은 통찰력에 감사한다. 내가 이 통탄할 만한 우상 숭배의 죄를 이해하는 데 그보다 더 큰 영향을 미친 사람은 없었다.
22. Driscoll, *Death by Love*, p. 92.
23. Martin Lloyd-Jones, *Life in Christ: Studies in I John*(Wheaton: Crossway, 1994), p. 729. (「하나님의 사랑: 마틴 로이드 존스의 요한일서 강해」 생명의말씀사)

24. 나는 팀 켈러와 목회자들의 관계는 조니 캐쉬(Johnny Cash)와 음악가들의 관계와 같다고 말하고 싶다. 너도 나도 그의 것을 가져다 쓰지만, 출처를 밝히는 사람은 극히 드물다.

25. 팀 켈러의 "Talking about Idolatry in a Postmodern Age"를 보라; http://www.monergism.com/postmodernidols.html.

　　켈러는 이렇게 쓰고 있다. "루터는 우상 숭배를 금하는 구약성경 율법과, 믿음으로만 의로워진다는 신약성경의 강조가 근본적으로는 같다고 보았다. 그는 십계명이 우상 숭배를 금하는 두 계명으로 시작한다고 말했다. 율법 파기에서 근본적인 문제는 늘 우상 숭배이기 때문이다. 다시 말해, 우리는 우상 숭배에 대한 첫 번째 율법을 깨지 않고서는 나머지 계명들을 결코 깰 수 없다. 루터는 첫 번째 계명이 사실상 믿음으로 의로워진다는 내용이며, 믿음으로 인한 칭의를 믿지 못하는 것이 곧 우상 숭배임을 이해했다. 이 우상 숭배가 하나님을 불쾌하게 만드는 근본 원인이다."

26. "Idols of the Heart in Vanity Fair", *The Journal of Biblical Counseling*, Vol. 13, No. 2 (Winter 1995), p. 35.

27. "Introduction to 1 John", *ESV Study Bible*(Wheaton: Crossway, 2008).

28. 마태복음 22:37-39.

29. 이 질문들은 다음 책에서 가져왔다. David Powlison, *Seeing with New Eyes* (Phillipsburg, NJ: P & R, 2003), chapter 7. Powlison은 이 질문들에 '엑스레이 질문'이라는 이름을 붙였다.

30. 예를 들어, *No God but God*의 Dick Keyes와 "Idols of the Heart in Vanity Fair"의 David Powlison.

31. 카우프먼은 (다시 한 번 카이즈를 따라) 이들을 가까운 우상(near idols)이라고 부른다.

32. C. John Miller, *Repentance and the 20th Century Man*(Ft. Washington, PA: Christian Literature Crusade, 1998), p. 38.

33. 카우프먼은 카이즈를 따라 이들을 먼 우상(far idols)이라고 부른다.

34. 예를 들어, 이 각각의 주제는 예수님의 산상수훈(마 5-7장)에 두드러지게 나타난다. 예수님의 가르침은 대부분 인정(5:3-10; 6:2-4, 14-15), 권력(6:19-24), 통제(6:25-34), 안락함(7:7-11)에 대한 인간의 근본 필요와 관련이 있다.

35. 알프레드 애들러의 연구에서 파생된 연구 중에 DISC 유형 검사가 있다. http://www.discprofile.com/whatisdisc.htm.

36. 마가복음 1:15.

37. 카우프먼의 강연을 듣는 중에, 트램펄린에서 뛰는 것으로 회개와 복음에 대한 믿음을 묘사하는 내용에 착안하여 이 모델을 만들었다.

38. 루터는 이런 현실을 가리켜 "*simul justus et peccator*", 곧 의인인 동시에 죄인이라고 말

했다. 이 말은 우리가 그리스도 안에 있을 때, 우리 삶에는 죄가 내재하지만, 그와 동시에 그리스도의 의로움으로 옷 입고 있다는 뜻이다.

39. 로마서 8:7, "육신의 생각은 하나님과 원수가 되나니 이는 하나님의 법에 굴복하지 아니할 뿐 아니라 할 수도 없음이라."
40. 회개를 뜻하는 헬라어 '메타노이아'(metanoia)는 직역하면 '마음을 바꾸다'라는 뜻이다.
41. 잭 밀러가 회개를 이렇게 비유한 내용이 마음에 와 닿는다. "하나님은 우리를 자기 변호하는 변호사로 부르신 것이 아니라, 겸손히 은혜의 보좌 앞에 나아오는 거지로 부르셨다. 이 거지는 자기 앞에 먹을 것이 떨어질 때까지 절대로 물러나지 않는다." *Repentance and the 20th Century Man*, p. 35.
42. 같은 책, p. 77.
43. 바울은 "그리스도 안에"라는 표현으로 그리스도와의 연합을 즐겨 표현한다(예를 들면, 롬 8:1; 고전 15:58; 고후 5:17; 갈 3:26).
44. 골로새서 3:3.
45. 갈라디아서 2:20.
46. "신자들에게는 자기 삶을 죄로 채우고 자기 과시와 자기 신뢰라는 옛 습관으로 슬그머니 돌아가려는 유혹이 끊임없이 찾아온다. 이런 일이 생기면, 신자의 '회개'는 힘을 잃어버린다. 자기를 신뢰하는 마음은, 율법주의적 토대를 근거로 하나님이 자기를 받아 주시리라고 믿기 때문이다. 그리스도에 대한 믿음이 빠져 버린 회개는 가벼운 후회에 불과하다." Miller, *Repentance and the 20th Century Man*, p. 93.
47. 같은 책, p. 103.
48. 데살로니가전서 1:9.
49. 2007년 가을, 저니교회에서는 우상 숭배를 다루는 연속 설교를 했다. 우상 숭배라는 주제를 좀 더 자세히 살피고 싶은 독자들은 그 설교를 다시 들어보기를 권한다. http://journeyon.net/media/transformation.
50. Miller, *Repentance and the 20th Century Man*, p. 55.

13장 사명의 핵심: 긍휼

1. Scott Sauls, *Gospel*(미출간).
2. 로마서 10:14-17.
3. 누가복음 19:10; 참고. 5:31-32.
4. Paul Miller, *Love Walked Among Us*(Colorado Spring: NavPress, 2001). (「우리 사이를 거닐던 사랑」 CUP)

5. 누가복음 7:11-17.
6. Miller, *Love Walked Among Us*, p. 28.
7. 하나님이 인간처럼 감정을 '느끼시는지'를 두고 신학자들 사이에 논란이 분분하다. 이에 대한 관점은 우리가 하나님의 긍휼을 생각하는 방식에 직접적으로 영향을 미친다. 나는 성경이 하나님의 감수성을 압도적으로 지지한다고 믿는다. 웨인 그루뎀도 그런 입장에 유리한 언급을 한다. "하나님께 열정이나 감정이 전혀 없다는 생각은……성경과 분명히 배치된다.……오히려 그 반대가 맞다. 인간의 감정의 근원이시며 인간의 감정을 창조하신 하나님은 틀림없이 감정을 느끼실 것이기 때문이다. 하나님은 기뻐하시고(사 62:5), 슬퍼하신다(시 78:40; 엡 4:30). 그분은 대적에게는 불타는 진노를 쏟으시고(출 32:10), 자기 자녀들은 가엾게 여기신다(시 103:13). 하나님은 우리를 영원히 사랑하신다(사 54:8; 시 103:17). 그분은 우리가 영원토록 본받을 열정을 소유하신 하나님이시다. 우리는 죄를 미워하고 의를 기뻐하시는 우리의 창조주를 사랑한다." Wayne Grudem, *Systematic Theology* (Grand Rapids: Zondervan, 1995), p. 166.
8. Miller, *Love Walked Among Us*, p. 31.
9. C. S. Lewis, *The Four Loves* (Eugene, OR: Harvest House, 1971), p. 121. (「네 가지 사랑」홍성사)
10. Richard Exley, *The Rhythm of Life* (Tulsa: Honor Books, 1987), p. 37.
11. Miroslav Volf, *Exclusion and Embrace: A Theological Exploration of Identity, Otherness, and Reconciliation* (Nashville: Abingdon Press, 1996), p. 124.
12. Ronald A. Heifetz and Marty Linsky, *Leadership on the Line: Staying Alive Through the Dangers of Leading* (Boston: Harvard Business School Publishing, 2002), p. 235.
13. David Patterson, *Hebrew Language and Jewish Thought* (New York: Routledge, 2005), p. 21.
14. 출애굽기 34:5-7, "여호와께서 구름 가운데에 강림하사 그와 함께 거기 서서 여호와의 이름을 선포하실새 여호와께서 그의 앞으로 지나시며 선포하시되 여호와라 여호와라 자비롭고 은혜롭고 노하기를 더디 하고 인자와 진실이 많은 하나님이라. 인자를 천대까지 베풀며 악과 과실과 죄를 용서하리라. 그러나 벌을 면제하지는 아니하고 아버지의 악행을 자손 삼사 대까지 보응하리라."

14장 사명의 집: 교회

1. Quoted in Randy Wilson Coffin, *The Collected Sermons of William Sloane Coffin*, Vol. 1 (Louisville: Westminster John Knox Press, 2008).

2. Quoted in Wilbert R. Shenk, *Write the Vision*(Harrisburg, PA: Trinity Press, 1995), p. 87.
3. Christopher J. H. Wright, *The Mission of God*(Downers Grove, IL: InterVarisity Press, 2006), p. 29. (「하나님의 선교」IVP)
4. 빌 하이벨스 인터뷰, "Selling Out the House of God?" *Christianity Today*, July 18, 1994.
5. 윌로우크릭의 자기 평가 내용은 Greg Hawkins와 Cathy Parkinson이 쓰고 Willow Creek Association이 출간한 *Reveal* 연구 시리즈에 잘 나와 있다. (「발견」국제제자훈련원). 외부인의 평가는 다음 책을 보라. *Willow Creek Seeker Services: Evaluating a New Way of Doing Church* by G. A. Pritchard(Grand Rapids: Baker, 2005).
6. 개신교 교파가 3천 개가 넘는다고 추정하는 사람들도 있다. *World Christian Encyclopedia*, 2nd edition, ed. David Barrett, George Kurian, and Todd Johnson(New York: Oxford University Press, 2001).
7. 나와 마크 드리스콜도 그런 경험을 했다. Mark Driscoll and Gerry Breshears, *Vintage Church*(Wheaton: Crossway, 2008), p. 35.
8. 이어지는 내용은 다음 책에서 빌려 왔다. D. J. Tidball, "Church", in *New Dictionary of Biblical Theology: Exploring the Unity and Diversity of Scripture*, ed. T. Desmond Alexander, Brian S. Rosner, Graeme Goldsworthy, D. A. Carson(Downers Grove, IL: InterVarsity Press, 2000), p. 410.
9. 교회는 새 사람(엡 2:15), 여러 주요 지체와 구성원으로 이루어진 몸(고전 12:12-31), 예수 그리스도의 신부(엡 5:25-33), 하나님의 밭(고전 3:9), 거룩한 나라(벧전 2:9)로도 불리운다. 교회는 아브라함의 후손이요(창 17:7) 하나님의 언약 백성인 이스라엘 나라로부터 시작되어(출 19:5-6), 오늘날 그리스도를 믿는 아브라함의 진정한 자녀들까지 계속된다(갈 3:7; 빌 3:3).
10. Driscoll and Breshears, *Vintage Church*, pp. 38-39.
11. 사도행전 2:38, "베드로가 이르되 너희가 회개하여 각각 예수 그리스도의 이름으로 세례를 받고 죄 사함을 받으라. 그리하면 성령의 선물을 받으리니."
12. 장로와 집사에 대한 성경적 근거는 이 책 3장 '자격을 갖춘 사람'에 자세히 나와 있다.
13. 에베소서 2:20.
14. 사도행전 14:23.
15. 사도행전 6:1-4.
16. 빌립보서 1:1.
17. 디모데전서 3:1-7.
18. 디모데전서 3:8-13.

19. 사도행전 2:41.
20. 고린도전서 14:26.
21. 마태복음 28:19-20; 고린도전서 11:23-26.
22. 요한복음 17:21.
23. 고린도후서 5:17; 에베소서 1:3.
24. 갈라디아서 6:1.
25. 마태복음 18:15-17.
26. 빌립보서 2:15.
27. 마태복음 22:39.
28. 신자들은 또한 서로 참아 주고(롬 15:1), 서로 가르치며(고전 14:26), 서로 바로잡아 주고(갈 6:1), 서로 용서하며(엡 4:32), 서로 복종하고(엡 5:21), 남을 나보다 낫게 여기며(빌 2:3), 서로 진실을 말하고(골 3:9), 서로 나누어 주며(히 13:16), 서로 죄를 고백하고(약 5:16), 서로 한 마음이 되어야 한다(벧전 3:8).
29. 마태복음 28:18-20.
30. 에베소서 1:4-5.
31. 창세기 1:27-28.
32. 창세기 6:5.
33. 창세기 7:23.
34. 창세기 11장.
35. 창세기 12:1-3.
36. 이사야 49:6, "내가 또 너[이스라엘]를 이방의 빛으로 삼아 나의 구원을 베풀어서 땅 끝까지 이르게 하리라."
37. Wright, *The Mission of God*, p. 62.
38. 이 단락은 리처드 러블레이스의 가르침을 많이 참고했다. *Dynamics of Spiritual Life* (Downers Grove, IL: IVP, 1979).
39. 에드 스테처(Ed Stetzer)는 많은 전통 교회들이 1954년에 완벽하게 상황화되어 있다는 말을 자주 한다! 나는 2006년 10월에 열린 액츠 29 집회에서 이 이야기를 들었다.
40. 래리 오스본(Larry Osbourne)은 깊이 있는 가르침을 찾아 이 교회 저 교회를 전전하는 현상을 '성인 이동'(maturity migration)이라고 말한다.
41. 이 은사를 자세히 알고 싶은 독자들은 다음 책을 보라. Wayne Grudem, *The Gift of Prophecy in the New Testament and Today*(Wheaton: Crossway, 2000).
42. 성화는 우리를 점점 더 죄에서 해방시키고 실생활에서 점점 더 그리스도를 닮게 만드는, 하나님과 사람의 점진적인 사역이다. Wayne Grudem, *Systematic Theology*(Grand

Rapids: Zondervan, 1994), p. 746를 보라.
43. 이런 개념에 대한 신학적 근거는 만인 제사장설이다.
44. 여기서 교회에 다니지 않는 사람은, 예전에 교회에 다녔지만 지금은 다니지 않는 사람과 달리 한 번도 교회에 가 본 적이 없는 사람을 가리킨다.
45. "친숙한 것에 안주하는" 것은 우리와 비슷한 사람들과만 어울리는 것을 말한다.
46. 이 약점을 잘 이해하기 원하는 독자들은, 워싱턴 D. C. 캐피톨힐침례교회 장로들과 스티브 보이어(Steve Boyer)가 함께 쓴 "What Does Scripture Say about the Poor?"를 읽어 보라: http://sites.silaspartners.com/partner/Article_Display_Page/0,,PTID314526 | CHID598014 | CIID2376562,00.html#vi.
47. 제임스 브라운슨이 그 점을 잘 표현했다. "신약성경을 제작하고 경전으로 지정했던 초기의 기독교 운동은 특별한 선교적 성격을 띠었다." *Speaking the Truth in Love: New Testament Resources for a Missional Hermeneutic*, Christian Mission and Modern Culture Series(Harrisburg, PA: Trinity Press, 1998), p. 14.
48. Driscoll and Breshears, *Vintage Church*, p. 145.
49. 사도행전 5:14; 9:31.
50. 나는 팀 켈러에게서 이 개념을 처음 배웠다.

15장 사명의 노하우: 상황화

1. Mark Driscoll and Gerry Breshears, *Vintage Church*(Wheaton: Crossway, 2008), p. 228.
2. James V. Brownson, *Speaking the Truth in Love: New Testament Resources for a Missional Hermeneutic*(Harrisburg, PA: Trinity Press, 1998), p. 4.
3. Dean E. Flemming, *Contextualization in the New Testament: Patterns for Theology and Mission*(Downers Grove, IL: InterVarsity Press, 2005), p. 13.
4. Lesslie Newbigin, *The Gospel in a Pluralist Society*(Grand Rapids: Eerdmans, 1989), p. 306. (『다원주의 사회에서의 복음』 IVP)
5. 상황화를 비판한 몇 가지 예로는 http://teampyro.blogspot.com과 http://teampyro.blogspot.com/2008/03/context-and-contextualization.html을 보라.
6. Tim Keller, "Contextualization: Wisdom or Compromise?"(Connect Conference, Covenant Seminary, 2004), p. 3를 보라. "선교 전략에는 두 부분이 있다. a)한편으로는, 죄에 관한 가르침이나 회개의 필요성, 그리스도 밖에 있는 사람들에게 구원이 없다는 사실 등 복음 메시지에서 불쾌한 핵심 부분을 조금도 감하지 않도록 주의해야 한다. b)다른 한편으로는, 전도 대상자의 정서에 혼란이나 불쾌감을 줄 만한 불필요한 언어나 행동을 하지 않

도록 주의해야 한다. 꼭 필요한 것과 불필요한 것의 차이점을 파악하는 것이 효과적인 선교의 핵심이다."

7. http://www.pcusa.org/calltomission/presented-papers/young.htm을 보라.
8. Graeme Goldsworthy, *Gospel Centered Hermeneutics*(Downers Grove, IL: InterVarsity Press, 2006), p. 26.
9. D. A. Carson, "Maintaining Scientific and Christian Truths in a Postmodern World", *Science & Christian Belief*, Vol. 14, No. 2(October 2002), pp. 107-122; http://www.scienceandchristianbelief.org/articles/carson.pdf.
10. Tim Keller, "Contextualization: Wisdom or Compromise?", p. 1.
11. 나는 2005년 미주리 주 스프링필드에서 열린 어느 훈련 프로그램에서, 함께 강사로 참석한 에드 스테처가 여기 나오는 '싸운다'와 '상황화한다'라는 단어를 사용한 것을 들었다.
12. http://www.youtube.com/lanechaplin에서 상황화에 대한 비판을 볼 수 있다.
13. Keller, "Contextualization: Wisdom or Compromise?", p. 2.
14. 고린도전서 1:18.
15. 베드로전서 2:6-8. 물론 불신자들은 신자들의 말과 행동, 생활방식을 보는 것만으로도 불쾌할 때가 있다. 하루에 세 번씩 기도하는 다니엘은 사람들에게 미움을 받았고(단 6장), 베드로와 요한도 복음을 전하고 환자를 치료한다는 이유로 박해를 받았다(행 4:1-22). 오늘날 의롭게 살려는 신자들도 박해를 받을 수밖에 없다. 내가 하고 싶은 말은 이것이다. 교회가 교회 문화에서 불필요한 요소들을 벗겨 내면 불신자들이 순전한 복음만을 받아들이기가 더 쉬울 것이다. '보수주의'나 '자유주의' 집단이 아니라 예수 그리스도를 보게 될 것이다. 그렇게 해서, 사람들이 교회를 보고 기분 나빠 하는 것이 아니라 예수 그리스도를 보고 기분 나빠 해야 한다.
16. Flemming, *Contextualization in the New Testament: Patterns for Theology and Mission*, p. 19.
17. 이런 긴장을 잘 드러낸 책으로는 다음을 보라. John Stott, *Between Two Worlds: The Challenge of Preaching*(Grand Rapids: Eerdmans, 1994).
18. 참고. 고린도전서 14:24-25에 나타난 바울의 염려.
19. Keller, "Contextualization: Wisdom or Compromise?", p. 1. Brownson, *Speaking the Truth in Love*, p. 64도 비슷한 주장을 한다. "상황화하지 않고 복음 내러티브를 이야기할 수는 없다."
20. 여기서 내가 말하는 '근본주의자'는 반문화적이고, 교회와 문화의 관계를 흑백 논리로 보는 사람들을 뜻한다. 그들은 '자기 취향의 교회'야말로 이 부분에서 완벽하게 균형 잡힌 곳이라고 믿는다.

21. 켈러는 이에 관해 매우 실제적이고 문화적인 예를 든다. "한국 그리스도인들에게는 유교 문화의 영향이 깊이 침투해 있다(인간의 전통과 조상 숭배를 우상화한다). 그래서 그들이 성경을 읽을 때는 권위에 대한 복종과 충성, 헌신에 대한 강조점이 눈에 들어온다. 미국 그리스도인들은 서구 개인주의의 영향이 깊이 침투해 있다(개인의 감정과 필요를 우상화한다). 그들이 성경을 읽을 때는 자유와 개인의 결정이 눈에 들어온다. 하지만 한국 그리스도인들은 미국 그리스도인들의 헌신 공포증과 권위에 대한 증오(미국인들이 성경의 진리를 '걸러 내는' 부분)를 가려낼 수 있다. 반면, 미국 그리스도인들은 한국 그리스도인들의 권위주의와, 바리새인처럼 인간의 전통을 신성시하는 성향(한국인들이 성경의 진리를 '걸러 내는' 부분)을 가려낼 수 있다. 교회는 교회가 몸담고 있는 문화에 어떤 식으로든 영향을 받지 않을 수 없다." Keller, "Contextualization: Wisdom or Compromise?", p. 2.
22. 같은 글, p. 1.
23. 같은 글, p. 2.
24. 같은 글.
25. 같은 글, p. 3.
26. 예를 들면, 사도행전 2:42-47.
27. 예를 들면, 잠언 14:31. "가난한 사람을 학대하는 자는 그를 지으신 이를 멸시하는 자요 궁핍한 사람을 불쌍히 여기는 자는 주를 공경하는 자니라." 참고. 갈라디아서 2:10.
28. 다음 책은 교회가 특정 상황으로 부름 받았다는 사실을 잘 그리고 있다. *The Missional Church in Context: Helping Congregations Develop Contextual Ministry*, ed. Craig Van Gelder(Grand Rapids: Eerdmans, 2007).
29. Keller, "Contextualization: Wisdom or Compromise?", p. 4.
30. 같은 글.
31. 고린도전서 1:22-24.
32. Keller, "Contextualization: Wisdom or Compromise?", p. 4.
33. 창세기 11:1-9.
34. 참고. 신명기 4:6-8; 열왕기상 8:41-43. 다음 책은 열방으로 보냄 받은 선교사 이스라엘을 자세히 다룬다. Walter C. Kaiser Jr., *Mission in the Old Testament: Israel as a Light to the Nations*(Grand Rapids: Baker, 2000).
35. 이 점은 구약성경도 마찬가지다. 구약성경은 독자인 이스라엘 백성이 이해할 수 있는 특정 관습과 언어, 역사적인 개념으로 기록되었다.
36. Flemming, *Contextualization in the New Testament*, p. 15.
37. Mark Driscoll, *The Radical Reformission*(Grand Rapids: Zondervan, 2004), pp. 56-57.

38. Flemming, *Contextualization in the New Testament*, p. 105.
39. William D. Mounce, *Word Biblical Commentary: Pastoral Epistle*(Nashville: Nelson Reference & Electronic, 2000), p. 371에서는 (예를 들어, 딤전 6:20에서 사용한) 바울의 용어 '보증금'(deposit, 개역개정에는 "부탁한 것"으로 되어 있다)은 '안전하게 보관하려고 특정인에게 맡긴 귀한 자산'을 가리킨다고 언급한다.
40. Flemming, *Contextualization in the New Testament*, p. 21.
41. Driscoll and Breshears, *Vintage Church*, p. 19.
42. Keller, "Contextualization: Wisdom or Compromise?", p. 4.
43. 액츠 29 소속 교회인 루이빌의 소전커뮤니티교회(Sojourn Community Church)는 930 아트센터를 통해 그 지역 예술가들에게 다가가고 있다. 930 아트센터는 '이마고 데이'(*Imago Dei*, 창조주 하나님의 형상대로 지음 받은 모든 인간은 창조적이라는 뜻) 교리를 염두에 두고, 예술 활동을 통한 문화 부흥에 힘쓰고, 시각예술 전시회와 음악회를 주최한다. 더 자세한 정보는 다음 웹사이트를 보라. http://sojournchurch.com/site-management/the-930.
44. 바울은 이 설교에서 구약성경을 다섯 차례 인용한다.
45. 바울과 세속주의를 다룬 탁월한 저서로는 다음 책을 보라. Peter Jones, *Capturing the Pagan Mind: Paul's Blueprint for Thinking and Living in the New Global Culture* (Nashville: Broadman & Holman, 2003).
46. 사도행전 17:16, "바울이 아덴에서 그들을 기다리다가 그 성에 우상이 가득한 것을 보고 마음에 격분하여."
47. 매튜 리스투샤(Matthew P. Ristuccia)는 아레오바고를 다음과 같이 정의한다. "다음은 1세기 아테네(아덴) 판 '뉴욕 타임스'의 사설란이다. '세련되고 사려 깊은 사상들의 문지기 역할을 하는 막대한 영향력을 가진 사람들. 아레오바고는 플라톤과 소크라테스, 아리스토텔레스 같은 그리스 거장들의 영향력 아래 있었다.'" 참고. "Mere Christianity in Athens"; http://web.princeton.edu/sites/chapel/Sermon%20Files/2005_sermons/050105athens.htm.
48. 사도행전 17:21.
49. 내 친구 조너선 매킨토시(Jonathan McIntosh)는 사도행전 17장에 대한 신선한 통찰로 내게 큰 도움을 주었다. 그는 무대를 '문화적 승인'으로 정의한다.
50. 사도행전 17:28. 이 인용문은 크레테의 에피메니데스(Epimenides)와 아라투스(Aratus)를 각각 인용한 것이다.
51. 참고. Don Richardson, *Eternity in Their Hearts: Startling Evidence of Belief in the One True God in Hundreds of Cultures Throughout the World*(Ventura, CA: Regal,

2006), p. 17.
52. 참고. 마크 드리스콜, "선교사들은 예수님이 사랑하신 사람들을 이해하기 위해서 텔레비전 쇼와 영화를 보고, 음악도 듣고, 책과 잡지도 읽고, 각종 단체에 가입하여 행사에도 참석하고, 인터넷도 들여다보고, 자기 취향이 아닌 사람들도 사귀어 보아야 한다", *The Radical Reformission*, p. 103.
53. 조너선 매킨토시는 문화가 하나님의 형상으로 창조되어 아름답지만 죄 때문에 망가진 인간 세상에 관여하기에, 문화를 완전히 거부하거나 문화에 완전히 빠져들기 쉽다는 점을 내가 잘 이해할 수 있도록 도와주었다. 다시 말해, 인간의 영광(하나님의 형상)에만 전적으로 몰입하거나 인간의 부패한 측면(타락)에만 전적으로 몰입하기 쉽다. 대개 보수주의자들은 타락에, 자유주의자들은 '이마고 데이'에 초점을 맞춘다. 훌륭한 선교사라면 인간의 아름다움과 상처를 둘 다 기억하고 그 긴장을 유지할 줄 알아야 한다.

16장 사명의 손: 돌봄
1. '러스트 벨트'의 정의는 http://www.urbandictionary.com/define.php?term=rust+belt를, '도심 확산'의 정의는 http://en.wikipedia.org/wiki/Urban_sprawl를 보라.
2. *ESV Study Bible*(Wheaton, IL: Crossway Bibles, 2008), 각주.
3. 마리오 퀸토 출판사(Mario Quinto Press)가 수집하고 CBS 뉴스가 보도한 조사 결과; http://www.cbsnews.com/stories/2006/10/30/national/main2135998.shtml.
4. http://www.nagc.org, http://txgifted.org/gifted glossary를 보라.
5. 이 내용과 미션 세인트루이스의 사역에 대한 자세한 정보는 다음 웹사이트를 보라. http://www.missionstl.org.
6. F. Mosteller, "The Tennessee Study of Class Size in the Early School Grades", *The Future of Children: Critical Issues for Children and Youths*, Vol. 5, No. 2(1995), pp. 113-127.
7. Rober D. Lupton, *Compassion, Justice and the Christian Life: Rethinking Ministry to the Poor*(Ventura, CA: Regal Books, 2007), 과거에 *And You Call Yourself a Christian*이라는 제목으로 출판된 적이 있다.

17장 사명의 희망: 도시 변화
1. 매트는 액츠 29 소속 교회인 오스틴스톤커뮤니티교회(Austin Stone Community Church)의 목회자다. http://www.austinstone.org.

2. 참고. 에베소서 3:10, "이는 이제 교회로 말미암아 하늘에 있는 통치자들과 권세들에게 하나님의 각종 지혜를 알게 하려 하심이니."
3. 사도행전 17:1-4.
4. 사도행전 17:5-10.
5. http://www.prb.org/Educators/TeachersGuides/HumanPopulation/Urbanization.aspx를 보라.
6. http://www.unep.org/geo2000/english/0049.html을 보라.
7. http://www.ippnw.org/Resources/MGS/V6N2Schubel.html을 보라.
8. http://www.pubmedcentral.nih.gov/articlerender.fcgi?artid=1118907을 보라.
9. 참고. 마태복음 5:13-16.
10. Quoted in Henry R. Van Til, *The Calvinistic Concept of Culture*(Grand Rapids: Baker, 1972), p. xiii.
11. Van Til, *The Calvinistic Concept of Culture*, pp. 29-30.
12. 창세기 1:28.
13. 나는 모든 사람이 특정한 수의 자녀를 두어야 한다거나, 자녀가 있어야 더 영적인 사람이라고 말하는 것이 아닙니다. 산아제한에 관한 유익한 토론 내용은 다음 책을 보라. Mark Driscoll, *Religion Saves*(Wheaton, IL: Crossway, 2009), 질문 9.
14. 박해받는 교회에 대한 내용은 http://www.persecution.com을 보라.
15. 리처드 마우(Richard Mouw)는 구속받지 못한 사람들도 일반 은총 덕택에 "정의를 갈망하고 공동선을 위해 노력한다"고 언급한다. Quoted in Van Til, *The Calvinistic Concept of Culture*, p. xiii.
16. 다니엘서 1-2장.
17. 요한이서 3:18.
18. Richard Stearns, *The Hole in Our Gospel: What Does God Expect of US? The Answer that Changed My Life and Might Just Change the World*(Nashville, TN: Thomas Nelson, 2009), p. 22. (「구멍 난 복음」 홍성사)
19. Tullian Tchividjian, *Unfashionable: Making a Diffrence in the World by Being Different*(Sisters, OR: Multnonah, 2009), p. 52. 튤리안은 이 주장의 근거로 베드로후서 3:10에 대한 토머스 슈라이너(Thomas Schreiner)의 다음 연구 자료를 사용한다. *ESV Study Bible*(Crossway), pp. 2422-2423.